改訂版

教育実習ハンドブック

こんな時は, どうするの?

実習の不安, 解消します!

上越教育大学出版会

目　次

「教育実習ハンドブック」は・・・

　本書は，国立大学法人上越教育大学（以下「本学」という）で実施している「教育実習」に関する授業などに使用するために作成した「テキスト」です。

　したがって，他の教員養成大学などで実施されている「教育実習」とは，システムの面で異なる場合があります。（下記「上越教育大学の教育実習の特色」を参照）

　しかし，教育実習をはじめとして，ボランティアなどで学生が学校現場に行くことが多い中，どのような点に配慮して学校を訪問するか，どのような視点で観察や参加するかなどのポイントは非常に重要です。こうした学校現場での教育実習などに対する配慮事項は，教育実習のシステムが違うからといって変わることはありません。

　本書は，教育実習に初めて取り組む学生が，また，教育実習に対する不安を抱えている学生が，少しでも不安を解消し，意欲的に教育実習に取り組むことができるように配慮して作成されたものです。

Point　　上越教育大学の教育実習の特色

◆本学では，教育実習の質的改善を図るため，2002年度に分離方式による初等教育実習を導入しました。5月に観察実習を1週間行い，3か月の研究期間をおいて，9月から3週間の本実習を行います。その取組は，2005年度に文部科学省の大学支援事業である「特色ある大学教育支援プログラム」として採択されました。

分離方式初等教育実習
教育活動が創造できる教師の養成

観察実習 （5月 1週間）	●ティーチング・アシスタントとして授業に参画， 　師範授業の観察，子ども理解，本実習課題の把握， 　各種ガイダンス聴講
研究期間 （3か月間）	●背景となる専門的な学習，フィールドワーク， 　予備観察・実験，予備製作・演習，教材開発， 　学習過程の工夫，学習指導案の作成
本実習 （9月 3週間）	●子どもの実態に基づく授業構想の修正， 　積極的な子どもとの関わり， 　小学校教育をまるごと体験

　本書は，初等教育実習を中心に構成していますが，「介護等の体験」や「中等教育実習」も含め，大学4年間を通して活用できる内容になっています。

上越教育大学教育実習ルーブリック（2020年度版）

First Stage　　　：教育実習前に達成することをめざす到達目標
Second Stage：卒業時に達成することをめざす到達目標
Third Stage　　：卒業後に現場に出てから達成することをめざす到達目標

項目	中項目		小項目	教育実習でめざす姿 First Stage	自己評価	教育実習でめざす姿 Second Stage	自己評価	めざす教員像 Third Stage	自己評価
I 教員として求められる使命感や責任感，教育的愛情等に関する事項	1 使命感や責任感	1	主体性	主体的・積極的に，教育実習に参加しようとする。		主体的・積極的に，教育活動における役割と責任を果たそうとすることができる。		教員として時と場をわきまえ，主体的・積極的に自己の職責を果たすことができる。	
		2	教育課題への対応	教育実習期間中，直面することが予想される教育課題に対して，基礎的な知識をもつ。		教育実習において生起した教育課題に対して，常に謙虚に学ぶ姿勢をもつことができる。		日々生起する教育課題に対して，常に謙虚に学ぶ姿勢を持ち，その解決の見通しをもつことができる。	
		3	社会と子ども	社会状況や時代の変化に伴って生じている新たな教育課題や子どもの変化について学ぼうとする。		社会状況や時代の変化に伴って生じている新たな教育課題や子どもの変化について，その要因を学ぼうとする。		社会状況や時代の変化に伴って生じている新たな教育課題や子どもの変化について，その要因と対応策について学ぼうとする。	
		4	自律	教育実習に関わる法令等を理解し，日々の教育活動で実践しようとする。		教育実習に関わる法令等を理解し，日々の教育活動で実践することができる。		法令等を理解・遵守し，日々の教育活動において的確に実践することができる。	
		5	安全配慮	子どもの安全に配慮し，環境を整備しようとする。		子どもの安全，健康に配慮し，教具や環境を整備することができる。		子どもの安全，健康に配慮し，常に教具や環境を整備することができる。	
		6	内省	教育実習における自己課題を見いだし，実習場面ごとに学ぶ視点を明確にしようとする。		教育実習における自己課題を問い直したり，新たな課題を見いだしたりすることができる。		教育活動における自己課題を問い，新たな課題を見いだして改善しようとするなど，常に学び続け，省察しようとする姿勢をもつことができる。	
	2 教育的愛情	7	愛情	子どもの可能性を認め，子どものよさを見付けようと共感的・受容的に接することができる。		子どもを共感的・受容的に受け止め，よさや成長に気付き，子どもとの信頼関係を築こうとしている。		子どもを共感的・受容的に受け止め，子どものよさや成長に気付き，信頼関係づくりに努めている。	
		8	成長	日常の教育活動において，子どもの声に耳を傾け，子どもから学ぼうとする姿勢がある。		日常の教育活動において，子どもの声に耳を傾け，子どもから学ぶことができる。		日常の教育活動を通じて，全ての子どもから学び，子どもと共に成長しようと日々の実践を積み重ねることができる。	
II 教員として求められる社会性や対人関係能力に関する事項	1 社会性	9	身だしなみ	社会人としてふさわしい服装や頭髪など身だしなみを整えている。		身だしなみを整え，時と場に応じた言動ができる。		常に身だしなみを整え，時と場に応じて適切な言動をとることができる。	
		10	マナー	挨拶・返事，時間・期日の厳守，教職員への接し方などの社会人としての基本的なマナーを理解し，実践しようとする。		挨拶，時間・期日の厳守，教職員への接し方などの社会人としての基本的なマナーが概ね身に付いている。		挨拶，時間・期日の厳守，保護者，地域住民，他の教職員への接し方などの社会人としての基本的なマナーが十分に身に付いている。	
		11	誠実	指導教員や他の教職員，実習生からの指導・助言を受け止め，教育活動に生かそうとする。		指導教員や他の教職員，実習生からの指導・助言を真摯に受け止め，教育活動に生かすことができる。		同僚からの指導・助言を真摯に受け止め，主体的に考察して，教育活動に適切に生かすことができる。	
	2 対人関係能力	12	協働力	指導教員や他の教職員，実習生と協力して，教育活動を推進しようとする。		協調性をもって教育活動を推進することができる。		協調性や柔軟性を持ち，学校全体を考えながら，同僚や職員とともに教育活動を的確に推進することができる。	

項目	中項目		小項目	教育実習でめざす姿				めざす教員像	自己評価
				First Stage	自己評価	Second Stage	自己評価	Third Stage	
Ⅲ 教員として求められる幼児，子ども，生徒理解や学級経営等に関する事項	1 子ども理解	13	受容・公平	子どもと顔を合わせたり，一緒に遊んだりする等，親しみをもった態度で接しようとする。		休み時間や体験的な活動，課外活動等，多くの場で一人一人の子どもと関わり，親しみのある態度で接することができる。		一人一人の子どもと公平に関わりをもち，話を聞いたり，気軽に話せる場や雰囲気をつくったりすることができる。	
		14	把握・対応	子どもの話を聞いて，思いや願い，心身の健康状態を捉えようとしている。		子どもの言動をよく見て，思いや願い，健康状態や悩み等をとらえ，必要に応じて助言することができる。		子どもの言動を基に様々な情報を把握し，他の教職員と連携しながら適切に対応することができる。	
		15	多様性	インクルーシブ教育システムの理解に努め，子どもの教育的ニーズや特性等の視点から子どもを理解しようとしている。		インクルーシブ教育システムを理解し，子どもの教育的ニーズや特性等を把握しながら（指導教官の指導の下）対応することができる。		インクルーシブ教育システムを理解し，子どもの教育的ニーズや特性等を的確に把握し，子どもの多様性を尊重した対応ができる。	
	2 学級経営	16	朝の会・帰りの会	健康観察や出席確認，予定や提出物の確認・連絡等，漏れ落ちなく朝・帰りの会で話すことができる。		日直による自主的な運営の指導をしながら，朝・帰りの会を運営することができる。		一日の開始と終了の場が，子どもの意欲や習慣につながるように，朝・帰りの会を適切に運営することができる。	
		17	給食指導	給食の開始・終了時刻や身支度を意識して，子どもとともに給食の準備や後片付けに取り組むことができる。		学校・学級の約束事に基づいて，手洗い・身支度の指示，安全管理や準備・後始末など，率先して給食指導をすることができる。		学校・学級の約束事を大切にし，給食指導や食育指導，アレルギーへの対応等を適切に行うことができる。	
		18	清掃指導	清掃の開始・終了時刻や身支度を意識して，子どもとともに清掃や後片付けに取り組んでいる。		学校・学級の約束事に基づいて，清掃用具の使い方や掃除・後始末の仕方等，手本を示しながら清掃指導をすることができる。		学校・学級の約束事の大切さを意識し，子どもの様子に応じて協力的・能率的な清掃の仕方や反省会運営等，清掃指導を適切に行うことができる。	
		19	学級活動	子どもの生活態度や日常的な班・係活動等に関心をもち，学級のよさや問題点，仲間関係を把握しようとする。		子ども相互の関係が営まれる班・係活動や集会活動等を運営し，称賛・助言することができる。		学級目標に基づいて，問題解決に向けた話合い活動を設定したり，学級のよさを伝えたりして，学級集団づくりに取り組むことができる。	
Ⅳ 教員として求められる教科等の指導力に関する事項①	1 構想	20	教材研究	学習指導要領や教科書，指導書等を利用して教材研究を行うことができる。		学習指導要領や教科書，指導書，先行実践，その他参考書，地域素材等を利用して，教材研究を行うことができる。		学習指導要領や教科書，先行実践，その他参考書，地域素材等を利用し，調査や練習等をして教材研究を行うことができる。	
		21	学習指導案	形式に従って，学習指導案を作成することができる。		教材研究の成果を活用して，主体的・対話的で深い学びを意識した学習指導案を作成することができる。		主体的・対話的で深い学びを意識した，主張のある学習指導案を作成することができる。	
		22	ねらい	本時のねらいを明確に設定することができる。		単元の指導計画に基づき，本時のねらいを明確に設定することができる。		単元の指導計画や前時までの評価，子どもの実態に基づき，本時のねらいを明確に設定することができる。	
		23	教材教具	教材・教具（実物・絵・写真・図・表・ワークシート等）の準備やICT機器の利用を考えることができる。		教材・教具（実物・絵・写真・図・表・ワークシート等）やICT機器を利用することができる。		教材・教具（実物・絵・写真・図・表・ワークシート等）やICT機器を効果的に利用することができる。	
		24	評価	評価規準や評価基準を設定することができる。		単元の指導計画やねらいに基づき，評価規準と評価基準を設定することができる。		単元の指導計画やねらいに基づき，評価規準と評価基準を設定するとともに，評価方法，評価場面を明確にすることができる。	

項目	中項目		小項目	教育実習でめざす姿				めざす教員像	自己評価
				First Stage	自己評価	Second Stage	自己評価	Third Stage	
Ⅳ 教員として求められる教科等の指導力に関する事項②	2 展開	25	姿勢視線	子どもの前に姿勢よく立ち，子どもの視線を受け止めて話すことができる。		子どもの前に姿勢よく立ち，教室全体に視線を送り，子どもと目線を合わせて話をすることができる。		子どもの前に姿勢よく立ち，教室の隅々まで視線を送り，子どもの反応を見ながら話をすることができる。	
		26	音声表情	笑顔で，全体に伝わる声の大きさや速さで話をすることができる。		声の大きさや速さ，抑揚などを工夫したり，表情を意識したりして話をすることができる。		話す内容に応じて，話し方を使い分けながら，表情豊かに話をすることができる。	
		27	指導助言	分かりやすい言葉で端的に，指示・助言しようとする。		子どもの反応を見ながら，適切な言葉で端的に指示・助言することができる。		子どもの理解度やつまずきを捉え，状況を判断しながら，適切な言葉で指示・助言することができる。	
		28	発問	授業のねらいに即した分かりやすい発問をしようとする。		授業のねらいや展開に即した課題に基づいて，思考を促す問いを区別しながら発問することができる。		授業のねらいや展開に即した課題に基づいて，発問を使い分けることができる。	
		29	指名	多くの子どもが発言できるように，指名しようとする。		学習の目的に応じて，意図的な指名をすることができる。		個の発言と，それに対する反応やつぶやきをとらえながら，子どもの様子に応じた意図的な指名をすることができる。	
		30	応答	発言を聞き流さず，あいづち・うなずき等の受け止めをしようとする。		発言を称賛し，的確に受け止めて，整理したり，質問に的確に答えたりすることができる。		発言を称賛し，的確に受け止めるだけでなく，子どもの表情や様子からも子どもの要求や気持ちを受け止め，授業を柔軟に展開することができる。	
		31	板書	文字の筆順や既習漢字，大きさを意識しながら，丁寧に板書しようとする。		学習課題や授業の流れが，子どもに読み取れる，分かりやすい板書表現をすることができる。		板書計画を立て，授業の流れが，子どもに読み取れる板書を構造的に作成することができる。	
		32	指導法	中心となる指導方法をもって，授業に臨もうとする。		授業のねらいに基づき，子どもの学習意欲を喚起する指導方法で授業をすることができる。		授業のねらいに基づいた指導法を用いて，子どもの学習意欲や思考を促す授業をすることができる。	
		33	学習形態	授業の展開計画に基づいて，学習形態（一斉・グループ・個別）に配慮しようとする。		授業のねらいや展開計画と関係づけながら，学習形態（一斉・グループ・個別）を工夫することができる。		学びが深まるよう，効果的な学習形態（一斉・グループ・個別）や学習方法（フレームワーク・演習等）を選択して，授業をすることができる。	
	3 評価	34	机間指導	授業中，適宜机間指導をすることができる。		授業中，目的をもって机間指導をすることができる。		すべての子どもの学習状況を把握し，授業展開に応じて，柔軟に机間指導をすることができる。	
		35	授業展開	導入・展開・終末の時間配分を考慮しながら，授業を展開しようとする。		予想外の反応に対して，予定変更の必要性を意識しながら授業を展開することができる。		予想外の反応に対して，授業のねらいとの関係から，戻る・立ち止まる・進む等の授業展開を判断することができる。	
		36	授業評価	評価基準に基づいて，自己の授業を評価しようとする。		評価基準に基づいて，自己の授業におけるねらいの達成度を把握することができる。		評価基準やねらいの達成度等から，自己の授業の成果と課題を把握し，次時に生かすことができる。	

<＜ メ モ ＞

1 教育実習（教育実地研究）の目的

　教育実習（本学では「教育実地研究」という）は，大学で学んでいる理論や知識を学校現場でどのように活かすことができるのかを自分の体験を通して学ぶ場です。また，自らの教職への適性を考える貴重な機会です。

　「教職」は，社会的自覚の上に成立する職業です。従って，強い使命感はもとより，高度の専門的知識と優れた技能が求められます。教育実習は，大学における教育・研究を通して得た教育についての理論や教科についての専門的知識，並びに，幼児児童生徒の理解等を大学教育全体で総合的に実践することによって，学校教育において必要とされる教師の態度，技能を身に付けることを目的としています。

　以上の目的を整理すると，次のようになります。

(1)　大学における教育・研究と，教育現場の実践と経験を通して両者を組織化する。

(2)　教育現場の実際にふれ，教育実践を体系的・総合的に認識する。

(3)　幼児児童生徒の発達を促すことができるように，専門的知識や技能を適用する実践的能力の基礎を形成する。

(4)　学生にとっての研究課題を発見し，教育実践に関する創造的体験の場とする。

(5)　教師としての適性を高め続けようとする土台を形成する。

位置付け

　本学では，大学における教育を，教育現場で必要とされる実践能力へ具体化し，さらには幼児児童生徒との直接のふれ合いの中で育ち培われる能力を身に付けるために，教育実習を重視しています。

　そのため，本学における「教育実地研究」の単位は，大学での全履修単位の中で占める割合が高くなっています。それは，次の理由からです。

・1年次学生から4年次学生にわたって学校園の子どもと絶えずふれ合うよう配慮するため。

・実習体験の内容を種別化し，大学における教育・研究との関連を密にするため。

・各学年において実施する内容を体系的に履修するため

　各学年において行われる教育実地研究の基本的な考えは，次の通りです。

内容と段階

〔内容〕

(1) 幼児児童生徒の学校や園生活における実態の把握と理解

(2) 各教科の学習指導に関わる研究並びに実践

(3) 道徳指導・生徒指導に関わる研究並びに実践

(4) 特別活動・課外活動に関わる研究並びに実践

(5) 学級経営への参加と学年経営の理解

(6) 学校運営の理解

(7) 研究活動への参加

〔段階〕
(1) 学校（園）教育の全体を経験（実態見学）する目的での実習【1年次】
(2) 授業における教師の会話術，発問の構成，板書の構造化，視聴覚教材の工夫，ICTの活用，授業分析等の諸技術の習得【2年次】
(3) 各教科における授業づくりと学習指導案の作成実習【2年次】
(4) 既得知識・技能を土台にして，視点を定めての実習【3・4年次】
(5) 教師の活動（分掌業務）の一端を分担し，役割を自覚する実習【3・4年次】
(6) 創意工夫を実践の中で試行していく実習【3・4年次】

取得できる免許状

　本学では，学部に4年以上在学し，卒業要件の134単位を修得することで卒業要件を満たし，学士（教育学）の学位が授与されます。併せて，小学校教諭一種免許状を取得することができます（学校教育専修幼年教育コースを卒業した学生は，幼稚園教諭一種免許状も併せて取得することができます）。また，所要の単位を修得することにより，幼稚園教諭の一種又は二種の免許状，特定教科の中学校教諭の一種又は二種の免許状，特定教科の高等学校の一種の免許状を取得することができます（ただし，授業時間割の制約上，希望する免許状が取得できないこともあります）。

卒業要件に含まれる免許状
小学校教諭一種免許状【幼年教育コースを除く，学校教育専修】
小学校教諭一種免許状及び幼稚園教諭一種免許状【学校教育専修幼年教育コース】

所要の単位を修得することにより取得可能な免許状
幼稚園教諭一種免許状
中学校教諭一種免許状　　国語，社会，数学，理科，音楽，美術，保健体育，保健，技術，家庭，英語
高等学校教諭一種免許状　国語，地理歴史，公民，数学，理科，音楽，美術，工芸，保健体育，保健，家庭，情報，英語

※中学校・高等学校教員免許状の取得希望者は，4年次の5月に，3週間の中等教育実習を行います。

2 教育実習（教育実地研究）の流れ

　教育実習は，学校教育学部の授業科目として下表の構成により開設しています。その他に教員免許取得プログラム生（以下「免P生」という。）や科目等履修生として大学院学生も履修します。

　大学院学生は，取得済みの教員免許状により，それぞれ異なる教育実地研究を選択することになります。教員免許状を所持していない免P生の場合には，1年次に「教育実地研究Ⅰ」，「教育実地研究Ⅱ」を，2年次に「教育実地研究Ⅲ」または，「教育実地研究Ⅳ」を履修します。

	教職キャリアファイル 1	教職キャリアファイル 1 2	教職キャリアファイル 1 2 3	教職キャリアファイル 1 2 3 4
上越教育大学スタンダード				
	1年次	2年次	3年次	4年次
	教育実地研究Ⅰ（観察・参加）	教育実地研究Ⅱ（授業基礎研究）	教育実地研究Ⅲ（初等教育実習）	教育実地研究Ⅳ（中等教育実習）
	ボランティア体験	学校ボランティアA	学校ボランティアB	総合インターンシップ
	特別支援教育基礎	実地研究Ⅱ	指導法	特別支援教育基礎

実践・対応力UP ／ 社会貢献基礎UP ／ 知識・理解力UP

インクルーシブな教育を実現するカリキュラム

構　成

人間教育学関連科目

授業科目名	履修年次	期間	単位	概　要	実習校等
教育実地研究Ⅰ（観察・参加）	学部1（必修）	3日間	L0.5 P0.5	幼稚園・保育園，小学校及び中学校で観察・参加を行い，発達段階による教育の差異について理解し，教職を目指す上での課題を明確にし，自覚を高める。	・大学　事前・事後指導 ・協力校(園)

教育実践科目

授業科目名	履修年次	期間	単位	概　要	実習校等
教育実地研究Ⅱ（授業基礎研究）	学部2（必修）	通年	S1 P1	3年次初等教育実習の充実を目指し，授業における教師の会話技術，発問の構成，板書の構造化，学習指導案の作成と授業力向上を図る。	・大学
教育実地研究Ⅲ（初等教育実習）	学部3（必修）	4週間	L1 P4	児童との直接的な指導実習を通して，児童理解を深め，児童の実態や心情を理解し授業に関する実践的能力を高め，学級経営，特別活動に参加する中で，教師の職務と責任を理解し，教職への意欲と堅実な態度の向上を図る。	・大学　事前・事後指導 ・協力校
教育実地研究Ⅳ（中等教育実習）	学部4（選択）	3週間	L1 P4	中学校・高等学校教員免許状の取得希望者に対して，初等教育実習の経験の上に，中学校・高等学校における生徒の発達特性の理解と，学習内容の系統性，発達段階を考慮した学習指導法についての理解を深め，学級経営及び特別活動の実践的力量と中学校・高等学校の教員としての資質・能力の向上を図る。	・大学　事前・事後指導 ・協力校
総合インターンシップ	学部4（選択）	12～16週	P2	大学での学習の成果を総合・統合し，教育実習の枠を超えて長期にわたって担任の補助として教育活動に参画することで，教科指導力の向上や学級経営手法の習得，児童の様々な諸問題への対処等について経験を積み，新採用や臨時採用時に円滑に教壇に立てる確かな実践的指導力を身に付ける。	・大学　事前・事後指導 ・協力校

※単位の「L」は講義，「S」は演習，「P」は実験，実習及び実技をそれぞれ示す。

観察＋参加（１年次）

Step 1

　１年次は，幼児児童生徒の学校や園生活における実態を把握し，理解したり，学校（園）教育の全体を経験（実態見学）したりする目的で，幼稚園・保育園，小学校，中学校における観察・参加実習が行われます。

授業基礎研究（２年次）

Step 2

　２年次は，各教科，領域の学習指導に関わる研究を行います。授業における教師の会話術，発問の構成，板書の構造化，視聴覚教材やＩＣＴの活用の工夫，授業分析等の諸技術の習得を目指します。

　また，各教科における授業づくりと学習指導案の作成実習を行い，３年次の授業実習に備えます。

観察＋参加＋授業実習（３年次）

Step 3

　３年次は，実習受け入れ小学校で，各教科，領域の学習指導に関わる研究並びに実践，学級経営への参加と学年経営の理解，学校運営の理解，研究活動への参加について実習します（初等教育実習）。

　これまで大学で培ってきた知識・技能を土台にして，それぞれが自分の目標を定めて実習します。実習校では，教員の活動（授業，学級・校務分掌業務）の一端を分担し，それぞれの役割の重要性を理解します。

　この教育実習は，上越教育大学の特徴の一つである分離方式で行います（P３参照）。

分離方式教育実習

5月
1週間
観察実習

研究期間 →
・児童理解を深める。
・教材研究を行う。
・指導案を作成する。
・実習校指導教員の指導を受ける。
など

9月
学校により，8月下旬からの場合もあります
3週間
本実習

※中学校・高等学校教員免許状の取得希望者は，４年次の５月に，３週間の中等教育実習を行います。

3 教育実習生個人票を作成する時のポイント

教育実習を行う前年度に，「教育実習生個人票」を作成します。この個人票は，公式文書に準ずるものです。「実習校の先生に読んでいただく大切な文書」であることを忘れてはいけません。

Point 1 写真も重要

◆写真で心象をよくすることは，とても大切なことです。
◆写真は，社会人として良識のあるものとし，スーツ着用で撮影します。
　○カラー写真　　　　　○男子はネクタイを着用
　○髪型や髪の色（髪染め厳禁）に注意
　○ピアスなどの装飾品禁止
◆規定の大きさを守り，枠内に添付します。

Point 2 文字を見れば分かります

◆文字は，丁寧に楷書で書きます。
◆誤字や脱字がないか，文章にねじれがないかよく確かめます。
　特に気を付けて！！
　○「新潟県」の「潟」　　　　　○「〜たり，〜たり」の表現
◆消えないインクの筆記具を使用します。修正液を利用したり誤記入を書きつぶして書き足したりしてはいけません。

Point 3 読み手を意識して

◆「この教育実習で関心を寄せている事柄，あるいは，学びたいと考えている事柄」の欄には，興味があるテーマ・知りたいと考えている内容の大枠を書きます。どうしてそれに興味をもったかなど，その理由を示して具体的に書きます。
◆「子どもの様子を見る」，「子どもと同じ視線に立つ」だけのような記述では不十分です。それを通して何を追究したいのか，どのように追究したいのか，また，なぜそうしたいのかなどの理由を記述します。文字の大きさに気を付けて，最後の行まで記入してください。

Point 4 ゆとりをもって提出する

◆提出期限を必ず守り，自分で提出します。提出期限を守ることができないと多くの関係者に迷惑を掛けます。また，友人に提出を依頼する学生もいますが，個人票の提出は，教育実習を希望するというあなたの意志表示なのです。自分で責任をもって提出しましょう。
◆提出する前に，記入事項を再度確認します。説明通りに記載されているか，自分の責任において提出します。残念ながら，記載内容に不備があるために再提出を求められる学生が毎年います。

（学部様式）

令和　　　年度教育実習生個人票（初等教育実習）

上越教育大学　　　　　　　　　　　　　　記入年月日：令和　　　年　　　月　　　日

所　　属	学校教育学部		専修		コース
学籍番号		クラス担当教員 氏名			
ふりがな					写真貼付 (4cm×3cm) (写真裏面に 氏名記入)
氏　　名				男 女	
生年月日	昭和・平成　　　年　　　月　　　日（　　　歳）				
出身地	都道府県		市町村		高校卒
現住所	〒		携帯電話番号		
			帰省先電話番号		
携帯メール アドレス					
実習経験 （観察・参加 1年次）	幼稚園・保育園等		学校 経験		
	小学校				
	中学校				
得意教科			不得意教科		
車の所有状況（所有者は乗車定員数を記入すること）			有		
この教育実習で関心 を寄せている事柄, 学びたいと考えてい る事柄など					
趣味・特技・資格など					
希望の学年（○をつける）	低学年　・　中学年　・　高学年				
アレルギーなどの有無（原因物質など） （詳細は，実習生から受入実習校に直接連絡すること。）					

※希望の学年については，受入実習校の事情等により，希望どおりに
※この個人票は，受入実習校に送付されます。
※この個人票は，受入実習校及び大学での指導及び連絡に使用します。

個人票の他に「初等教育実習に当たって の希望書」も提出してもらいます。

◆実習校は，本学の教育実習協力校です。上 越市，妙高市，糸魚川市，柏崎市，佐渡市， 十日町市，南魚沼市の市立小・中学校，及び 附属小・中学校のどこかで実習します。本学 では，母校実習は行っていません。

◆配属は，大学の教育実習委員会で決定します。 この希望書では，大規模校に行きたいか，そ れとも小規模校に行きたいかを希望すること ができます。大規模校は，上越，妙高及び糸 魚川市内の市街地の学校になります。小規模 校はどちらかというと山間部の学校になりま す。また，1実習校に1人だけの配属や，複 式学級への配属でも構わない人は，項目に チェックを入れてもらいます。但し，受け入れ 校の状況により，希望通りにならない場合もあ ります。

食物等のアレルギーについては，自己の責任に おいて確実に記入してください。実習を開始す る前に，実習校に直接伝えます。

教育実習前のポイント

4 服務・勤務

「服務とは勤務につくことの義務」「勤務とは働くこと」で，合わせて働くことの決まりというような意味で使われます。

教育実習中の服務・勤務は，現場教員に準じます。教育実習期間中は，教員としての自覚が求められます。服務義務，勤務時の服装，マナーについての理解が必要です。

Point 1　服務義務

教育実習校の公立学校教員は，さまざまな法律により，その服務に関することが定められています。教育基本法9条1項「法律に定める学校の教員は，自己の崇高な使命を深く自覚し，絶えず研究と修養に励み，その職責の遂行に努めなければならない」，地方公務員法30条「すべて職員は，全体の奉仕者として公共の利益のために勤務し，且つ，職務の遂行に当っては，全力を挙げてこれに専念しなければならない」等の法律です。地方公務員法では，31～38条で，次の8つの服務義務を規定しています。

職務上の義務

　・服務の宣誓　　・法令等に従う義務　　・職務専念の義務

身分上の義務

　・信用失墜行為の禁止　　・秘密を守る義務　　・政治的行為の制限
　・争議行為等の禁止　　・営利企業等の従事制限

教育実習でも，これらの服務義務に従う必要があります。次のことについては，特に気を付けて実習を行いましょう。

◆信用失墜行為の禁止

地方公務員法33条「職員は，その職の信用を傷つけ，又は職員の職全体の不名誉となるような行為をしてはならない」

教育実習生であっても，軽率な言動は慎まなければいけません。そうでなければ，幼児児童生徒，保護者，地域の人々の信用を失い，教育実習の継続は難しくなるばかりでなく，教育実習受け入れ校の社会的信用も落とすことになります。

◆秘密を守る義務

地方公務員法34条1項「職員は，職務上知り得た秘密を漏らしてはならない。その職を退いた後も，また同様とする」

教育実習中は，学校職員同士の情報交換を見聞きしたり，幼児児童生徒を観察したりする中で，学校や幼児児童生徒についての様々な情報に接することになります。飲食店やアルバイト先等で，学校名や，幼児児童生徒の名前を挙げ，性格，成績，具体的な行動等について会話することは，厳に慎まなければいけません。ＳＮＳ等，インターネットを使っての発信についても同様です。

秘密を守る義務については，教育実習中だけでなく，実習後も継続して守らなければいけません。

Point 2 　清楚な服装

◆清楚な服装を心掛けましょう。

◆スーツが基本です

　実習時期が，夏季軽装の時期であっても着任，離任式がある場合は，上着，ネクタイ（男性）を着用しましょう。

　勤務時間中，または，授業中に運動着等を着用することを認められている場合においても，出勤・退勤時は，スーツ，夏季軽装を着用しましょう。

〈 夏季軽装 〉

※クールビズ（冷房時の室温が 28℃ でも快適に過ごすことができるライフスタイル）期間中は，夏季軽装での勤務が奨励されます。上着，ネクタイの着用は必要ありません。清楚で見苦しくない服装に心掛けましょう。Y シャツ等の下に着る T シャツや下着の色や柄にも注意しましょう。Y シャツ等から透けて見えるようではいけません。

◆ピアスなどの装飾品を身に着けないようにしましょう

　華美にならないようにすることはもちろんのこと，指輪等で，子どもを傷つけないようにしましょう。

◆頭髪は，さわやかに

　奇抜な髪型や髪染めは，厳禁です。実習後，学校行事等に参加するため実習校を訪問する際も同様です。男性はひげを剃っておきましょう。

◆運動靴（屋内用・屋外用）を用意しましょう

　実習校では，運動しやすい靴を履きましょう。屋内用・屋外用の両方が必要です。

◆化学物質過敏症の子どもがいる場合もあります。香水などの化粧関連用品にも気を付けましょう。

◆化学物質過敏症とは・・・

　様々な種類の微量化学物質に反応して苦しむ，化学物質過敏症（Chemical Sensitivity = CS）。重症になると，仕事や家事ができない，学校へ行けない…など，通常の生活さえ営めなくなる，極めて深刻な"環境病"です。

◆発症者の反応を引き起こす主な化学物質など

▼発症者の９０％以上に症状が出るもの
　　・家庭用殺虫剤　　・雑菌　　・防虫剤類

▼発症者の８０％以上に症状が出るもの
　　・香水などの化粧関連用品類　　・衣料用洗剤類　　・防臭剤　　・消臭剤
　　・芳香剤類　　・タバコの煙　　・シャンプーなどボディーケア用品類
　　・灯油などの燃料類　　・ペンなどの筆記用具類　　・印刷物類

▼上記の他，発症者が反応するもの
　　・新建材や塗料から放散される化学物質　　・排気ガス　　・電磁波
　　・においが強い天然のもの

◆シックスクールとは・・・

　子どもにとって安全であるべき学校の環境が原因で，子どもや教職員が化学物質過敏症などを発症したり，または，すでに化学物質過敏症やアトピー，アレルギーになっている子どもや教職員の症状が悪化したりするケースです。

　化学物質過敏症を発症している子どもや教職員の多くは，床に塗るワックスや教材から揮発する化学物質，教職員のたばこや香水，校庭の樹木へ散布される殺虫剤などに反応して，症状が出てしまいます。　（中略）

　シックスクールは，一部の「過敏な子」だけの問題ではありません。化学物質過敏症の典型的な症状の一つに，集中力・思考力が欠けて落ち着きがなくなる，感情を制御しづらくなり怒りやすくなる，というものがあります。化学物質に曝露されると「キレる」子どもが（大人も）現実にいます。一見すると元気で活発な子どもが，実は病気のせいで"多動"になっていた，という例も報告されています。粗暴だった化学物質過敏症の子どもが（大人も）回復すると，ウソのように優しくなったという症例は，珍しいものではありません。

　また，有機リン化合物などの化学物質が，多動を引き起こすという動物実験結果も報道されています（『朝日新聞』2003年10月30日付）。

※（NPO法人　化学物質過敏症支援センター　HPより一部抜粋）
http://www.cssc.jp/cs.html#i

Point 3　社会人としてのマナー

◆挨拶は，しっかりと！

学校には，子ども，学校職員，保護者・地域住民，学校運営に関わる業者の方など多くの人がいます。実習生同士はもちろんのこと，学校で出会う人には明るい笑顔で挨拶をしましょう。

◆時間厳守！

学習指導案，各種計画等，提出の期限を守りましょう。出勤簿の押印も毎日確実に行いましょう。また，集合時刻の遅刻も厳禁です。予定表を作成したり，メモを取ったりして，約束の時刻に遅れないようにしましょう。学校現場は，とても忙しいところです。学校や，指導担当の教員に迷惑をかけてはいけません。時間を守ることは社会人として，最も大切なことでもあります。

◆言葉遣いは正しく，口調は穏やかに！

授業はもちろん，幼児児童生徒，学校職員，他実習生との日常の会話においても正しい言葉遣いで穏やかな口調で話しましょう。特に幼児児童生徒との会話では，幼児児童生徒を呼び捨てや，愛称等で呼ばないようにしましょう。「～さん」と呼ぶのが一般的です。また，声を荒げたり，必要以上に大きな声を出したりすることもしてはいけないことです。教員の言葉遣いや話し口調は，学級の雰囲気，授業の雰囲気に大きな影響を与えます。友達言葉や流行語の使い方にも気を付けましょう。

◆身の回りの整理整頓！

身の回りの持ち物や，実習生控室等の整理整頓に努めましょう。特に，実習生全員が使う控室は，清掃当番やごみ捨て当番など，必要な係を分担して，その環境整備に努めましょう。

子どもたちは，実習生に大変高い興味関心をもっています。子どもたちは，皆さんの様子や控室の様子を必ず見ています。常に見られていることを意識して，整理整頓を心がけましょう。

5 ハラスメント

　ハラスメントとは，相手の人格を無視した嫌がらせやいじめを行い，その相手を苦しめたり，悩ませたりすることです。学校現場で起こりやすいハラスメントにセクシュアルハラスメントとパワーハラスメントがあります。

Point 1　セクシャルハラスメント

　スクールセクシャルハラスメントは，主に，
① 「**教員から子ども**」
② 「**教員から保護者**」
③ 「**教員同士**」
④ 「**子ども同士**」
の４つの場面が考えられます。
　教育実習では，特に，① 「教員から子どもへのセクシュアルハラスメント」を起こさないよう注意しなければいけません。

◆性的な事柄を話題にする

　直接的な性的話題ではなくても，「好きな人はいるの？」，「付き合っている人はいるの？」などの話題もしてはいけません。

◆容姿について話題にする

　体型，髪型等，子どもの容姿に関する話題は，相手に嫌な感情を与える可能性があります。冗談のつもりで軽い気持ちで言ったとしても，子どもを傷つけ，苦しめてしまうことがあることを理解しておかなくてはいけません。

◆体に触れる行為

　手を握ったり，髪をなでたりしてはいけません。相手を励ましたり，褒めたりするような場合であっても，体に触れる行為は，子どもに不快感を与える可能性があります。また，子どもと一対一の状況を作ってはいけません。放課後，休日等，学校外で子どもと会わないことなども誤解を生まないためには大切なことです。

◆ジェンダーハラスメント

　男らしさ，女らしさを求めたり（「男なのだからこれくらいやりなさい」など），性別によって仕事，役割分担を制限したりするようなことをしてはいけません。性別を物差しとして，人を区別（「赤は女の色」など），差別（「男だけ参加していい」など）することをジェンダーハラスメントと言います。

Point 2　パワーハラスメント

　学校においてもパワーハラスメントが起こる可能性があります。次の場合，教員から子どもへのパワーハラスメントとなります。

◆教員の立場を利用した行為

　怒りに任せ，指導と称して頭ごなしに叱責したり，大勢の前で特定の子どもを叱責したりしてはいけません。また，子どもの能力以上のことや，できそうもないことをするように命じることも同様です。成績への影響をほのめかしての指示，指導することもしてはいけないことです。教員の立場を利用した子どもへの行き過ぎた行為をしてはいけません。

◆子どもの心を傷つける誹謗・中傷・暴言

　「バカ」，「アホ」のように相手の人格を否定したり，「チビ」，「デブ」のように容姿をからかったりするなどしてはいけません。子どもへの悪口，けなし，侮辱する言葉は，相手の心を深く傷つけ，子どもとの信頼関係を損なうことになります。

◆子どもが精神的な苦痛を感じる言動

　指導の場面であったとしても，言葉で脅す，大きな音を立てて威圧する，問い詰める，無視するなど子どもに精神的な苦痛を感じさせる言動をしてはいけません。そのような方法を用いても，子どもが追い詰められるだけで，いかなる問題も解決することはできません。

◆子どもの学習を妨げる行為

　いかなる理由があっても，一部の子どもを活動から外す，授業を受けさせない，資料等を配布しないなど，学習を妨げるようなことをしてはいけません。

　※教員から子どもへのパワーハラスメントには，体罰に当たる事案も多く報告されています。

　教員という立場を利用してハラスメントを行うということは，最も恥ずべきことです。教員は，子ども，保護者，同僚との信頼関係がしっかりしていてこそ，十分な仕事ができます。みなさんは，教育実習生といえども，子どもが「先生」と呼ぶ存在になります。実習中は，ハラスメントにつながるような言動をとらないよう十分に注意しなければいけません。

　また，実習生自身が，ハラスメントの被害者になることも考えられます。被害にあったら，迷わず大学に相談しましょう（P40，100参照）。

6 学習指導案の書き方

　学習指導案とは，学習のねらいを決め，その実現のために，子どもがどのように学習を進めればよいかを予測し，その結果どのような成果が期待できるかを示したものです。授業者の指導観や単元構想・授業構想の意図等が記載されています。

　授業者の授業について，構想段階で検討会を設けたり，授業後に，直接指導をする教員から指導を受けたりする際の重要な資料となります。

学習指導案の種類

学習指導案の形式及び内容には，決まった定型はありませんが，次の2種類があります。

◆細案

　授業者の考えや意図を詳しく述べた学習指導案。単元名，単元の目標，単元設定の理由，単元の評価規準，単元の指導計画，本時の指導など，単元全体の項目について詳細に明記した学習指導案のこと。

◆略案

　1時間分（本時）の指導過程を略述した学習指導案。本時のねらい，展開の構想，展開など，1時間分の項目のみを明記した学習指導案のこと。

学習指導案の書き方

Step 1 授業場面決定

Step 2 指導内容確認

Step 3 教材研究

Step 4 指導構想

Step 5 学習指導案作成

Step 1 授業場面決定

　各学校では，教育課程が作成されています。授業場面は，この教育課程に基づいて，系統性や時期を考慮して決定します。

　教育実習の場合は，実習校と相談しながら，単元や授業場面を決定しましょう。

Step 2 指導内容確認

　まず，最初に目を通すのは，学習指導要領，学習指導要領解説です。ここでは，次のことを確認しましょう。

①指導教科の目標　②指導教科で指導すべき「見方・考え方」
③指導教科で指導する「資質・能力」　④指導内容と取り扱い
⑤指導内容に係る「資質・能力」

Step 3 教材研究

　次に，教材研究を行いましょう。

①指導内容の系統性。指導内容に関連する学習を，どの学年で，どのように学習してきたか確認しておきます。

②教科書，教師用指導書等。教科書や教師用指導書等で，指導内容や資料等について確認しましょう。

③先行実践，指導資料等。先行実践や指導資料等を参考にして，教材や教具，発問，学習形態，板書等，授業に関して幅広く教材研究しましょう。

Step 4 指導構想

　教材研究を終えてから学習指導案を作成します。この時に，すぐに学習指導案を書き始めるのではなく，先に「本時の指導構想図」に整理してみましょう。本時では，どのような実態の子どもに，どのような学習活動を行って，どのような姿を目指すのかが整理されるため，ブレずに学習指導案を書くことができます。

【本時の授業構想図の書き方】

① 本時の目指す子どもの姿を決める。
② 本時の目指す子どもの姿に対しての子どもの実態を捉える。
③ ②のような実態の子どもを①の姿に高めるために，どのような学習活動を行うか計画する。

次の観点で，学習活動を整理しましょう。

ア　何をする（学習活動）
　　どんな学習活動を行うか。

イ　どのようにする（手段）
　　どのような教材・教具を使うか。
　　どのような学習形態で子どもを関わらせるか。

ウ　なぜする（意図）
　　どんな姿を引き出そうとしているのか。
　　次に，どんな学習へ展開しようとしているのか。

手順②子どもの実態把握
　　求める子どもの姿に対して，子どもはどのような実態か。
　「何が分かる（分からない）」「できる（できない）」

③学習活動の計画

ア　何をする（学習活動）	イ　どのようにする（手段）	ウ　なぜする（意図）

手順①求める子どもの姿
　　この時間で，子どもは何が分かれば（できれば）よいのか。

①題目の書き方

第○学年○組　教科　学習指導案

以下の教科は,次のように書きます
※社会　社会科学習指導案
※理科　理科学習指導案
※道徳　道徳科学習指導案

②次の順で書きます

日付・曜日・授業時間
授業者(自分)
指導者・役職・名前

※初等実習では,学級担任が一般的です。
※中等実習では,教科担当の場合があります。

③単元名の書き方

単元名は,授業者が決めるものです。教科書の題目を使用することもあります。

※国語の場合は,単元名と教材文は異なります。
※道徳の場合は,主題名と資料名を分けて書きます。

④単元の目標

単元全体を通して,どのような資質・能力をつけたいのかを簡潔に書きます。

※3つの資質・能力ごとに書きます。
※学習指導要領解説に記載されていることを参考にします。
※子どもを主語にした書き方をします。

⑤教材について

学習内容や教材のもつ,学ぶことについての意義を具体的に述べます。

※素材を教材研究した結果,教材としてここで扱うことの意味やねらいを記述します。
※学年内の題材配列の系統性や学年間の系統性に留意します。

第２学年○組　国語科学習指導案

令和元年９月14日(水) 5限
授業者(○○コース)‥‥
指導者　教諭　‥‥‥

1　単元名　　読み聞かせをしよう～お手紙～

2　単元の目標
【知識・技能】

【思考・判断・表現】

【主体的に学習に取り組む態度】

3　単元設定の理由
(1)教材について

(2)子ども(児童・生徒)の実態

ポイント項目

ポイント解説‥‥‥‥
‥‥‥‥‥‥‥‥
　(一行あけ)
※注釈‥‥‥‥‥‥
‥‥‥‥‥‥‥
※‥‥‥‥‥‥‥‥
‥‥‥‥‥‥‥

---

⑥子ども(児童・生徒)の実態

子どもの実態や知識・技能,学習意欲などについて,単元の学習に関わる子どもの実態を,様々な視点から分析し記述します。

※初めに,集団の特徴について書きます。学級のこれまでの関わり合いや学習に対する態度等を書きます。
※単元の学習内容に関わる既習内容を,知識・技能,思考・判断・表現の様子について書きます。レディネス調査に基づいて分析した結果を書くこともあります。
※「子ども」「児童」「生徒」と,項目と本文の記載の仕方を整えましょう。

⑦単元の構想

教材観や子どもの実態を踏まえて,単元全体をどのように構成するかを記述します。

※学習内容や子どもの思考の流れに沿って,「次(つぐ)」を意識して書きます。
※次(つぐ)の中で,どのような資質・能力を育て積み重ねていくのか意識して書きます。
※単元(次)を通して行う手立てがあれば,それについて説明をします。その際,どんな姿を引き出すことを目的として,どんなことをするのか,手立ての具体や引き出したい子どもの姿を具体的に書くことが求められます。

（3）単元の構想

4　単元の評価

知識・技能	思考・判断・表現	主体的に学習に取り組む態度

⑧単元の評価

単元の目標が達成された姿を書きます。ここでは,おおむね達成された姿で記述します。(B基準となります)

※子どもの立場で記述します。

5　指導計画

次	時	学習活動	評価計画
1		・・・・・・・・・・・	
		・・・・・・・・・・・	
		・・・・・・・・・・・	
2		・・・・・・・・・・・	
		・・・・・・・・・・・	
		・・・・・・・・・・・	
3		・・・・・・・・・・・(本時)	
		・・・・・・・・・・・	
		・・・・・・・・・・・	
		評価テスト	

⑨指導計画

単元の指導構想を1時間(複数時間の場合もある)の学習内容で表し,表として整理します。

※左から「次」「時間」「学習活動」「評価計画」の順に書きます。
※本単元で予定している授業を全て記述することで,単元全体の学習活動を網羅します。
※本時には,「本時」と記述します。

⑩評価計画

ここには,評価規準,評価の観点,評価方法を記述します。

教育実習前のポイント

⑪**本時のねらい**

次の型に当てはめて書くとよいでしょう。

<主な学習活動>を通して，
～分かる
～できる
<求める子どもの姿>

本時のねらい(例)

× がまくんの気持ちを想像して読むことができる。

○ がまくんの手紙が来ない寂しさについて，場面に合う強さの読み方をトリオで役割を分担しながら練習し検討することを通して，がまくんの諦めかけている心情を読み取ることができる。
　　　　※主な学習活動：①強さを変えた読み方の検討
　　　　　　　　　　　　②トリオでの場面読み練習
　　　　※本時で目指す姿：がまくんの諦めかけた心情を読みで表現する

本時の位置

本時が，単元全体の中での何時間目かを記述します。

本時/単元の時数

【本時の授業構想図】

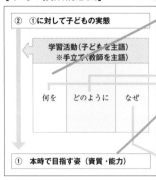

② ①に対して子どもの実態		
学習活動(子どもを主語) ※手立て(教師を主語)		
何を	どのように	なぜ

① **本時で目指す姿（資質・能力）**

6　本時の指導(5/10時間)
(1)本時のねらい

(2)本時の構想

ふさわしい書き方(例1)

　導入で，授業場面のがまくんの気持ちを書かせる。終末で，同じ活動をすることで，学びの自覚につなげていく。
　展開では，まず，「ばからしいこと，言うなよ。」のがまくんの台詞を「強く読むか」「弱く読むか」を検討する。ここでは，先に，教師が読み方の例示をする。強く読むのと弱く読むのとを聞き比べ，児童はどちらの読み方が適しているか予想する。その後，グループで検討する。ここでは，なぜその読み方がその場面に合っているのか，地の文から根拠となる語句や文章を使って説明するよう促す。このことにより，語句や文章に着目した読みができるようになる。そして，がまくん，かえるくん，地の文と役割を分担しながら会話文を読む。担当は順番制として，どの立場も経験することで，多角的に物語を捉えるための一助とする。語句や文章に着目させて場面読みさせることで，登場人物の心情を思い浮かべながら読むことができるようになる。
　終末では，「ばからしいこと，言うなよ。」をどう読んだらよいか，最初と同じ発問をする。ここまでに，グループで場面に合った読み方を検討し，練習した活動をしているため，最初と同じ発問であっても，捉えが異なっていることが期待できる。導入場面での記述と比較させ，学びの自覚を促す。

ふさわしい書き方(例2)

○学びの自覚をうながす振り返りカード
　授業と導入と終末で，授業場面の登場人物の心情について書かせる。学習を通して，新しい解釈が加わっていくことに気付かせることで，学びの自覚につなげていく。
○強さを変えた会話文の読み方
　「ばからしいこと，言うなよ。」のがまくんの台詞を「強く読むか」「弱く読むか」検討させる。「なぜ，そのように読むことがふさわしいのか」考えさせながら，検討させる。前後の登場人物の行為や言葉を根拠にして読み方を考えさせる。このことで，語句や文章に着目した読み取りを指導する。
○トリオで役割分担の読み方練習
　台詞読み，地の文を読む担当と聞く担当の３人で役割を分担して読みの練習をする。聞く担当を位置付けることで，場面に遭った読み方について客観的に捉えさせていく。

⑫**本時の構想**

　授業構想図でメモした，「何をする」「どのようにする」「なぜする」について記述します。
　単に，学習活動だけを記述すると，授業者の意図が読み手に伝わりにくい表現となります。

ふさわしくない書き方(例)

　導入で，全文を読む。
　展開で，音読記号を付ける。その後，役割演技をする。
　終末で，振り返りをする。

⑬**時間**

　時間配分を書きます。

※45分（50分）を「導入・展開・終末」に配分して計画します。
※一般的に，導入場面で，「学習課題」を設定します。また，子どもが追究している展開場面は時間を十分にかけます。
※終末では，振り返りの時間も計画します。

(3)本時の展開

時	学習活動（教師の働きかけと予想される児童の反応） ■：学習活動　T：教師の働きかけ　C：児童の反応	○
5	■３場面全文を音読し，物語の流れをつかむ	○・・・・ て読む
	がまくんの行動や台詞に注目して読もう	
	T　その場に立って，声に出して今日の場面を読んでみましょう。	●・・が出・・・・・・ る。

⑭**学習活動**

　導入・展開・終末ごとに設定する。

※子どもの立場で記述します。
※「～考える」「～分かる」の文末表現にします。

学習課題を書く

⑮主発問

主たる発問や指示は四角囲みで書きます。

※思考を広げる発問, 収束させる発問等, 学習場面に合わせた発問を考えましょう。
※指示は端的にしましょう。

⑯子どもの反応

予想される子どもの反応は, できるだけ多く書く。

※予想される誤答がある場合は, それも記述し, どのように支援するか留意点に書きます。

指導・支援や配慮については, 教師が主語となる書き方をします。

※支援計画は, 何のために行うのか意図を記述します。
「～させるために, ～する。」
「～することで, ～に気付かせる。」「～し, ～を促す。」

⑰教材・教具

がまくんの場面ごとの気持ちの変化が分かるように, 挿絵を掲示する。

> T:「ばからしいこと, 言うなよ。」の台詞をどうよんだらよいでしょうか。
>
> C:強く読んだ方が, がまくんのイライラしている感じが分かる。
> C:弱く読んだ方が, 手紙が来ない悲しさが出る。
>
> T:この場面では, 強い読み方と弱い読み方のどちらがあっているか考えましょう。
> 手順①自分で考える。
> ②台詞読む担当, 地の文を読む担当, 聞く担当に分かれて, 読み方を聞いてみましょう。
> ③読み終わったら, 聞き役の人は「なぜ, そう読んだのか」聞いてみましょう。読む人は, 理由を伝えます。
> ④最後に, 聞き役の人は感想を言います。
> ⑤これを3人で交代しながら, 繰り返します。
> C:強く読むと, 怒っている感じがする。
> C:「あきあきしたよ」と書いてあるから諦めた感じがいいよ。弱く読んだ方が, 諦めが出ると思う。
> C:「いやだよ」と言っているから, 私もがまくんは諦めたと思う。諦めたときは, 元気がないから弱い方がいい。
> T:強く読むのと弱く読むのとでは, がまくんの気持ちの表現として違いはありますか。
> C:強く読むと, 手紙が来なくて怒っている感じになる。
> C:弱く読むと, 手紙が来なくて悲しい気持ちが出る。諦めている気持ちも出てくる。
> T:「ばからしいこと, 言うなよ。」の台詞をどうよんだらよいでしょうか。今の考えを書きましょう。

> ○教師の演示
> 強く読む読み方と弱く読む読み方を教師が例示する。どちらの読み方が場面にふさわしいか, 自分の考えをノートに記述させてから, トリオで検討させる。
> ○挿絵
> がまくんの心情の変化が分かるように, それまでの場面の挿絵を提示しておく。
> ●評価
> 語句や文章に着目して音読記号を付けている。(知識・技能) ワークシート
> この後の役割演技に向けて, 語句や文章に着目して音読記号を付けているかを机間指導で確認して形成的評価をする。語句や文章に着目していなければ, 個別指導する。
> UD
> ○実物投影機で例示
> トリオでの検討に入る前に, 一人の子どもに発表させる。その時, 実物投影機を使って根拠とした語句や文を全員に分かるように映す。
> ○学習形態
> 読み方について, トリオで検討させる。この時に, 聞き役に「なぜ, そう読むの」と質問させる。このことで, 語句や文章に着目させていく。
> ○板書
> がまくんとカエルくんを対比させながら板書する。
> ●評価
> がまくんの心情に合わせた読みになるよう音読記号を付け, 音読記号に合わせた読みができる。(思考・判断・表現) ワークシート, 音読記号, 音読

(4) 本時の評価
がまくんの, 待っても手紙が届かないことから, 「寂しさ」を読み取り, 寂しさを表すようにがまくんの台詞を, 強さを変えて読むことができたか。

⑱評価

授業途中の評価は, 形成的な評価となります。この場合は, **本時のねらいが達成されるために(次の学習活動にどの子も進めるように), 子どもの学習状況を評価するための**ものです。

※**机間指導**で見取ります。
※学習状況に問題があれば, 個別指導等を行います。

UD

ユニバーサルデザインを意識していることを示す場合は, UDと記述することもあります。

⑲学習形態

ペアやグループで活動させる場合は, 学習形態だけでなく, 話し合いの「方法」「手順」なども計画しておきます。学習指導案には,「留意点」として書きます。

⑳板書

板書について授業者としての意図があれば, 留意点として記述します。

※別紙に, 板書計画として書く場合もあります。

㉑評価

本時の評価を記述します。**本時のねらいに正対していることが重要です。**

※子どもの立場で,「～できたか」の文末表現で書きます。
※単元の指導計画・評価計画に基づいて記述します。
※(　　)の中に, 評価の観点を書きます。評価方法も記述します。
※本時の展開の中で同様のことを書いていますので, 学校によっては書かない場合もあります。実習校の指導案の形式に合わせていきましょう。

第2学年○組　国語科学習指導案

令和○年11月12日(水)3限
授業者　□コース　○○　○○
指導者　教諭　○○　○○

1　単元名　　読み聞かせをしよう　「お手紙」(学校図書)

2　単元の目標

【知識・技能】

・「だれが―言った」「だれが―どうした」ということを意識して,文の中における主語と述語の関係に気付くことができる。

【思考・判断・表現】

・場面の様子や登場人物の行動など,内容の大体をとらえることができる。

・場面の様子や登場人物の気持ちを想像して,読み方を工夫することができる。

【主体的に学習に取り組む態度】

・登場人物の気持ちを表現しようとして,読み方を工夫しながら繰り返し音読練習をしている。

3　単元設定の理由

⑴　**教材について**

　本教材「お手紙」は,かえるくんとがまくん,そしてかたつむりくんの三人の登場人物により,場所や時間の移り変わりがはっきりと描かれた作品である。1学期に学習した「スイミー」は,スイミーの言動を中心に描かれており,児童は,スイミーの言動を中心に作品を読み味わってきた。一方,この「お手紙」は,かえるくんとがまくんの言動を中心に物語が展開していく。二人の言動を読み取りながら,それぞれの気持ちを考えたり想像したりするのに適した作品である。また,繰り返し音読したり考えたりすることで,児童の読みが深まる教材であると考える。

⑵　**児童の実態**

　児童は,2年生になってから「ふきのとう」「スイミー」などを学習している。その中で,物語の内容に沿って,場面の様子や登場人物の気持ちを考えたり,想像したりしてきた。役割を分担して読んだり,動作化したりしながら,生き生きと音読する姿が見られるようになっている。しかし,自分で考えた登場人物の気持ちや様子を,相手に伝わるように意識して音読するまでには至っていない。そこで,聞き手を意識した音読を行うことをねらいとして,本単元「読み聞かせをしよう」を設定した。

⑶　**単元の構想**

　本単元では,読み聞かせ活動を設定し,繰り返し音読練習を行う中で場面の様子や登場人物の気持ちについて読みを深めさせていきたい。そこで,まず,この物語に浸らせることを目的に,教師が範読を行う。その際,挿絵を拡大して提示し,登場人物の表情がはっきり捉えられるよう配慮する。

　次に,音読の練習をする場を設定する。すらすら読めるようになった段階で,誰かに聞いてもらうことを提案し「1年生への読み聞かせ発表会をしよう」という学習課題を設定する。そして,学習の進め方を確認する。

　内容をきちんと読み取るため,場面分けや誰の行動か,誰の発言かを整理して,内容の把握を行う。その上で,がまくんの台詞の読み方を全体で検討する。このことを通して,読み方によって伝わり方が異なることに気付かせたい。そして,この後に行うグループでの読み方の工夫につなげたい。

　ある程度練習が進んだ段階で，読み聞かせ会と同じように，3人組で役割を決め音読練習を行う場を設定する。役割は「かえるくん」「がまくん」「地の文とかたつむりくん」である。この役割をそれぞれ順番に行うことで，それぞれの登場人物の心情に触れさせ，更なる工夫へとつなげたい。

　このような練習を通して，児童は自信をもって音読するようになるであろう。このような学習を積み上げながら，聞き手を意識して登場人物の心情を読み深めたり，どのような読み方がふさわしいか3人組で話し合ったりする姿を期待したい。

4　単元の評価

知識・技能	思考・判断・表現	主体的に学習に取り組む態度
・「だれが―言った」「だれが―どうした」ということを意識して，文の中における主語と述語の関係に気付くことができる。	・場面の様子や登場人物の行動など，内容の大体をとらえることができる。 ・場面の様子や登場人物の気持ちを想像して，読み方を工夫することができる。	・登場人物の気持ちを表現しようとして，読み方を工夫しながら繰り返し音読練習をしている。

5　指導計画

次	時	学習活動	評価計画
1	1	・「お手紙」を読んで，登場人物をとらえる。 ・このほかの「かえるくん」と「がまくん」の本があることを知る。	・お手紙の登場人物を捉えることができる。(知識・技能)発言
	1	・音読の練習を行う。 ・「1年生への読み聞かせ発表会」への見通しをもつ。	・音読の練習を繰り返し行い，学習への見通しをもつ。(思考・判断・表現)活動の様子
2	2	・場面の移り変わりに着目して場面分けを行う。 ・「だれが―～した」に着目して二人の言動を整理する。	・文中の主語・述語の関係に気付くことができる。(知識・技能)発言 ・内容の大体を捉えることができる。(思考・判断・表現)発言
3	1 (本時)	・がまくんの気持ちを考えながら読み方を工夫する。	・がまくんの気持ちを読み取り，その気持ちに即した音読ができる。(思考・判断・表現)ワークシート，音読
	2	・前時の読み方の工夫を生かして，グループで登場人物の台詞の読み方を工夫する。	・登場人物の気持ちを表現しようとして，読み方を工夫しながら繰り返し音読練習をしている。(主体的に学習に取り組む態度)活動の様子，音読
4	2	・グループごとに場面を決めて発表し，感想を述べ合う。 ・他のグループの発表も参考にしながら，音読を工夫する。	・登場人物の気持ちを表現しようとして，読み方を工夫しながら繰り返し音読練習をしている。(主体的に学習に取り組む態度)活動の様子，音読
	1	・1年生への発表会を前に，グループで練習を行う。	・読み聞かせ発表会への意欲を高めている。(主体的に学習に取り組む態度)活動の様子，音読，ワークシート

教育実習前のポイント

6　本時の指導(5/10時間)

(1)　本時のねらい

　がまくんの手紙が来ない寂しさについて，場面に合う強さの読み方をグループで役割を分担しながら練習し，検討することを通して，がまくんの手紙が来ることを諦めかけている心情を読み取り，場面読みすることができる。

(2)　本時の構想

　導入で，授業場面のがまくんの気持ちを書かせる。終末で，同じ活動をすることで，学びの自覚につなげていく。

　展開では，まず，「ばからしいこと，言うなよ。」のがまくんの台詞を「強く読むか」「弱く読むか」を検討する。ここでは，先に，教師が読み方の例示をする。強く読むのと弱く読むのとを聞き比べ，児童はどちらの読み方が適しているか予想する。その後，グループで検討する。ここでは，なぜその読み方がその場面に合っているのか，地の文から根拠となる語句や文章を使って説明するよう促す。このことにより，語句や文章に着目した読みができるようになる。そして，がまくん，かえるくん，地の文と役割を分担しながら会話文を読む。担当は順番制として，どの立場も経験することで，多角的に物語を捉えるための一助とする。語句や文章に着目させて場面読みさせることで，登場人物の心情を思い浮かべながら読むことができるようになる。

　終末では，「ばからしいこと，言うなよ。」をどう読んだらよいか，最初と同じ発問をする。ここまでに，グループで場面に合った読み方を検討し，練習した活動をしているため，最初と同じ発問であっても，捉えが異なっていることが期待できる。導入場面での記述と比較させ，学びの自覚を促す。

(3)　本時の展開

時	学習活動(教師の働きかけと予想される児童の反応) ■：学習活動　Ｔ：教師の働きかけ　Ｃ：児童の反応	○留意点　　●評価
5 10	■3場面全文を音読し，物語の流れをつかむ 　がまくんの行動や台詞に注目して読もう Ｔ：その場に立って，声に出して今日の場面を読んでみましょう。 ■読み方の異なるがまくんの台詞を聞き比べる Ｔ：「ばからしいこと，言うなよ。」の台詞をどう読んだらよいでしょうか。 　（教師が，強さを変えて範読する） Ｃ：強く読んだ方が，がまくんのイライラしている感じが分かる。 Ｃ：弱く読んだ方が，手紙が来ない悲しさが出る。	○声が出るように，姿勢を正して読むように指示を出す。 ●声が出やすい姿勢で読んでいる。 （知識・技能）活動の様子 ○教師の演示 　強く読む読み方と弱く読む読み方を教師が例示する。どちらの読み方が場面にふさわしいか，自分の考えをノートに記述させてから，トリオで検討させる。 ○挿絵 　がまくんの心情の変化が分かるように，それまでの場面の挿絵を提示しておく。

	■がまくんの台詞の読み方を考える		●評価
15	T：この場面では，強い読み方と弱い読み方のどちらがあっているか考えましょう。 手順①自分で考える。 ②がまくん，かえるくん，地の文を読む担当，に分かれて，読み方を考え練習する。 ③読み終わったら，地の文の人は「なぜ，そう読んだのか」聞いてみましょう。読む人は，理由を伝えます。 ④最後に，地の文の人は感想を言います。 ⑤これを3人で交代しながら，繰り返します。 C：強く読むと，怒っている感じがする。 C：「あきあきしたよ」と書いてあるから諦めた感じがいいよ。弱く読んだ方が，あきらめが出と思う。 C：「いやだよ」と言っているから，私もがまくんはあきらめたと思う。あきらめたときは，元気がないから弱い方がよい。		トリオでの検討や練習に向けて，語句や文章に着目している。(思考・判断・表現)ワークシート ○机間指導 　語句や文章に着目していなければ，個別指導する。 [UD] ○実物投影機で例示 　グループの検討に入る前に，一人の子どもに発表させる。その時，実物投影機を使って根拠とした語句や文を全員に分かるように映す。 ○学習形態 　読み方について，グループで検討させる。この時に，聞き役に「なぜ，そう読むの」と質問させる。このことで，語句や文章に着目させていく。 ○板書 　がまくんとカエルくんを対比させながら板書する。
15	■トリオで検討したことを基に，場面読みをする T：強く読むのと弱く読むのとでは，がまくんの気持ちの表現として違いはありますか。 C：強く読むと，手紙が来なくて怒っている感じになる。 C：弱く読むと，手紙が来なくて悲しい気持ちが出る。諦めている気持ちも出てくる。 T：「ばからしいこと，言うなよ。」の台詞をどう読んだらよいでしょうか。今の考えを書きましょう。		●評価 　がまくんの心情を語句や文章から読み取り，場面に合った読み方ができる。(思考・判断・表現)ワークシート，音読

(4)　本時の評価

　待っても手紙が届かないことから，がまくんの「寂しさ」を読み取り，寂しさを表すように，強さを変えて，がまくんの台詞を読むことができたか。(思考・判断・表現)

　評価方法：ワークシートの記述，音読の様子

7 教育実習前の準備チェックリスト

　教育実習前には，準備することがたくさんあります。早め早めに準備を進め，直前になって慌てないようにしましょう。実習校について知っておくこと，持ち物を確実に準備すること，体調を万全にしておくことが大切です。

Point 1 　実習校をよく知る

◆実習校についてホームページなどで下調べをしておきましょう。

　○学校の所在地・連絡先・アクセス方法
　○学校のグランドデザイン
　　※学校（経営）の言わば設計図。学校の教育目標や教育方針，
　　　特色や力を入れていることが一目で分かる
　○学校や学年の様子，年間の行事予定など

Point 2 　受け持つ授業をしっかり確認！

◆初等教育実習では，観察実習中に自分が受け持つ授業について
　確認します。

　○各教科，道徳，学級活動，外国語活動，総合的な学習の時間などの自分が
　　受け持つ単元や題材を確認し，準備を進めます。

◆指導案（略案）に基づいた授業は，原則として一人最低8時間
　受け持ちます。

　○道徳または特活を含め，各教科・領域の授業を受け持ちます。
　○丸一日授業を受け持つような全日実習は行いません。
　　※上越教育大学附属小学校の場合は1モジュール30分のため最低12時
　　　間となります。

◆授業研究で学びを深めます。

　○授業は，細案または略案などの指導案を用意して行うことが基本です。
　　しっかりと計画を立て，授業後は，振り返り
　　をして自己の授業を評価・改善するように
　　しましょう。
　　　特に細案での授業は，管理職をはじめ実習
　　校の先生方や実習生の仲間たちなど，たくさ
　　んの人に公開し，意見をもらうようにしま
　　しょう。とても勉強になります。

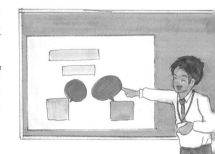

Point 3 　万全の体調で！

◆教育実習には万全の体調で臨みましょう。

◆はしか，インフルエンザ，感染性胃腸炎，風疹などの感染症にかかったり，疑いがあったりする場合は，実習ができなくなります。

◆実習1週間前からは，毎日検温を行い，自分の体の状態をチェックしていきます。実習中も継続して行い，『健康状態確認票』に記入します。

◆37.5度以上の発熱又は下痢の症状がある場合は，教育実習には行かず，大学の学校実習課に連絡し，指示を受けてください（P103参照）。

◆体調を整えるには，何よりも規則正しい生活が大切です。実習中はもちろん，普段から「早寝・早起き・朝ごはん」を合言葉に，規則正しい生活・リズムよい生活を実践しましょう！

健康状態確認票

○介護等の体験を開始する日の7日前から，毎朝，体温測定を行い，症状の有無とともに記録してください。

○37.5度以上の発熱又は下痢の症状がある場合には，介護等の体験には行かないで，大学の学校実習課（025-521-3277）に連絡して指示を受けてください。

○この健康状態確認票，体温計及びマスクは，必ず介護等の体験実施施設へ携行し，確認票の提示を求められたら提示してください。

施設名		実施期間	月　日　～　　月　日
氏　名		確認期間	月　日　～　　月　日

月　日	測定時間	体温（℃）	症状（呼吸数の異常（呼吸数の増加等），悪寒，喉の痛み，咳，鼻汁・鼻閉，下痢，嘔吐）	備考
月　日	:	℃	□なし □あり（　　　　）	
月　日	:	℃	□なし □あり（　　　　）	
月　日	:	℃	□なし □あり（　　　　）	
月　日	:	℃	□なし □あり（　　　　）	
月　日	:	℃	□なし □あり（　　　　）	
月　日	:	℃	□なし □あり（　　　　）	
月　日	:	℃	□なし □あり（　　　　）	
月　日	:	℃	□なし □あり（　　　　）	
月　日	:	℃	□なし □あり（　　　　）	
月　日	:	℃	□なし □あり（　　　　）	
月　日	:	℃	□なし □あり（　　　　）	
月　日	:	℃	□なし □あり（　　　　）	
月　日	:	℃	□なし □あり（　　　　）	
月　日	:	℃	□なし □あり（　　　　）	
月　日	:	℃	□なし □あり（　　　　）	
月　日	:	℃	□なし □あり（　　　　）	

Point 4 　必要な持ち物はこれだ！　チェックしよう！

【必要なもの】

□実習記録簿※　□朱肉を必要とする印鑑(出勤簿等に使用)

□名札(校種や学年に相応しいもの)

□筆記用具　　□メモ帳　　□教科書　　□紙挟み(バインダー)

□運動着(派手でないもの)　□運動靴(屋内用・屋外用)

※実習記録簿：「実習日誌」と呼ぶこともある。

【用意しておくと便利なもの】

□マグネット(黒板への貼り物に使用)　　□付箋紙　　□3色ボールペン

□マーカーペン　　□はさみ・カッターなど　　□ステープラー

□チョーク入れ　　□模造紙　　□実習ノート(記録・メモ用のノート)

□クリアフォルダーやファイルなど(書類やプリントを整理できるもの)

※消せるボールペンは実習記録簿など公的な記録には使えません。

8 生徒指導の大切なポイント

　学校は子どもの大切な命を預っている場所。子どもの安全確保は，常に最優先に考えなければなりません。また，学校教育においては，子どもが自己を成長させ，集団や社会の一員として自己実現を図っていくために，生徒指導が大切です。実習生は常に実習校の教員の指導助言のもとで生徒指導を行うことが求められます。

Point 1　子どもの健康・安全を第一に

◆体育の授業，クラブ活動，休憩時間の遊びなどの活動中に，子どもがけがをしないよう，安全確保に万全を期す必要があります。
　○常に危険を予測し，安全な環境づくりに努めることが大切です。
　○活動中は，子どもから目を離さないようにしましょう。
　○活動前には，子どもへの安全指導を徹底しましょう。
　○万一の場合には，すぐに近くの教員に連絡し，指示を仰ぎましょう。

◆実習生自身が感染症の予防など健康管理に努め，子どもの健康を守りましょう。

◆災害，不審者侵入など非常時には，各学校のマニュアルに従って対応します。
　○差し迫った危機では，その場の判断で適切に行動することが大切です。
　○状況が落ち着いたら，速やかに近くの教員に連絡しましょう。

Point 2　適切な生徒指導を行うために

◆子どもとたくさん関わり，信頼関係を築きましょう。
　○生徒指導は，子どもとの信頼関係があって初めて成り立ちます。
　○授業だけでなく，給食指導，清掃指導，クラブ活動などで，できる限り子どもと一緒に活動しましょう。
　○昼休みや放課後などに，遊びを通して子どもと関わることは特に大切です。

◆子どもの実態を理解することが生徒指導の第一歩です。
　○子どもの発達段階や実態をよく把握しましょう。
　○子どもをよく観察すること，実習校の教職員などからたくさんの情報を得ることがポイントです。

Point 3 ▶ **体罰は絶対にダメ！**

◆体罰は法律で禁止されています。

＜学校教育法第11条＞

　　「校長及び教員は，教育上必要があると認めるときは，文部科学大臣の定めるところにより，学生，生徒及び児童に懲戒を加えることができる。ただし，体罰を加えることはできない。」

○体罰は，子どもの心や体に深い傷を負わせます。体罰で子どもがよくなることは絶対にありません。

◆実習生には懲戒も認められません。

○教員には教育上必要がある場合に限り，子どもの性格や発達段階などに十分配慮したうえで，子どもに懲戒を加えることが認められています。

〔認められる懲戒の例〕

　・放課後等に教室に残留させる

　・授業中，教室内に起立させる

　・学習課題や清掃活動を課す

　・立ち歩きの多い児童生徒を叱って席に着かせるなど

○実習生には懲戒も認められません。子どもへの指導に困ったときは，実習校の教員に相談しましょう。

◆身体に対する侵害

○殴る，蹴る，突き飛ばす，平手打ちする，足で踏みつける。

○ボールペン，チョークなどを投げつけ体に当てる。

○頬をつねって席に着かせるなど。

◆肉体的苦痛を与えるような行為

○長時間，直立させたり正座させたりする。

○教室に残留させ，トイレに行くことを許さない。

○給食の時間を含めて長く別室に留め置き，室外に出ることを許さないなど。

9 実習生長・副実習生長の役割

　本学では，原則として１つの学校に複数の実習生を配置するため，実習生長や副実習生長という役割を担う人を選出します。責任感があり，誠実で，周囲に気配りができる人を選出します。授業と同じで，進んで立候補する人がいると雰囲気がよくなり，実習が充実します。

　立候補にしても推薦にしても正副実習生長に選ばれた人は，以下の役割を自覚するとともに実習生全体で協力しましょう。

Point 1　実習生長の役割

◆実習生長は，実習生全員をまとめるとともに，代表で挨拶をしたり，実習校との連絡・調整役になったりします。

◆大学の巡回指導をする教員との連絡・調整も重要な役割です。実習初日と実習最終日にも大学の巡回指導をする教員に連絡をしましょう。

◆何か問題が発生した場合には，学校実習課へ報告しましょう（P100 参照）。

Point 2　副実習生長の役割

◆副実習生長は，実習生長を補佐するとともに，実習生の貴重品を管理する役を負います。

◆実習期間中，毎朝，実習生から貴重品を預かり，貴重品袋に入れて教育実習全般を指導する教員に預けます。放課後になったら取りに行き，実習生に返します。時間帯は，各学校の教育実習全般を指導する教員と相談して決めます。そのためにも，貴重品袋を用意しましょう。

Point 3　みんなの協力が必要

◆実習生長や副実習生長のリーダーシップも大切ですが，それ以外の人達のフォロワーシップも大切です。みんなで協力し合いながら実習を実りあるものにしていきましょう。

本実習期間中における巡回指導をする教員と実習生長との連絡例

■連絡から訪問までの流れ

1 実習生長は,実習生の授業予定を取りまとめる。

2 実習生長が授業予定を一覧にして,巡回指導をする教員に,メールで連絡をする。

3 巡回指導をする教員は,訪問予定を実習生長に連絡する。

4 実習生長は,訪問予定を実習生と教頭先生と教育実習全般を指導する教員に連絡する。

5 巡回指導をする教員は,教頭先生に訪問することを電話で連絡する。

　（ただし,巡回指導をする教員からの実習校への電話連絡は,最初の訪問の時だけとし,2回目以降はしない。）

6 巡回指導をする教員は,訪問予定日に授業参観をする。

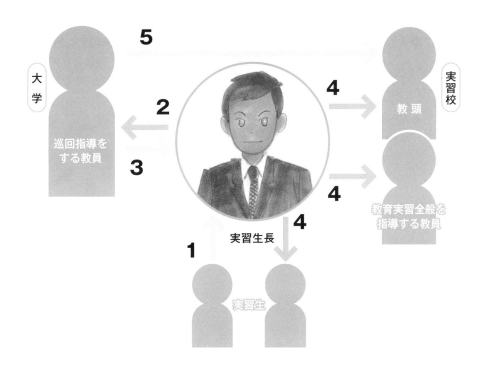

■確認事項

・次の週の授業予定の連絡は,前の週の木曜日までに巡回指導をする教員へ連絡します。実習生の人数が多い場合は,全員の予定がそろわなくても,前の週の木曜日までに連絡をします。授業予定が決定次第,随時連絡するようにします。また,実習の1週目に授業を行う場合は,すぐに連絡をします。

・学校によって校時表が違いますので,授業予定を連絡する際は,必ず校時（授業開始と終了の時刻）も記入します。

・巡回指導をする教員の訪問当日になって,急に時間変更になった場合などは,実習生長ではなく授業をする実習生本人が巡回指導する教員に電話やメールで確実に伝えます。

10 学級経営のポイント ― 小学校編 ―

　学級経営は，広い意味には，学級担任としての仕事の一切を含めて用いられています。それは独自に存在するものではなく，学校・学年経営と密接に関連しながら，学校の教育目標を実現していく活動です。しかし，小学校においては，学級担任が学級の子どもと学校でのほとんどの時間を過ごしていくことから，学級ごとに特徴をもったものになっていきます。

Point 1　生活指導

◆子どもに，各自のもっている能力を最大限に発揮させるためには，一人一人の子どもの実態をみとり，理解することが大切です。一人一人の子どもとしっかりと目を合わせ，声に耳を傾け，心を受け止めていきましょう。

◆子どもの生活は集団の中で営まれます。学級経営では学級集団をどうとらえ，どう育成していくかが大きな課題になります。さらに，心身共に健全な子どもの成長を図るためには，健康・安全に関する指導も大切な視点になってきます。

◆温かな人間関係を築くために，グループエンカウンターやアイスブレークなどを取り入れて工夫しましょう。

Point 2　授業での指導

◆年間指導計画や，各教科や内容ごとの指導計画を充実させることが大切です。生活科や総合的な学習の時間を核に，各教科等と連動させながら，年間の計画を作成していくと，学級がより個性的で楽しいものになってきます。

◆計画だけに終わらせず，実際に効果的に実践していくためには，教材・資料等の研究と整備が欠かせません。

◆アクティブ・ラーニングを用いるなど，指導法の改善を常に心掛けていきましょう。

◆実践の節目ごとに，絶えず評価を加えながら，改善を図っていくことも大切です。

Point 3　教室の環境整備

◆自分の担当する学級だけでなく，他の学級の教室環境も見せていただきましょう。

◆教室の環境は外部からわずらわされることなく，落ち着いて学習ができるように，また，机や椅子は子どもの体格に合ったものになっていることを確認しましょう。

◆学習効果を高めるために，観察台や掲示板，ICT機器も整えられています。また，教室掲示も子どもの学習の様子が反映されていくように工夫されています。

◆換気や採光，照明，湿度や温度などの温熱条件も整えられています。

Point 4　保護者との連携

◆各学校の年間計画の中にも位置付けられていますが，授業参観や学級懇談，個人懇談，家庭訪問などを通して保護者とのつながりを密接なものにしています。

◆学級便りや子どもの連絡帳も，保護者と学校をつなぐ大切な連絡ツールです。

Point 5　地域との連携

◆生活科や総合的な学習の時間などでは，地域の人や素材を生かして学習や活動を仕組んでいます。

◆特に，生活科での野菜の栽培などでは，地域のお年寄りの力を借り「畑の先生」になってもらうこともあります。

◆野菜の栽培だけでなく，地域の人との温かな心の交流も図っていけるように工夫されているところも多くあります。

◆子どもの登下校の安全を確保するために「見守り隊」をお願いしている学校もあります。

11 学級経営のポイント ― 中学校編 ―

　中学生は心身ともに大人に近づく時期です。よく「多感な時期」「思春期」「難しい時期」等といわれます。自分はどんな大人になりたいのかを探し求め，悩むことがあります。

　そのような生徒たちの悩みに応えること，なりたい大人像を共に探り，成長する手助けをすることが，中学校の学級担任の大きな役割の一つです。そして，個の成長を促すには，互いに支え合い高め合う学級集団をつくることが不可欠です。良好な人間関係は個の成長に大きなプラスとなるのです。

　ここでは，良好な人間関係を育む学級経営の基本的なポイントと具体的な活動例を示します。

Point 1　一人一人を大切にする風土

◆学級の中で，一人一人が大切にされているのだという風土（支持的風土）をつくっていくことが大切です。それにより，生徒は自分を大切にしたり，仲間を大切にしたりします。それが自分の成長のために努力したり，仲間の成長を願ったりすることにつながります。

○毎日，学級の全ての生徒と話をする。
○個人の目標や願いを掲示する。
○一人一人の生徒への公平な励ましと評価を行う。

Point 2　学級への所属感

◆自分が学級の一人として大切にされ期待されていることを実感すると，学級への所属感が高まります。所属感が高まると，よりよい学級集団をつくるために前向きに努力しようとするようになります。それを促すのが学級経営上の教師の大きな役割の一つです。

○一人一人が役割と責任をもって行うやり
　がいのある係活動
○清掃や係活動等での生徒同士が協力し
　合う場の意図的な設定
○活動に対する評価，称賛，励まし，感謝
○教科の学習での生徒同士が関わり合って
　学習する活動の意図的な設定

Point 3　**生徒同士の人間関係づくり**

◆学級経営の最大のポイントは，生徒同士の良好な人間関係を構築することです。これができれば，学級も一人一人の生徒も飛躍的に成長します。そのための大きなポイントは目標の共有，協力し合う場の設定，生徒への決定権と責任の委譲です。

〇良好な人間関係の構築を目指す学級目標等の設定
〇教科の授業での魅力的な学習課題に基づいたペア学習，グループ学習の設定
〇構成的グループエンカウンター（ＳＧＥ）やソーシャルスキルトレーニング
　　（ＳＳＴ）等に基づいた人間関係づくりの活動の設定
〇生徒同士の人間関係づくりを促すための特別な活動の設定
〇生徒による自治的・発展的な活動の設定（生徒への決定権と責任の委譲）

Point 4　**生徒会・行事・部活動を通じた成長**

◆中学校では，小学校に比べて学校生活の中でより多くの決定権と責任が，生徒に与えられています。その中で生徒は社会的に成長していきます。それが最も顕著に表れるのが生徒会と体育祭や合唱祭等の学校行事，部活動です。それらの活動で自主性を十分に発揮する自発性の育成と協力し合える人間関係づくりに日頃から努めること，全体の活動が円滑に進むよう生徒のリーダーを導くこと，必要に応じて問題の解決の手助けをすること等が学級担任の大切な役割です。

Point 5　**教室等の環境整備**

◆落ち着いて学習に取り組んだり，居心地の良い学級にしたりするための教室等の環境整備は重要です。日頃の整理整頓や掲示物の工夫，教材の整備等，教室等の環境整備に気を配りましょう。担当学級以外の教室も見せてもらうと参考になります。

〇黒板，机，カーテン，個人ロッカー等の整備　　〇掲示物の工夫と配慮
〇ＵＤＬ（ユニバーサルデザインフォーラーニング）の視点　　〇教室の照度，温度

Point 6　**保護者との連携**

◆生徒の成長のためには，学校と保護者との連携が不可欠です。特に，学級担任と保護者との信頼関係は重要です。保護者は生徒を通して教師と関係していますから，信頼関係づくりに一番大切なことは，一人一人の生徒を大切にし，その成長のために努力をすることです。その上で，保護者会や学級便り等で，生徒一人一人を認めたり，教育理念を伝えたりしていくとよいでしょう。そのようにして信頼関係をつくることができれば，保護者との協力体制を築くことができます。

12 教育実習に関わる教職員

　教育実習には，大学関係者や実習校関係者など多くの教職員が関わります。本学では，以下の教職員が関わります。多くの教職員が関わっていることを知っておくことで，スムーズに教育実習に臨むことができます。下図は，初等教育実習の場合です。

大学

実習校に訪問

挨拶に行く教員

観察実習〜本実習の中で1回挨拶に行く。

ゼミの教員

本実習期間中に，主に細案授業を参観する。細案授業を参観できない場合は，他の授業を参観する。

巡回指導をする教員

本実習期間中に，実習生の授業を参観し指導する。

学校実習課の職員

実習に関わる事務手続きを行う。問題等が発生した場合は，すぐに実習生が学校実習課に連絡をする。

実習校

校長　　教頭

教育実習全般を指導する教員

教育実習全般に関わり，実習生への指導・連絡を行う。

実習生を直接指導する教員

実習生が配属となった学級の担任で，具体的な指導を行う。小学校の夏季休業中に，実習生が連絡を取り，指導案の指導を受ける。

実習校の他の教職員

全教職員がそれぞれの職種によって実習生に関わる。実習生への指導・連絡を行う。

本学における初等教育実習の例

観察実習　→　研究期間　→　本実習

巡回指導をする教員　　ゼミの教員

挨拶に行く教員

（観察実習中または，本実習中に1度挨拶に行く）

< メ モ >

13 実習校への事前訪問のポイント

　教育実習の配属校が決まったら，同じ学校に行く実習生全員で，実習校への事前訪問を行います。事前訪問の目的は，実習校の教職員への挨拶と実習についての事前打合せです。

　実習校の教職員は，どのような実習生が来るのかに高い関心をもっています。明るく前向きでやる気にあふれた実習生が来てくれることを期待して，皆さんを迎えてくれることでしょう。その意味で事前訪問での第一印象はとても大切です。

　本実習を実りあるものにするために，以下の点に気を付けて，実習校への事前訪問を行いましょう。

Point 1 　事前連絡のマナー

◆実習生長が代表して，実習校に電話で事前連絡を行います。要件を告げて，担当の先生に取り次いでもらいます。

　○学校は忙しい所です。電話は放課後が始まる時刻（午後3時から4時ごろ）から勤務が終了する時刻（午後5時ころ）の間にするのがよいでしょう。

◆事前連絡で話す内容は以下の通りです。

　○お世話になる学校への挨拶

　○事前訪問の日時・内容・持ち物の確認

◆明るくはっきりと丁寧な言葉遣いで話しましょう。

Point 2 　事前訪問のマナー 　チェックしよう！

◆**持ち物**

　□運動靴(屋内用)　□かばん　□筆記用具

　□教科書　□教育実習生個人票のコピー

　□実習記録簿　□名札

　□その他の全ての実習関係の書類

◆**服装・身だしなみ**（P15参照）

　□正装　□清潔感のあるヘアスタイル

◆**挨拶**

　□一人一人が，明るくはっきりと丁寧な言葉遣いで挨拶をしましょう。

　□校内で会う全ての人に挨拶をしましょう。

　□子どもに会った場合にも，自分から挨拶をしましょう。

Point 3　打合せの内容

　以下に示すのは，事前打合せで聞いておくべき最低限の内容です。ただし，事前打合せの持ち方は，校種や学校によって様々です。その場で臨機応変に対応しましょう。

【小学校の場合】

　小学校では，観察実習の前に事前打合せを行います。観察実習に向けた準備が主な内容です。全体での打合せと実習生を直接指導する教員（学級担任）との打合せを行います。

◆全体での打合せ
　○実習初日の日程の確認（着任式等）
　○持ち物の確認
　○その他必要な事
◆実習生を直接指導する教員（学級担任）との打合せ
　○担当学級の様子
　○学級担任に実習に対する意気込みを伝える

【中学校の場合】

　中学校では，本実習の前に事前打合せを行います。本実習に向けた準備が主な内容です。全体での打合せと教科担任，学級担任との打合せを行います。特に，教科担任との打合せが重要です。

◆全体での打合せ
　○実習初日の日程の確認（着任式等）
　○持ち物の確認
　○部活動の希望について
　○その他必要な事
◆学級担任との打合せ
　○担当学級の様子
　○学級担任に実習に対する意気込みを伝える
◆教科担任との打合せ
　○担当する学級，授業の範囲の確認
　○教科担任に実習に対する意気込みを伝える

14 子どもとの人間関係づくりのポイント

　　いよいよ教育実習が始まります。教育実習は皆さん自身が将来，よい先生になるために行うものです。失敗を恐れず，前向きな姿勢で実習に取り組みましょう。

　　よい先生になるための必要条件は，子どもに力を付ける授業ができることと，子どもと良好な人間関係をつくることができることです。実習生の皆さんも，実習期間中に子どもとの良好な人間関係をつくることができるように努力しましょう。

　　ここでは，子どもとの関係づくりのポイントをまとめます。

Point 1　できる限り子どもと一緒に過ごす

◆子どもが学校にいる間は，できる限り子どもと一緒に過ごすのが基本です。授業の準備等，子どもがいなくてもできることはできるだけ下校後の時間に行うようにして，積極的に子どもと関わる時間をもちましょう。

○休み時間や昼休みは，子どもと遊んだり話をしたりしましょう。
○いつも特定の子どもやグループとだけ関わるのではなく，全体を見て分け隔てなくいろいろな子どもと関わるようにしましょう。
○中学校では，放課後には部活動があります。子どもと一緒に活動しましょう。

Point 2　子どもの名前を覚える

◆名前を覚えることは人間関係づくりの第一歩です。子どもは名前で呼ばれることで，先生が自分を認識してくれたのだと感じます。できるだけ早く子どもの名前を覚えましょう。授業では，名前を呼んで指名しましょう。

Point 3　積極的に話し掛ける

◆子どもからのコミュニケーションを待つのではなく，こちらから積極的に話し掛けましょう。どの子どもも，先生からの声掛けを待っているはずです。

○積極的に挨拶をしましょう。
○笑顔で話し掛けましょう。
○相手の顔を見て話しましょう。
○いろいろな子どもと話しましょう。

Point 4　子どもを褒める

◆「子どもは褒められるために学校に来ている」という言葉があります。子どもは自己の成長を強く願っています。そして周囲から認められ褒められることで大きく成長していきます。子どもと多くの時間を共にする教師は，その成長に大きく関わることができるのです。

　みなさんも実習生という立場ですが，子どもを認め，褒めてあげてください。また，行いによっては感謝の言葉をかけてください。良好な人間関係は自分を認め褒めてくれる人としかできないのです。

○笑顔で心から褒める。
○よいと思った子どもの具体的な言動を些細な事でもよいので褒める。
○その言動がなぜよいのかを意味付けして褒める。
○全員を公平・平等に褒める。
○他人と比較して褒めない。
○みんなのための努力には，より大きな称賛をする。

Point 5　子どもを叱る

◆子どもはしばしば失敗や間違いを起こします。その中には「ドンマイ！　次は頑張ろうね」と声を掛けてあげるべきものもあれば，毅然として叱るべきものもあります。眼の前でいじめや悪質なルール違反があった場合には，実習生といえども子どもを叱らなくてはいけません。場合によっては，子どもが叱ってほしいと思っていたり，先生を試していたりすることもあります。

○命や安全，人権に関わる場合は，できるだけすぐに叱る。
○できるだけ個別に事情を聞きながら，その子の実態と状況に応じて叱る。
○感情的にならず，毅然とした表情・態度で，その行為について叱る。
　人格を否定してはならない。
○なぜその言動が悪いのかを伝える。
○嫌味を言わない。だらだらと長く叱らない。
○すぐに担任の先生に報告・相談をする。
○叱った後，できるだけ早急にその子どもと普通の会話をして
　人間関係を保つ。

Point 6　答えない

◆性的なこと・プライベートの事など社会通念上の不適切な質問等には，答える必要はありません。

【参考図書】関根廣志『教師力を向上させる５０のメッセージ』学事出版 2013
赤坂真二『学級を最高のチームにする極意』明治図書 2013

15 実習校の先生方との人間関係づくりのポイント

実習校の先生方は，実習生の指導のために多大な時間と労力をかけてくださいます。それに対する感謝の気持ちを常に強くもち，指導していただきましょう。

社会に出て仕事をするようになると，仕事の成否と人間関係は直結します。それは学校でも同じです。社会人としてのマナーを身に付けていること，謙虚で誠実な態度，明るく前向きに努力する姿勢等が大切です (P17 参照)。

Point 1 　先生方との人間関係づくり

◆社会人としてのマナー
○すべての学校の教職員に笑顔で明るく挨拶をする。
○礼儀正しい言葉遣いをする。
○清潔感のある服装や髪型にする。

◆謙虚で誠実な態度
○時間と約束を守る。
○指導を素直に聞く。
○感謝の言葉を述べる。

◆明るく前向きに努力する姿
○積極的な質問・相談する。
○アドバイスを生かした指導の改善する。

実際に実習生に指導をしてくださる担当の先生とは，特に良好な関係を構築することが重要です。特に，以下のことに心掛けましょう。

Point 2 　担当の先生との人間関係づくり

◆指導を素直に謙虚な気持ちで聞く。
　○感謝の気持ちと言葉を忘れない。
　○分からないことは積極的に質問・相談する。
　○もし，どうしても指導の内容が自分の考えと大きく違ったり，自分にはできそうもなかったりする場合には，自分の考えを伝えてどうすればよいのか指示を仰ぐ。
◆実習記録簿は，読み手のことを考えて，丁寧な字で書く。また，分かりやすい文章で記述する。
◆提出物等が遅れたり，不備があったりすることのないようにする。もし遅れそうな場合には，事前に伝えて謝罪する。
◆どうしても担当の先生とうまくいかない場合には，実習校の実習担当の先生や大学の巡回指導をする教員に相談する。学校実習・ボランティア支援室や教育実習相談室に相談に行ってもよい。

教育実習中のポイント

< メ モ >

　自分で授業をする前に，教える立場になって授業を見る目を鍛えなければ，よい授業をすることはできません。授業観察記録を書くことを通して，学習指導の効果を客観的に考察できるようになりましょう。

　授業観察は，自分自身の授業を見る目を鍛え，よりよい授業の指針となるために行うものです。常に謙虚な態度で，どんなことからも積極的に学ぼうとする姿勢がとても重要です。

Point 1　授業観察の心得

① 授業参観に入る前に，教科書や指導案などをよく見て，本時のねらいや学習内容について事前に理解しておくようにしましょう。

② 授業は1時間を通して参観します。遅刻や途中退出など，授業の妨げにならないように心掛けましょう。

③ 見ているだけでなく，必ず授業観察記録を取りましょう。

④ 教師の指示や発問が終わり，児童生徒が学習活動を行っている際には，机間を回って学習の様子を観察しましょう。その際，学習活動の妨げにならないように十分注意しましょう。

⑤ 授業参観後に，授業を見せていただいた先生などに質疑応答の機会が得られるときは，積極的に教えを請うことも大切です。

⑥ 教室出入りの際に，教室の出入口で頭を下げて会釈をすることや授業後に「ありがとうございました」と挨拶をすることは最低限の礼儀です。

　授業観察記録は様々な書き方がありますが，教師の指導・支援と児童生徒の反応を時系列に書いていきます。

Point 2　授業観察記録の観点

◆児童生徒
① 発言
② 挙手
③ 表情
④ 行動（雑談を含む），学習態度全般
⑤ 学習資料とその使用法

◆教師
① 教材とその準備
② 教師の発問・指示
③ 板書
④ 教材とその使用法
⑤ 行動全般（机間指導を含む）
⑥ 学習形態と意見の関わらせ方
※ 褒め方，叱り方

授業観察記録

参 考 例

6 年　　1 組　算 数　科
令和　△ 年　△ 月　△ 日（火）
場所　上越市立○○小学校
授業者　教諭　□□　□□
記録者　　　　◇◇　◇◇

時間	教師の働き掛け	児童生徒の反応
0	＜組み合わせについて＞ 挨拶 　前時の授業の振り返り 　3 人でリレーをする。走る順 　番は全部で何通りあるか。	「何通りの組み合わせがあるのかを求める授業」 ・6 通り ・起こり得る場合をノートに書き出して考える
5	今日の課題 　6 年生 4 つの組でバスケットボ 　ールをする。どの組も 1 回ずつ 　試合をする。全部で何試合か。	→ 児童は指名されて問題を読む。
	①組　②組　③組　④組 　　　一人で考えさせる。	→ 考えた後，友達同士で考えを共有し合う。 　また，教え合う。（席を離れてもOK）
10	黒板に児童のマグネットを貼り 考えを書かせる。 前で発表させる。	児童A 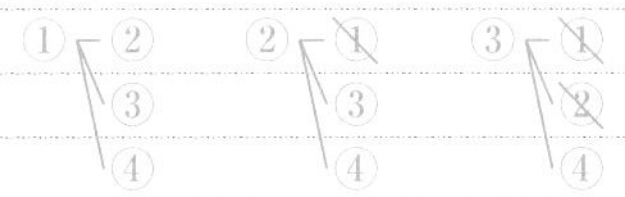 ①—②　②—①　③—① ③　　　③　　　② ④　　　④　　　④　　　6試合 児童B 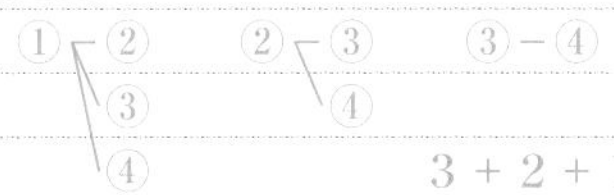 ①—②　②—③　③—④ ③　　　④ ④　　　3 + 2 + 1 = 6 　　　　　　　　　　6試合
	考えを聞きながら考え方の 説明のフォローと付け加え 今までの問題との違いを問う。	→ 「重なるものを消す作業がある」

気付いたこと・考えたこと等
クラスが少人数なことにより，多くの児童に気を配ることができるとともに，もう一人の補助の先生がつく
ことにより，授業でつまずいている児童をサポートすることができる。……

（吹き出し注釈）
- 児童生徒の発言やつぶやき，様子をメモする。
- 教師の働き掛けに対する児童生徒の言動についてメモをする。
- 教師の工夫をメモする。
- 大切な板書を記録する。
- 授業のスタートを0として，経過した時間を記録する。
- 子どもの思考を深めるための手立てをメモする。
- 教師は，児童生徒に確かな学力を身に付けさせるために，「発問」や「板書」など様々な工夫をしている。教える立場になって記述する。

17 授業づくりのポイント

子どもが分かる・楽しいと感じる授業づくりを行うためには，教師として押さえておくべきポイントがあります。全てを実行することは難しいので，自分のできることから始めてみましょう。

Point　授業づくりのポイント

① **子どもの実態把握**
生活経験や学習経験，発達段階に伴った特性などをできる限り理解しましょう。

② **教材研究に基づく学習指導案**
学習指導案は授業のための計画書です。
教材研究を深めて，しっかりと準備しましょう。

③ **意欲を高める学習課題**
子どもに興味・関心をもたせるためには，子どもの思考を予想しながら学習課題の内容と提示方法を工夫しましょう。

④ **指示・発問の工夫**
授業のねらいに方向づける指示や，子どもの問題意識や関心を高め，積極的に多様な考えを発言できるような発問を工夫しましょう。

⑤ **多様な学習形態**
授業のねらいや学習内容に応じて，一斉学習，グループ学習，ペア学習，個別学習などの学習形態を工夫しましょう。

⑥ **分かりやすい板書**
1時間の授業内容が一目で分かる板書にしましょう。

⑦ **ノート指導**
書き方を指導し，書く時間を十分確保しましょう。また，書かせた後は，できるかぎり点検やチェックをしましょう。

⑧　**教材・教具の活用**
　市販の教具やワークに頼らず，自作の教材や教具を工夫しましょう。

⑨　**子どものよさを伸ばす評価**
　肯定的な言葉掛けを心掛けましょう。机間指導を生かして，個別に具体的
に評価するとともに，その評価を指導に生かしましょう。

⑩　**ICT の活用**
　電子黒板やコンピュータなど，情報教育機器を積極的に活用しましょう。
活用する際は，各機器のメリット考え，それを生かした活用の仕方を考え
ましょう。

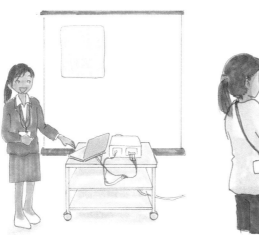

⑪　**ユニバーサルデザインフォーラーニングに基づく授業**
　視覚支援や環境整備などのハード面と分かりやすい指示や説明などのソフ
ト面をそれぞれ工夫しましょう。

授業で教師の真価は問われるといっても過言ではありません。したがって，教師はよりよい授業を目指し，日々授業改善に取り組まなければなりません。各教科の基礎・基本を重視するとともに，子どもが主体的に自ら学ぶ意欲を高めることができるように，しっかりとした事前準備が必要です。

一般的に，教材研究とは，教材について様々な角度から考察を加え，子どもの実態に即して学習指導案を作成することです。授業では，教師が「何のために」「何を教え，何ができるようになるのか」を明確にして臨むことが重要であり，そのために必要なのが，教材研究と言えるでしょう。教材とは，学習活動を成り立たせ，教師と子どもをつなぐ媒介物です。

Point 1　教材研究の視点

◆素材分析

学習内容について，各教科の基礎になっている学問の立場から探究することです。小学校の学習内容であっても，中学校や高等学校，更にそれ以上の内容にまで踏み込んで，広く深く調べることが大切です。

◆子ども分析

子どもがどのようなレディネスをもっているか，興味・関心があるか，分かり方やつまずき方はどうか，などについて様々な角度から考えます。

◆指導法分析

「何のために」「何を教え，何ができるようになるのか」が明確になると，次に「どう教えるのか」を考えます。実習生の授業では，この「どう教えるか」に重点が置かれがちですが，「素材分析」「子ども分析」を通して，発問・指示，板書，演示，説明などについて，十分に吟味しましょう。

Point 2　教材研究のための資料

◆学習指導要領，学習指導要領解説

学習指導要領とは，文部科学省が学校教育法などに基づいて各学校で教育課程を編成する際の基準を定めたものです。各教科のねらいや内容などが書かれています。

学習指導要領解説は，学習指導要領の内容をより明確にするために教科領域毎に文部科学省が編集した冊子です。

◆教科書

教科書とは，授業の際に用いられる児童生徒用図書であり，教科の主たる教材です。全ての子どもたちは，教科書を用いて学習する必要があります。

　教材研究を行うためには，どんな資料を利用すればよいでしょうか。

　指導案を作成するための様々な図書などもありますが，最も重要なものは「学習指導要領」と「学習指導要領解説」，「教科書」です。

Point 3　教科書を使った教材研究

◆語句・用語の確認

　教科書に出てくる基本的な語句や用語については，その意味や内容を丁寧に調べて，子どもたちの質問にきちんと答えられるようにしましょう。

◆図版・資料の確認

　教科書だけでなく，教師用指導書や子どもが持っている資料集などの図版についてもどのようなものが使われているかを調べておきましょう。

◆複数の教科書比較

　自分が使用する教科書と同時に他の教科書の内容を比較します。複数の教科書を比較することで，共通点や相違点が見付けやすくなります。どうして同じなのか，なぜ違うのかを考えることが，学習内容のもつ特性に気付くヒントになります。

◆教科書の行間を読む

　参考書は一人で学習することを前提に作られているので解説が丁寧なのに対し，教科書は教師が説明しながら使うので，全ての説明が詳しく書かれているわけではありません。ですから，実際に書かれていないが重要なことは何かを教師が読み取らなくてはならないのです。

◆単元全体の流れ

　一時間の授業を「点」とすると，単元は点を連続した「線」と考えることができます。部分にばかり注目していると，全体が見えにくくなります。単元全体の流れを意識して，1時間の授業内容を吟味しましょう。

◆他学年の教科書を見る

　子どもの実態に応じて授業を作り上げなくてはなりません。その際，前にどのような学習をしたのかはとても重要な視点となります。また，今回の学習の後にどのように発展していくのかも知っておく必要があります。本時の学習内容と関連するところでは，どのような学習課題が使われているのかなどを調べておきましょう。

19 授業研究の進め方

授業力を高めるためには，たくさんの人から客観的に授業を評価してもらうことが重要です。教育実習では自分が思ったように授業を進めることができないことが多いのですが，同じ実習生から意見・感想や，経験豊富な先生方から指導を得る貴重な機会です。

授業研究は，授業と授業後の協議会から成り立っています。

Point 授業研究のポイント

◆学習指導案は細案を準備しましょう。

授業研究では本時の授業だけでなく，単元全体を通して子どもたちにどのような学力を身に付けさせたいのかが問われます。ですから，単元のねらいや指導計画などが書かれている細案を準備します。

◆より多くの人から参観していただきましょう。

同じ実習生だけでなく，より多くの先生方から参観していただき，指導をいただきましょう。そのためには，前日には学習指導案を準備し，事前に配付したり，職員朝会でお願いしたりするのもよいでしょう。こうして進んで学ぼうとする姿勢を表しましょう。

◆参観していただいた先生にお礼を言いましょう。

自分の仕事のある中，時間をつくって参観してくださっています。感謝の気持ちを言葉で表しましょう。積極的に改善点などを話してくださるかもしれません。常に感謝の心と謙虚さをもちましょう。

◆協議会は実習生が中心となり，主体的に行いましょう。

協議会とは公開した授業について検討する会です。司会や記録などは，実習生で分担して行いましょう。授業者はよかった点と改善点についてまとめておきましょう。また，授業者以外の実習生は，積極的に自分の意見を述べるようにしましょう。

協議会の進め方の例

1 授業の意図と反省
2 質問
3 協議（通常は，協議の柱を立てそれに沿って話し合う）
　　柱の例
　　・ねらい達成のために行った手立てが有効であったか。
　　・発問や指示が効果的であったか。
　　・教材が有効であったか。
　　・板書は子どもの理解を助けたか。
　　　など，授業で見られた子どもの姿を根拠として意見を
　　　述べ合う。

< メ　モ >

20 実習生同士のよりよい人間関係づくりのポイント

　教育実習では，何人かの学生が共に実習を行います。そこには，母校で実習をしている他大学の学生も含まれる場合があります。同じ志をもつ実習生同士，互いに学び合い協力し合って，よりよい実習にすることが大切です。

Point 1　チームワークが何より大切！

◆**実習生長を中心に互いに協力して実習を行いましょう。**
　○実習校や大学から指示されたことや大切な情報は，全員で共通理解しましょう。
　○挨拶や声掛けなどの基本的なコミュニケーションを自ら進んで行いましょう。
　○実習生長は常に全体を見て。ほかの人は実習生長への協力を惜しまずに。

◆**母校実習を行っている学生も同じ教育実習生です。互いに学び合いましょう。**
　○意思の疎通を十分に図り，互いのやり方を理解し尊重しましょう。

◆**チームワークづくりも学校現場で働く練習です。**
　○実際の学校現場でも学年部や教科部など，チームで連携して仕事をしています。

Point 2　人間関係に困ったときは？

◆**人間同士ですから，ウマの合わない人もいるかもしれません。**
　○その人のよいところを見るのが，上手に人と付き合うコツです。
　○場合によっては，適度に距離を置くことも大切です。

◆**人間関係に困ったときは一人で悩まず，早めに相談しましょう。**
　○友人，実習生を直接指導する教員，大学のゼミの教員や保健管理センターなど相談しやすい人に話しましょう。
　○教育実習相談も気軽に活用しましょう。話すだけで楽になることもあります。（P80 参照）

Point 3　実習生控室ではマナーを守って

◆実習生控室ではマナーを守り，教育実習生としての自覚をもって過ごすことが大切です。

○実習控室は実習生の占有室ではありません。

○実習校の貴重な一室をお借りしているのです。指示に従い，美しく使いましょう。

◆実習生控室は，授業の準備をするところです。

○控室にいる時間は必要最小限に。

○空き時間は子どもと活動する，授業参観するなど，積極的に学びましょう。

○実習生同士で実習に無関係なおしゃべりをして過ごすなどは，もっての外です。

◆実習生控室は誰がいつ入室しても，きちんと整っているようにしましょう。

○教材や個人の荷物の放置，いすや机の乱れなどに注意しましょう。

○飴やガム，お菓子や缶コーヒーなどの持ちこみ，飲食は厳禁です。

○ゴミは自分で持ち帰りましょう。

○喫煙は厳禁です。全ての学校は，校地内禁煙となっています。

◆実習生控室での言葉遣いに気を付けましょう。

○実習生控室ではともすると，気が緩みがちになります。

○実習生同士の会話であっても，言語環境に配慮し，適切な言葉を使いましょう。

21 実習記録簿の書き方と管理

　教育実習では，学んだことを毎日「実習記録簿」に記録していきます。記録簿を書くことで課題を明確に把握し，実践を改善することができます。また，実習記録簿はその性格上，個人情報も記録されます。公文書に準ずるものとして，実習中はもちろん，研究期間や実習後も実習生が責任をもって管理しなければなりません（P14 参照）。

Point 1　　どんなことを書けばいいの？

◆**授業の評価，授業を参観して学んだこと，子どもとの関わりの中で気付いたこと，実習先の先生方から指導されたことなどを整理し，記録していきます。**

　○第１週目は校長，教頭，生徒指導担当，養護教諭など，立場の異なる多くの先生方から講話を聞くことが多いです。しっかり記録しましょう。

◆**実習記録簿は業務日誌の性格をもつものです。**

　○単なる個人的な感想の記録ではありません。

　○その日，何をどう学んだのか，読み手に分かる記述にしましょう。

◆**「評論家」にならないようにしましょう。**

　○実習生を直接指導する教員の授業を批判したり，評論的な記述をしたりすることは避けましょう。

　○謙虚な姿勢をもち，自らの今後に生かす前向きな記述を大切にしましょう。

教育実習の記録

月	日	曜	日目

実　習　の　記　録			
1		4	
2		5	
3		6	

研究・反省・感想

検印

教育実習中のポイント

Point 2 　書くときに気を付けることは？

◆書くときには，以下のことに注意しましょう。

○まとめて書かず，日々忘れずに書いていく。

○ペンまたはボールペンで手書きする。鉛筆や消せるボールペンは不可。

○不安な漢字は辞書で確認し，誤字・脱字がないようにする。

○文字を丁寧に書く。丸文字，飾り文字などは使わない。

○文体を統一する。常体「〜である。」で書く。

○俗語，話し言葉，省略語，若者言葉などは使わない。

（例：「なので」を接続詞として文頭に用いるなど。）

Point 3 　実習記録簿を書くコツは？

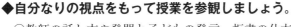

◆自分なりの視点をもって授業を参観しましょう。

○教師の話し方や発問と子どもの発言，板書の仕方，授業形態の工夫などを書く。

◆些細なことも含め，こまめにメモを取っておきましょう。

○子どもの発言やつぶやき，気付いたこと，感動したことなどを書く。

◆分かりやすく簡潔に書くことを心掛けましょう。

○一文を短く，主語，述語を明確に書くこと。

○キーワードを用意するなど，記述する観点を明確にする。

○項目を立てる。

Point 4 　実習記録簿の管理や提出は？

◆実習記録簿は公文書に準ずるものです。個人情報も記録されます。万が一にも紛失するなどということがないよう責任をもって管理しましょう。

○実習中はもちろん，研究期間（観察実習から本実習までの期間）や実習後もきちんと保管をしなければなりません。

◆実習中は毎日きちんと提出し，指導する教員に迷惑が掛からないようにしましょう。

◆全日程終了後，速やかに「まとめ」を書き，期限内に早めに実習校に届けましょう。

○教育実習全体を通しての自己評価，総括的な実習の振り返りを書きます。

○受け取る側のことを考え，全員そろって提出しましょう。

○実習後の提出の際は，実習校には正装で訪問しましょう。

　朝の会・帰りの会は教科の指導と同様に，学級経営の大きな柱になります。日々の成長が子ども自身に感じられるように，学校や学年，担任の工夫で計画的に行われています。子どもを主役にして運営しているところが多いようです。それぞれの担任が工夫しているところをよく観察しましょう。

Point 1　朝の会

◆一日の始まりの会です。温かく明るい雰囲気を大事にしながら，元気な挨拶から始めます。

◆挨拶に続いて行うのが，出欠の確認と健康観察です。担任と養護教諭がしっかりと連携している様子を観察しましょう。

◆学級によっては，当番制で子どもが短時間スピーチを行うこともあります。

◆一日の予定の確認や連絡もこの時に行います。

Point 2　帰りの会

◆子どもにとって学校での一日の生活が楽しかったか，充実していたかを確認する大事な時間です。

◆子どもたちに，今日の楽しかったことやうれしかったことを発表させることで，友達のよさや学級のよさに気付かせます。また，残念だったことや困ったことを発表させることで明日や今後の改善点を考えさせることもあります。子どもたちが心安らかに一日を終え，明日への期待を膨らませてやるための先生方の工夫を観察しましょう。

◆子どもに明日の予定や持ち物を連絡帳に記入させ，しっかりと記入してあるか，先生が確認します。短い時間の中で効率よく行う方法を先生は工夫しています。

◆最後には，元気に気持ちよく帰りの挨拶をし，一日を締めくくります。

《学級担任実習をしましょう》

　朝の会,給食指導,清掃指導,帰りの会を担当する学級担任実習をして,先生としての1日の流れを学びましょう。(全日実習ではありません)

23 給食指導・清掃指導のポイント

　給食の時間も清掃の時間も，先生方の指導力が大きく発揮される時間です。子どもが主体的に取り組み，円滑に進めていくにはどのような工夫がされているか，よく観察しましょう。また，学校によって大きく様子が違っていますので，実習校に合わせて指導を行うことが大切です。授業中や休み時間とはまた違った子どもの一面を見ることのできるチャンスでもあります。

Point 1　給食指導

◆給食指導には，手洗いやマスクの着用等の衛生面の指導，給食当番には配膳指導，食事中には食事マナーの指導，バランスのよい食生活の礎を築く栄養指導など様々です。

◆食べ物の好き嫌いのある子どもへの対応はどうでしょう。担任の先生の指導の工夫を観察しましょう。

◆食物アレルギーや宗教上の理由がある子どもには，特に対応が必要になってきます。食物アレルギーについては，学校で代替食・除去食を用意することが決められています。

正しい箸の持ち方

Point 2　清掃指導

◆教師は，できるだけ子どもたちと一緒に清掃するよう心掛けます。その際，全体に注意を払い，事故を防ぐことも大切です。

◆一緒に清掃する中で，一生懸命に取り組んでいる子どもを褒めて認めることは，心温かな人間関係の基礎づくりにもつながります。

◆清掃中は，黙って作業に集中することが大切です。校舎や仲間への感謝の気持ちをもって，働くことの意味をともに学ぶようにします。

24 特別活動への参加

　特別活動は，集団や社会の形成者としての見方・考え方を働かせ，様々な集団活動に自主的，実践的に取り組み，互いのよさや可能性を発揮しながら集団や自己の生活上の課題を解決することを通して，次のとおり資質・能力を育成することを目標としています。

　小学校学習指導要領第6章特別活動には，次のような記述が見られます。

⑴　多様な他者と協働する様々な集団活動の意義や活動を行う上で必要となることについて理解し，行動の仕方を身に付けるようにする。

⑵　集団や自己の生活，人間関係の課題を見いだし，解決するために話し合い，合意形成を図ったり，意思決定したりすることができるようにする。

⑶　自主的，実践的な集団活動を通して身に付けたことを生かして，集団や社会における生活及び人間関係をよりよく形成するとともに，自己の生き方についての考えを深め，自己実現を図ろうとする態度を養う。

Point　特別活動とは

特別活動

学級活動
● 学級や学校における生活づくりへの参画
● 日常の生活や学習への適応と自己の成長及び健康安全
● 一人一人のキャリア形成と自己実現

児童会活動・生徒会活動
● 児童会・生徒会の組織づくりと児童会・生徒会活動の計画や運営
● 異年齢集団による交流（小学校）
● 学校行事への協力
● ボランティア活動などの社会参画（中学校）

クラブ活動（小学校のみ）
● クラブの組織づくりとクラブ活動の計画や運営
● クラブを楽しむ活動
● クラブの成果の発表

学校行事
● 儀式的行事
● 文化的行事
● 健康安全・体育的行事
● 遠足（小学校），旅行（中学校）・集団宿泊的行事
● 勤労生産・奉仕的行事

25 課外活動への参加

　各教科，道徳，外国語活動・外国語，総合的な学習の時間，特別活動などは正課の授業であり，標準的な授業時数が学校教育法施行規則に定められています。

　この正課の授業のほかに，学校には部活動のような課外の活動もあります。課外の活動なので，各学校では時間の持ち方や指導の仕方を工夫して行っています。ここにも実際に参加して，お手伝いをしながら先生方の計画や準備，指導の在り方を学びましょう。

Point 1　小学校の課外活動

　小学校での課外活動は，地域の行事等に合わせて，高学年が放課後に取り組む形で行っているところが多いようです。

　学校代表として各種大会に参加することもあります。例えば，陸上大会，水泳大会等に向けての練習は，多くの学校で見られる課外活動です。また，運動会やお祭りに向けてのマーチングバンドの練習，音楽祭に向けての合唱や合奏の練習なども一般的です。

　子どもたちは，一人で何役もこなしながらがんばっています。先生は，自分があまり得意でないことでも指導しなければならない場面に出会うこともあります。学生のうちにいろいろな経験を積んでおきましょう。

Point 2　中学校の課外活動

　中学校では，それぞれの学校で定めた部活動運営方針に基づいて，放課後に部活動を活発に行っています。朝の授業前に練習を行っていることもあるようです。

　部活動は，陸上やサッカーなどの運動系の部と吹奏楽や合唱などの文科系の部に大別できます。どの学校でも生徒が生き生きと参加できるように活動の仕方を工夫しています。

　部活動は学年の枠を超えた活動の中で，その技術を高めながら仲間とよい関係をつくっていく能力も高められていきます。

26 教育実習に対する礼状

　教育実習が終わったら，１週間以内にお世話になった先生にお礼状を書きましょう。校長先生や教育実習全般を指導する先生などには，実習生で分担しても構いませんが，特にお世話になった実習生を直接指導する学級担任には，お礼の気持ちやこれからがんばることなどをしっかりと書き表しましょう。スマホ社会の中で，社会人としての常識を身に付けるよい機会です。

Point 1　丁寧に手書きで！

◆ワープロではなく，手書きで書きます。
◆無地（白）の便箋に縦書きで２枚以上書きます（１枚では失礼に当たります）。
◆無地（白）の封筒で糊付けします（テープでは失礼です）。
◆封筒の表書きには，住所だけでなく，「○○市立○○小学校」と学校名も記入します。
◆手紙には，冒頭語に「拝啓」，結語に「敬具」を忘れずに書きます。
◆前文には，「時候の挨拶」（自分らしく）と実習への感謝を書きます。
◆末文には，「乱筆への陳謝，今後のご指導のお願いなど」を書きます。
◆後付けには，「日付・署名・宛名敬称」を書きます。

Point 2　内容はよく考えて書きましょう

◆文字は，丁寧に楷書で書きます。
◆誰でも書けるような，抽象的で同じ内容の手紙にならないようにします。
◆次のような内容を自分の言葉で具体的に書きましょう。自分の思いが読み手に伝わるように，自分の言葉でしっかりと表現しましょう。
　○実習中に刺激を受けた具体的な出来事
　○感動した子どもの姿，先生方の姿
　○子どもや先生方から学んだこと，自分のめあてに対する成果と課題
　○教職に対する自分の考えの変容，目指す教師像に対する考え
　○自分自身の生き方に対する成長ぶり
　○今後の学生生活・授業・活動などに生かしていくこと
※これらの事柄は，教員採用選考検査で聞かれることです。

礼状のサンプル

拝啓
　〜ですが、（時候の挨拶）○○先生におかれましては、ますますご健勝にてお過ごしのこととお喜び申し上げます。

　さて、観察参加実習後から本実習の期間、お忙しい中にもかかわらずご指導をいただき、本当にありがとうございました。○○先生の心温まるご指導のお陰で、大変実りある実習を行うことができました。

　実習中は、
　（ここが中心になります。　上述の内容などを
　具体的に自分の言葉で書きましょう。）

　これからは、この経験を生かしながら、教師を目指して〜

　末筆ながら、○○先生のご健康とご活躍をお祈りして、お礼の言葉とさせていただきます。

　　　　　　　　　　　　　　　　　　　　　敬具

　　○月○日

　　　　　上越教育大学　　年　　　○○　○○

　○○　○○様

　追伸
　　（文化祭のお手伝いに行くこと、子どもに伝えてほし
　　いことなど）

Point 3　　　**出来上がったら必ず読み返しましょう！**

◆内容に関して
　○伝えたい出来事や自分の思い・考え等が読み手に伝わるか
　○実習での学びや今後の課題が書かれているか　　　　　など
◆形式に関して
　○三部構成（前文・主文・末文）になっているか
　○誤字・脱字がないか（辞書を確認する）
　○話し言葉ではなく，書き言葉で書かれているか
　　例：　×　なので（話し言葉）　→　○　ですから，従って（書き言葉）

Point 4　　　**「礼状が書けない！」そんな時には！**

◆「手紙の書き方」などの書籍が書店に売られていますので，それらを参考にするとよいでしょう。また，ホームページにも参考になるものがあります。文面の内容は，それらを参考にし，更に具体的な出来事を書きます。実習記録簿をもう一度読み返して，あなたが一番記憶に残っていることを記述するとよいでしょう。
◆友達が書いている礼状を参考にさせてもらうこともよいでしょう。ただし，あくまでも自分の礼状は自分で考え，心を込めて書きましょう。

27 提出物の確認

　教育実習が終わり，ホッとしたい気持ちはよく分かりますが，「大切な文書」等の提出が残っていないか，確認をすることが大切です。実習の「成果と課題」は実習が終わった直後だからこそ，様々なことが記述できるものです。提出しなければならないものは，期限を待たずに完了しましょう。

＜提出できましたか？　チェックしてみましょう！＞

□ 実習記録簿　　　　　□ 学習指導案（細案）
□ 事後レポート　　　　□ 教職キャリアファイル

> **Point**　　「分かっているけれど，提出物が出せない」　そんな時は！

　◆提出物の期限を守ることが重要です。しかし，様々な理由から，提出物が遅れてしまうことがあります。その時には，遅れることと，その理由を速やかに担当の方に伝えましょう。担当は，皆さんからの連絡や相談がないことを心配します。お互いに相手の気持ちを考えて，取り組みましょう！

28 守秘義務

　教育公務員は身分上，地方公務員であるため，地方公務員法に従わなければならないことは理解していることと思います。また，公的教育に従事する関係上，教育公務員特例法にも従わなければならないことは言うまでもありません。

　実習が終わった後に一番気を付けなければならないことが，「守秘義務」を守ることです。

＜実際にこんなことがありました！＞

○実習記録簿に個人情報に関わることが詳細に書かれていた。
○飲食店で実習校の子どものことを友達に話しているところを，隣の席の市民が聞いていて不安に思い，大学に連絡を入れた。
○子どもの実名を入れて，実習に関することを SNS に書き込んでしまった。たまたま子どもの名前を検索した保護者が見付けて，大学に連絡を入れた。

29 酒席への対応

　教育実習生や担当してくださった先生を慰労する目的で，学校側が酒席を用意してくださる場合があります。現場の先生と接するよい機会ではありますが，アルコールが入る会は，お断りをして，実習の記録や提出物を作成する時間に充ててください。

　学校によっては，酒席ではなく昼食会や茶話会といったアルコールを伴わない会の場合もあります。その場合は感謝しながら参加し，先生方との交流によって，実習中に困ったことの対処法などを聞き，今後に生かす機会とするとよいでしょう。

30 教育実習後のボランティア活動

　実習後，学校が行う様々な行事等への取組（文化祭，遠足，研究会，マラソン大会等）を「手伝ってほしい」「ボランティアに来てほしい」と実習生に依頼することがあります。都合がつくのであれば，依頼を受けるとよいでしょう。学校現場に入る機会になることは言うまでもありませんが，実習で関わった子どもたちの成長した様子や行事への参加の様子など，実習期間中では見られなかった姿に出会う機会になるかもしれません。

　お世話になった学校のため，子どもたちのために皆さんの力を発揮しましょう。

 Point　　教育ボランティアとして登録しましょう

　実習後に実習校へ活動に行く場合に気を付けることがあります。電話やメール等で皆さんのところに依頼されると思います。その際は，必ず学校実習・ボランティア支援室に出向いて教育ボランティアとして登録申請することが重要です。

　実習期間中は大学の授業の一環で実習を行っていますので，万が一の場合に保険が適用になります。しかし，それ以外は保険が適用になりません。教育ボランティアとして登録することにより，大学が認めた教育活動となり，保険が適用になります。万が一の時のために，忘れずに教育ボランティアとして登録しましょう。（P99 参照）

準備はできましたか？　チェックしましょう！

事前訪問

◆**持ち物**　　□運動靴（屋内用）　□かばん　□筆記用具

　　　　　　□教科書　　□教育実習生個人票のコピー

　　　　　　□実習記録簿　□その他の全ての実習関係の書類

◆**服装・身だしなみ**（P15 参照）

　　　　　　□正装　　　□清潔感のあるヘアスタイル

実習中

◆**持ち物【必要なもの】**

　　　　　　□実習記録簿　□朱肉を必要とする印鑑（出勤簿等に使用）

　　　　　　□名札（校種や学年に相応しいもの）

　　　　　　□筆記用具　　□メモ帳　　□教科書　　□紙挟み（バインダー）

　　　　　　□運動着（派手でないもの）　□運動靴（屋内用・屋外用）

　　　【用意しておくと便利なもの】

　　　　　　□マグネット（黒板への貼り物に使用）　　□付箋紙　　□3色ボールペン

　　　　　　□マーカーペン　　□はさみ・カッターなど　　□ステープラー

　　　　　　□チョーク入れ　　□模造紙　　□実習ノート（記録・メモ用のノート）

　　　　　　□クリアフォルダーやファイルなど（書類やプリントを整理できるもの）

◆**服装・身だしなみ**（P15 参照）

　　　　　　□正装もしくは夏季軽装　　　□清潔感のあるヘアスタイル

実習後

◆**提出物**

　　　　　　□実習記録簿　　　　　　→　実習校へ　　　月　　　日（　　）締切

　　　　　　□礼状　　　　　　　　　→　実習校へ　　　月　　　日（　　）締切

　　　　　　□学習指導案（細案）　　→　大学へ　　　　月　　　日（　　）締切

　　　　　　□事後レポート　　　　　→　大学へ　　　　月　　　日（　　）締切

　　　　　　□教職キャリアファイル　→　大学へ　　　　月　　　日（　　）締切

　※実習校に提出する「実習記録簿」や「礼状」の締切は，同一の実習校でそろ
　　えること。実習生長が実習校の教育実習全般を指導する教員に確認し，他の
　　実習生に周知すること。

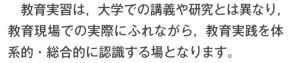

教育実習 Q&A

教育実習は，大学での講義や研究とは異なり，教育現場での実際にふれながら，教育実践を体系的・総合的に認識する場となります。

そのため，普段の大学生活とは異なり，「こういう場合はどうしたらいいの？」という問題に直面することも多くあります。

問題や不安を解決するためには，大学や実習校の指導教員に尋ねることが一番です。しかし，あらかじめ想定される問題や不安に，事前に対処できる準備をしておくことも，より充実した教育実習を行う上で大切なことです。

この「Q&A」では，教育実習において想定される問題や不安に対して，参考となる一つのヒントを紹介します。

大学や実習校，それぞれによって独自のルールがあることもありますから，具体的なことは大学や実習校に確認することを忘れてはいけません。

食物アレルギーがある場合は?

A 　食物アレルギーについては，生命に関わる重要な問題です。教育実習の申込時に，大学に知らせることはもちろん，実習校にも事前に伝えておきましょう。

　学校現場では，食物アレルギー事故防止の徹底に努めていますが，教育実習生のために特別な対応をすることは困難な状況です。ですから，実習校や子どもたちにも，食物アレルギーのことを伝え，対象の食物を食べないようにすることが大切です。

　食物アレルギーのことを伝えないまま，「子どもたちの前だから給食を残すことはできない」と考えるのは，かえって，実習校や子どもたちに迷惑を掛けることになってしまいます。

　本学では，「教育実習生個人票」に「アレルギーなどの有無」の欄を設けて確認をしています。(P13・102 参照)

実習前にけがをしてしまったら？

A 　まずは，通院をしてけがの状況や回復の見通しを確認することが大切です。その後，速やかに大学に連絡をします（P100 参照）。医師の診断がないと，その後の対応がとれません。

　けがの状況から，教育実習を行えるかどうか判断します。全治ではない場合，実習校にある程度の配慮をお願いすることになります。また，教育実習が始まるまでに回復できない場合は，実習期間を変更してもらうなどの対応を実習校にお願いすることになります。

　教育実習前は，健康管理や安全管理に努め，教育実習に備えることが大切です。

大学で学んだ学習指導案の形式と実習校の学習指導案の形式が違う場合は？

 学習指導案の形式については，必ずこの形式でなくてはならないということはありません。それぞれの学校では，学習指導案の形式を独自に決めています。

　本書では，本学の例（P20・104以降参照）を紹介しています。大学で学んだ学習指導案の形式と違っていても，次のポイントを押さえて書くことが大切です。

Point 1 　教師としての自分の考えを明確に

　「単元のねらい」や「本時のねらい」を達成するために教師としてどんな手立てを講ずるのかを，自分の言葉で表現することは，形式を問わず，学習指導案を書く上で大切なポイントです。

Point 2 　焦点を絞って

　学習指導案の各項目に何を書くのかを確認したら，それぞれの項目に対して焦点を絞って書きます。一般的なことを書くのではなく，この単元に関わること，児童生徒の実態においてもこの単元に関わることに絞って書きます。

研究期間になかなか学習指導案が書けない場合は？

 学習指導案（P20・104以降参照）を書くことは，教育実習の目的の一つです。しかし，書き慣れていない実習生は，書くことに多くの労力を費やします。

　まず，教材研究（P52参照）にどれくらい時間を費やすか，ということが大切なポイントです。教える単元や題材に関わる学習指導要領や教科書を熟読しましょう。また，インターネット上にも参考となる資料が多くあります。本書では，小学校と中学校の各教科等の指導と学習指導案を掲載しています（P104以降参照）。ぜひ読んで参考にしてください。

　ただし，他の人が書いた指導案をコピーして貼り付けるだけで済ませたり，複数人で使い回したりしてはいけません。

Q5 Question 研究期間中, 実習に対する不安が増してきたら？

A 　遠慮せずに相談することが大切です。Q17（P80 参照）とも関係するように，大学の教員はもとより，教職大学院や大学院に在籍している現職の教員，友人にアドバイスを求めてみましょう。また，本学の保健管理センター（通称，ホケカン）も利用できます。

　さらに，本学の研究期間では，既に観察実習でお世話になった実習校の「実習生を直接指導する教員」に相談する方法もあります。

　いずれにしても，少しでも不安に感じたら一人で抱え込むことがないように，できるだけ早めに相談することを勧めます。

Q6 Question 研究期間中は髪を染めてもいいですか？

A 　教育実習は，必要な日数が決められています。一つの期間にまとめて行われる場合が多いです。本学では，初等教育実習 4 週間を観察実習 1 週間と本実習 3 週間とに分離して行います。

　本書において「研究期間」とは，観察実習と本実習との間の約 3 か月のことを指します。

　当然実習中は，髪を染めた状態で子どもの前に立つことは許されません。それでは，直接子どもに会うことがない研究期間はどうしたらよいのでしょうか？

　研究期間は，原則実習生本人の判断によります。ただ，学校で会うことはないにしても，出かけた先で偶然に出会うことも考えられます。その際，髪を染めた実習生を見たら子どもはどう思うでしょうか？

　研究期間中に学習指導案の指導を受けるために，実習校を訪問する場合があります。その時は，髪を染めた状態で訪問してはいけません。もちろん，訪問にふさわしい服装にします。公私混同にならないように，判断して行動することが求められます。

板書が苦手なのです。気を付けることは？

A 　板書の文字はきれいな文字であることに越したことはありません。しかし、きれいな文字でなくとも、丁寧に文字を書くことが大切です。
　そのためには、次のポイントを意識して板書するように心掛けましょう。

Point 1　　**板書の構造化**

　授業は、多くの場合黒板を媒介にして展開されます。他者が見て美しく、分かりやすく、整然と構造化された板書ができることがプロとしての技です。
　原則として、授業1時間当たり黒板1面分に板書をします。授業の導入から終末までの学習活動を確認し、授業が終わってから板書を見ると、その時間何を学習したのかが分かるように、板書計画を立てておきます。

Point 2　　**教科書の形式に準じて**

　原則として、板書の縦書き・横書きは、教科書や扱う学習材の形式に合わせます。

Point 3　　**見やすい文字**

　文字を書くことが不得意な場合は、以下のことに気を付け、字形を整えましょう。
　　①　「止め・はね・払い」を意識して書く。
　　②　丸文字にせず、「折れ」を意識して書く。
　正しい筆順により字形も整います。

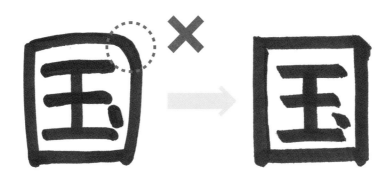

Point 4 　字配り

① 文字の大きさ　教室のどこからでも読み取れる文字の大きさ。
　　　　　　　　平仮名や画数の少ない漢字は，やや小さめに書く。
② 行の中心　　　文字の中心を行の中心にそろえる。
③ 字間　　　　　文字と文字のあき。
④ 余白　　　　　黒板の上下，左右のあき。

Point 5 　チョーク

① 鉛筆と同じ角度（約45度）で書く。
② 基本は白。学習内容に応じて，色分けをする。
③ 色覚異常（赤が他の色に見えるなど）の子どもがいる場合も考えられますから，「赤」を使う場合は，教師が一言（「大事なところだから赤色で囲みますよ」など）添えることが大切です。

【参考資料】文部科学省『色覚に関する指導資料』
http://www.pref.osaka.lg.jp/attach/2470/00004402/sikikaku.pdf

Point 6 　筆順

　　自分は「正しい」と思っていても間違えて覚えてしまっていることもあります。小学校学年別漢字配当表に示されている1026字は，正しい筆順で書くことができるか，教育実習に行く前に自己チェックしておくことが大切です。

次の筆順も要チェック！
① 平仮名，片仮名
② 算用数字，記号
③ アルファベット

【参考図書】日本国語教育学会監修『シリーズ国語授業づくり　板書』
東洋館出版社　2015

遅刻や欠席の連絡方法は？

A 　発熱などの体調不良により，遅刻や欠席をしなければならなくなった場合は，次の手順で速やかに実習校と大学に連絡をします。

① 実習校に電話をし，「遅刻」「欠席」の報告をする。
② 同一実習校に複数の実習生がいる場合は，実習生長にも忘れずに連絡をする。
③ 車の同乗者がいる場合は，同乗者にも連絡をする。
④ 大学に電話をし，「遅刻」「欠席」の報告をする。

　理由が病気等の体調不良の場合は，必ず通院し「通院先・診断名・現状等」を実習校・大学・巡回指導をする教員にそれぞれ電話で報告する（P31・100 参照）。

実習中に交通事故を起こしてしまったら？

A 　安全運転を心掛けることは言うまでもありません。しかし，万が一交通事故を起こしてしまった場合は，落ち着いて行動することが大切です。

① 「交通事故処理手順」（P101 参照）に基づいて，落ち着いて行動する。
② 同乗者がいて，同乗者がけがをしていなかった場合は，分担をして「警察・実習校・大学・保険会社」へ連絡をする。
③ 交通事故処理が済み落ち着いた状況になったら，その後の対応について実習校・大学に相談をする。

※大学への連絡
　学校実習課・巡回指導担当・ゼミ担当（P100 参照）

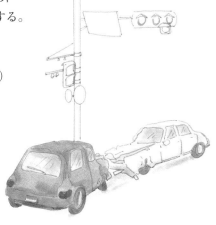

欠席による補講が認められる場合とは？

A 　実習生から事前に欠席の申し出があった場合は，大学から実習校に可能な範囲で補講の実施を要請します。

【本学で欠席が認められる場合】
① 　就職・資格取得試験等のため，別の場所へ出頭しなければならない場合
② 　疾病により，出席が困難な場合
③ 　2親等以内の親族の冠婚葬祭がある場合

　上記の欠席が認められる場合は，事前指導や事後指導にも当てはまります。
　上記以外は，相談の上対応を協議します。

Point 1 　補講について

　実習校に負担を掛けることになりますから，実習生には実習校に対して誠意をもった対応が求められます。

Point 2 　認められない欠席は

　補講は行いません。欠席の取り扱いについては，大学が定めている規定をよく確かめておくことが大切です。

PCやUSBメモリなどの実習校への持ち込みは？

A 　情報セキュリティの問題から，PCやUSBメモリなどの記憶媒体を実習校に持ち込むことは，多くの場合禁止されています。しかし，実習校に申請をすれば持ち込みを許可される場合がありますから，必ず実習校に確認をし，必要に応じて実習生が手続きを行ってください。
　各自治体や実習校によってルールが異なりますから，ルールをよく確認し，必ずルールを守りましょう。

実習中における携帯電話の使用は？

A 　携帯電話を含めた貴重品は，実習校に登校したら実習校に預けることになっている場合がほとんどです。勤務が終わってから貴重品を受け取ることになります。万が一，実習校において貴重品を紛失してしまうと，実習校に多大な迷惑をかけてしまうことになります。

　職場では，公私混同は許されません。携帯電話を用いて私的な連絡を取り合うことはできません。そのため，次のことを忘れてはいけません。

Point 1　緊急時に備えておく

　家族には，実習校の連絡先を必ず伝えておきましょう。

Point 2　確認を怠らない

　実習期間中は大学から大切なメールが届くこともあります。携帯電話を受け取ったら，必ず連絡の有無について確認する習慣を身に付けましょう。

学校の器物を壊してしまったら？

A
① 子どもに危険が及ばないように，安全を確保することを優先します。危険物が散乱していたら，片付けます。特に，ガラス片などは残っていると危険なため，箒などで掃くだけではなく掃除機などで丁寧に吸い取るなどして，安全な状態に戻します。

② 実習生を直接指導する教員に事実を伝えるとともに謝罪し，その後の対応について指導を受けます。

③ その日のうちに，大学の巡回指導をする教員にも報告をします。

Q14 Question 学習指導案や学習プリントの 印刷はどこで？

A 実習生が作成した学習指導案や学習シートなどをプリントアウトする場合と，教員や児童に配付するために複数部印刷する場合に分けてお答えします。

まず，実習生がプリントアウトする場合は，個人所有のプリンタや大学内でプリンタが使える場所でプリントアウトします。

配付用に複数部印刷する場合は，実習校にお願いして実習校の印刷機を使用させていただきます。印刷用紙についても，どの用紙を使ってよいか，確認しましょう。

本学で複数部印刷したい場合は，附属図書館2階にある印刷ステーションのプリンタを利用することができます。印刷ステーションは，図書館の開館時間に利用できます。開館カレンダーで開館時間を確認して利用しましょう。また無料プリンターは使用の上限が設定されています。有料のプリンターと併せて上手に利用しましょう。

Q15 Question 授業に使う教材を準備したいのですが， どうやって購入したらいいですか？

A まずは，実習校の実習生を直接指導する教員に「何のために」「何を」準備したいのかを伝え，指示を受けましょう。学習に使用する用紙や筆記具などは学年費（学級費）で用意されている場合もあり，それを使わせてもらうこともあります。

既に用意されている用紙などでは準備ができない場合についても，実習校の実習生を直接指導する教員に相談しましょう。

将来教員になることを考えると，この機会に自分用に教材を作成するということもできます。その際は，作成した教材は「自分に返る」ことになりますから，自費で購入して作成することになります。

実習生個人の判断で教材等の費用を出し，後で大学や実習校に請求するということはできません。

Q16 実習期間中のアルバイトや部活動は？

A 　実習期間中は，実習に専念することが重要です。アルバイトも部活動も行うことはできません。

　土曜日や日曜日（週休日）は勤務を要しない日ですが，静養したり次週の準備をしたりすることは，よりよい実習につながります。

　そのために，アルバイトをしている学生は実習が始まる前に，アルバイト先に連絡をしておくことが必要です。

　万が一，アルバイト中や部活中（大会参加も含めてすべての部活動）にけがをしてしまったら，実習を継続することができない事態になってしまいます。実習校はもとより，大切な子どもたちに迷惑をかけてしまうことになります。そのような事態にならないように努めてください。

Point 　　**実習期間とは**

　本学では，実習期間を下図のように考えています。

　教育実習の事前指導と事後指導には，必ず出席しなければなりません。実習が終わったからといって，事後指導までの間に，不慮の事態によって事後指導に出席できなかった場合は，単位を認めることはできません。

　そのため，実習期間中ではない事前指導と実習がスタートするまでの期間（上図の①）と実習終了後から事後指導までの期間（上図の②）の過ごし方にも十分注意しなければなりません。

　実習期間については，大学によって考え方が異なる場合がありますので，大学によく確認をしておく必要があります。

Question 17 授業をすることが不安になったら？ 教材研究で困った場合には？

A 　大学生を相手に模擬授業をすることはありますが，初めて小学生や中学生を相手に授業を行うのが教育実習です。そのため，授業をすることに不安を感じるのは仕方のないことです。

　しかし，不安な状態で子どもたちの前に立っても，よい授業はできません。不安を感じたり，教材研究で困ったりしたら，一人で悩まず相談しましょう。

① 　なんと言っても，実習校の先生方が一番の相談役です。実習生を直接指導する先生に積極的に自らの構想を伝えて指導を受けましょう。
② 　ゼミの教員や教科指導法の教員の研究室の扉を叩いて相談することもよいでしょう。ただし，事前に連絡を取ることが原則です。
③ 　教育実習相談室に足を運んで，相談することもできます。
④ 　大学院や教職大学院には，多くの現職の教員がいます。ゼミやコースの院生に遠慮なく相談し，助言を得ることもできます。
⑤ 　本学の保健管理センターも利用できます。

　どんなことで悩んでいるのか，ということを聞いてもらうだけでもヒントを得ることができる場合もあります。

　本学では，学生の不安等実習に関わることに対応するために，実習が行われている期間に教育実習相談室で教員が待機しています。

　困ったことやストレスを感じたら，遠慮無く相談に行くことができます。事前に連絡する必要もありません。

＜教育実習期間中の教育実習相談室の対応時間＞
　　実習期間中の平日　18 時〜 21 時
　　実習期間中の土曜　13 時〜 16 時

Q18 Question 実習生を直接指導する担任の先生の指導が優しすぎて，授業や実習がうまくいくか不安です。どうしたらいいですか？

A 　学校は，経験年数や個性の違いがある教職員の集まりです。中には優しすぎる教員や，あまり指導してくれない教員もいるかもしれません。そのような場合には，自分の心配な点を積極的に質問してみましょう。どうしても困ったら，教育実習相談室に相談に行きましょう。

Q19 Question 実習生を直接指導する担任の先生の指導が厳しくて，毎回叱られてばかりで気持ちが折れそうです。どうしたらいいですか？

A 　実習生ですから，授業が簡単にはうまくいかないのは当たり前です。実習は実習生の成長のためにやっているのですから，少しでもうまくいくように頑張ってみましょう。

　皆さんを直接指導する先生も，実習生の成長を願っているはずです。あまり悲観的にならず，どうすればよいかを質問したり，自分の悩みを聞いてもらったりして，成長の援助者になってもらうようにしましょう。

　他の実習生に相談するのもよいでしょう。実習生同士もそのようなことを相談し合える雰囲気づくりをしましょう。

　どうしてもうまくいかない場合には，実習校の教育実習全般を指導する先生や大学のゼミの先生，巡回指導をする先生に相談したり，教育実習相談室に相談に行ったりしてみてください。(P40参照)

Question Q20 子どもを叱ることができません。どうしたらいいですか？

A 　子どもを褒めることはできても，「叱ることができない」「どのタイミングで叱ったらよいか分からない」という声を聞くことがよくあります。

　「叱る」ことは，「怒る」こととは違います。実習生にとっては，子どもとの信頼関係があまり深まっていない状況で「叱る」ことは難しいことです。

　しかし，子どものよりよい成長を願って子どもに接することができなければ，教員としての資質・能力を高めることはできません。

　相手を傷つける言動があった場合は，その場で指導することが大切です。内容によっては，後で叱った方がよい場合もあります。実習は，叱る内容や叱るタイミングを学ぶチャンスです。叱った後の言葉掛けもとても大切です。

　叱った場合は，速やかに実習生を直接指導する教員に報告します。（P45参照）

Question Q21 外出中，実習先の子どもと偶然出会った場合は？

A 　きちんと挨拶を交わすことが大切です。実習生といえども，教師として対応することが大切です。

　間違っても，以下のような対応をしてはいけません。

✘　何かをおごってやる
✘　ドライブに誘う

Q22 子どもから手紙をもらったら？

A 　実習生と子どもとの関係を理解した上で，対応しなければいけません。子どもが実習生のプライベートに関わることについて質問してきても，さらっとかわすことも必要です。

間違っても，以下のような対応をしてはいけません。

✖ 子どもたちに自分のメールアドレスやSNSアカウントを教えたり，交信したりすること
✖ 特定の子どもと親しくなること
✖ 実習後に子どもを自宅に招いたり交際したりすること

Q23 実習期間以外に，実習校に行く場合は？

A 　実習期間以外（初等教育実習の研究期間も含む）に，学校では運動会（体育祭）や文化祭，音楽祭などの学校行事を行っています。学校行事では，普段の教室の中では見せないような姿を見せる子どももいます。また，部活動の大会も行われています。

　実習校から参加を依頼されたり，自分から進んで学校行事の手伝いを申し出たりすることもあります。

　本学では，教育ボランティアとして登録申請することにより，保険適用を可能としています。学校実習・ボランティア支援室に出向き，所定の手続きをとるようにしましょう。

実習を途中で取りやめることはできますか？

A 　実習を途中で取りやめることはできません。実習校に迷惑を掛けるばかりではなく，実習生との出会いを喜んでいる子どもたちにとって，とても残念なできごととなってしまうからです。

　しかし，やむを得ない理由で実習を取りやめなければならない場合は，大学関係者と相談の上，次の手続きを行うことになります。

【本学の例】
① 　本人が大学に申し出て，実習辞退届を受け取ります。
② 　速やかに実習辞退届を大学に提出します。
③ 　実習辞退届を実習校に提出します。その際，教育実習委員会委員長，小学校部会長（実習校が小学校の場合）か中学校部会長（実習校が中学校の場合），実習生のゼミの教員，そして，本人で実習校に出向きます。

※中等教育実習の場合は，実習を行う前年に申し込みを行います。その際は，途中で中等教育実習を取りやめることはできませんから，十分に確認をして申し込む必要があります。

教育実習 Q & A

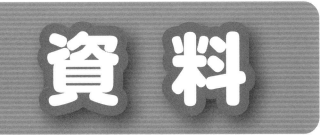

資料

1 多様な児童生徒の理解と指導・支援

2 人権教育，同和教育について

3 「介護等の体験」の手引き

4 実習校への協力(教育ボランティア活動)について

5 教育実習　連絡先

6 交通事故処理手順

7 教育実習生個人票

8 健康状態確認票

9 各教科等の指導と学習指導案

1 多様な児童生徒の理解と指導・支援
インクルーシブ教育システムの構築と合理的配慮及び学校教育のユニバーサルデザイン化

1 障害者の権利に関する条約

　2007年，日本は，国連の「障害者の権利に関する条約」に署名し，国内の法や制度の整備の下，2014年，批准しました。この条約は，障がい者の人権や基本的自由の享有を確保し，障がい者の固有の尊厳の尊重を促進することを目的として，障がい者の権利を実現するための措置等について規定している国際条約です。第24条には，教育についての項目があり，次のような記述が見られます。

（一部抜粋）　第24条　教育
　2　締約国は，１の権利の実現に当たり，次のことを確保する。
　　(a)　障害者が障害に基づいて一般的な教育制度から排除されないこと及び障害のある児童が障害に基づいて無償のかつ義務的な初等教育から又は中等教育から排除されないこと。
　　(b)　障害者が，他の者との平等を基礎として，自己の生活する地域社会において，障害者を包容し，質が高く，かつ，無償の初等教育を享受することができること及び中等教育を享受することができること。
　　(c)　個人に必要とされる合理的配慮が提供されること。
　　(d)　障害者が，その効果的な教育を容易にするために必要な支援を一般的な教育制度の下で受けること。
　　(e)　学問的及び社会的な発達を最大にする環境において，完全な包容という目標に合致する効果的で個別化された支援措置がとられること。

　2012年７月，文部科学省は，「共生社会の形成に向けたインクルーシブ教育システム構築のための特別支援教育の推進（報告）」において「共生社会の形成に向けて，障害者の権利に関する条約に基づくインクルーシブ教育システムの理念が重要であり，その構築のため，特別支援教育を着実に進めていく必要がある」と述べています。障がい者が自分の生活する地域社会で，障がいのない者と分け隔てなく学べることが当然であるという共生社会の形成に向け，インクルーシブ教育システムを構築していくことは，この条約の理念を現実の社会の中で実現していくことなのです。

2　インクルーシブ教育システムと合理的配慮

　文部科学省は，インクルーシブ教育システムを「人間の多様性の尊重等の強化，障害者が精神的及び身体的な能力等を可能な最大限度まで発達させ，自由な社会に効果的に参加することを可能とするとの目的の下，障害のある者と障害のない者が共に学ぶ仕組みであり，障害のある者が教育制度一般から排除されないこと，自己の生活する地域において初等中等教育の機会が与えられること，個人に必要な『合理的配慮』が提供される等が必要」と説明しています。また，「インクルーシブ教育システムにおいては，同じ場で共に学ぶことを追求するとともに，個別の教育的ニーズのある幼児児童生徒に対して，自立と社会参加を見据えて，その時点で教育的ニーズに最も的確に応える指導を提供できる，多様で柔軟な仕組みを整備することが重要である。小・中学校における通常の学級，通級による指導，特別支援学級，特別支援学校といった，連続性のある『多様な学びの場』を用意しておくことが必要である」とも述べています。

　すべての子どもたちに等しく教育の機会が与えられ，個々の能力が発揮できることを保障する教育制度ですから，一人一人の障がいの状態や教育的ニーズに応じた支援が必要となります。それが「合理的配慮」です。文部科学省は，「合理的配慮」を「『障害のある子どもが，他の子どもと平等に［教育を受ける権利］を享有・行使することを確保するために，学校の設置者及び学校が必要かつ適当な変更・調整を行うことであり，障害のある子どもに対し，その状況に応じて，学校教育を受ける場合に個別に必要とされるもの』であり，『学校の設置者及び学校に対して，体制面，財政面において，均衡を失した又は過度の負担を課さないもの』」と定義しています。

3　学校教育のユニバーサルデザイン化

　「障害のある児童生徒にとって，安心して過ごせる学校やわかりやすい授業というのは，すべての児童生徒にとっても安心して過ごせる学校であり，わかりやすい授業である」というのが，学校教育におけるユニバーサルデザイン化の基本的な考え方です。多様な子どもたちにとって障壁（バリア）と感じる要因を排除し，参加・理解を促し意欲を高める授業や学級・学校環境をつくることが大切です。学校教育のユニバーサルデザイン化は，授業改善や人的・物的環境整備も含めた多様性を重視した指導・支援のことを指します。学校教育のユニバーサルデザイン化は，多くの学校で進められており，様々な実践が生まれています。

　以下は，実際に学校で取り入れられている具体例です。

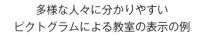

多様な人々に分かりやすい
ピクトグラムによる教室の表示の例

音楽室　　　　　　　　理科室

絵や写真でパッと分かる
収納場所と整理の仕方

ロッカー　　　　　　　道具箱

音や視覚のノイズを減らして
集中しやすい環境づくり

テニスボールの装着　　教室前面はスッキリ

ＩＣＴ機器や具体物等を用いて
考えたくなる授業づくり

※「害」という漢字が負の印象を与えることから，「障がい」と平仮名で表記することがあります。しかし，どのような場合に平仮名で表記するのかは，国から明確な基準が示されていません。本書では，「人の状態」を表す場合は平仮名で，条約や法令，固有名詞等の場合は漢字で表記しています。

〈参考・引用〉

・文部科学省　共生社会の形成に向けたインクルーシブ教育システム構築のための特別支援教育の推進（報告）概要
　http://www.mext.go.jp/b_menu/shingi/chukyo/chukyo3/044/attach/1321668.htm
・文部科学省　共生社会の形成に向けたインクルーシブ教育システム構築のための特別支援教育の推進（報告）
　http://www.mext.go.jp/b_menu/shingi/chukyo/chukyo3/044/attach/1321669.htm
・文部科学省　共生社会の形成に向けたインクルーシブ教育システム構築のための特別支援教育の推進（報告）別表
　http://www.mext.go.jp/b_menu/shingi/chukyo/chukyo3/044/attach/1323312.htm

2 人権教育，同和教育について

平成12年12月6日に「人権教育及び人権啓発の推進に関する法律」が公布・施行されました。この法律の中には，「人権教育とは，人権尊重の精神の涵養を目的とする教育活動」であることが明記されています。

この流れを受けて，文部科学省では，「人権教育の指導方法等に関する調査研究会議」を設置し，人権教育を通して育てたい資質・能力について議論を重ねてきました。そして，平成20年3月に「人権教育の指導方法等の在り方について『第三次とりまとめ』」（以下，「第三次とりまとめ」と記載する）を公表しました。

下記に，「第三次とりまとめ」の一部を抜粋します。

人権教育は，人権に関する知的理解と人権感覚の涵養を基盤として，意識，態度，実践的な行動力など様々な資質や能力を育成し，発展させることを目指す総合的な教育であることがわかる。

このような人権教育を通じて培われるべき資質・能力については，次の3つの側面（1．知識的側面，2．価値的・態度的側面及び3．技能的側面）から捉えることができる。

1．知識的側面

この側面の資質・能力は，人権に関する知的理解に深く関わるものである。

人権教育により身に付けるべき知識は，自他の人権を尊重したり人権問題を解決したりする上で具体的に役立つ知識でもなければならない。例えば，自由，責任，正義，個人の尊厳，権利，義務などの諸概念についての知識，人権の歴史や現状についての知識，国内法や国際法等々に関する知識，自他の人権を擁護し人権侵害を予防したり解決したりするために必要な実践的知識等が含まれるであろう。このように多面的，具体的かつ実践的であるところにその特徴がある。

2．価値的・態度的側面

この側面の資質・能力は，技能的側面の資質・能力と同様に，人権感覚に深く関わるものである。

人権教育が育成を目指す価値や態度には，人間の尊厳の尊重，自他の人権の尊重，多様性に対する肯定的評価，責任感，正義や自由の実現のために活動しようとする意欲などが含まれる。人権に関する知識や人権擁護に必要な諸技能を人権実現のための実践行動に結びつけるためには，このような価値や態度の育成が不可欠である。こうした価値や態度が育成されるとき，人権感覚が目覚めさせられ，高められることにつながる。

3．技能的側面

この側面の資質・能力は，価値的・態度的側面の資質・能力と同様に，人権感覚に深く関わるものである。

人権の本質やその重要性を客観的な知識として知るだけでは，必ずしも人権擁護の実践に十分であるとはいえない。人権に関わる事柄を認知的に捉えるだけではなく，その内容を直感的に感受し，共感的に受けとめ，それを内面化することが求められる。そのような受容や内面化のためには，様々な技能の助けが必要である。人権教育が育成を目指す技能には，コミュニケーション技能，合理的・分析的に思考する技能や偏見や差別を見きわめる技能，その他相違を認めて受容できるための諸技能，協力的・建設的に問題解決に取り組む技能，責任を負う技能などが含まれる。こうした諸技能が人権感覚を鋭敏にする。

【参考】

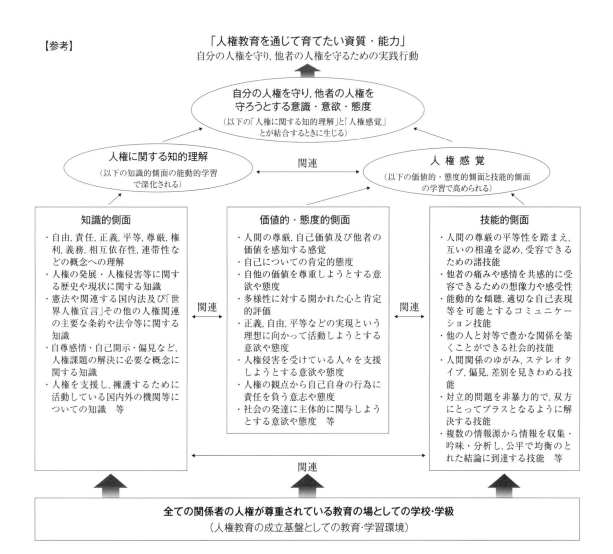

各都道府県においても，人権教育，同和教育を推進するための方針や計画が示されています。

新潟県では「新潟県人権教育・啓発推進基本指針」（2006年　新潟県福祉保健課）が設定され，それを元に学校教育，社会教育，企業・団体及び県民など，様々な場を通じて人権教育・人権啓発が推進されています。

しかしながら，いまだに多くの課題が解決できずにいるのが現状です。「第三次とりまとめ」と同時期に公表された「人権教育の指導方法等の在り方について『第三次とりまとめ』実践編〜個別的な人権課題に対する取組〜」には，次の12の課題が取り上げられています。

①女性　　　　　　　②子ども　　　　　　③高齢者　　　　　　④障害者
⑤同和問題　　　　　⑥アイヌの人々　　　⑦外国人
⑧HIV感染者・ハンセン病患者等　　　　　⑨刑を終えて出所した人
⑩犯罪被害者等　　　⑪インターネットによる人権侵害
⑫その他（北朝鮮当局によって拉致された被害者等，性同一性障害者の人権など）

例えば，⑤の同和問題は，わが国固有の重大な人権問題であり，日本各地に散見されています。どの地域においても見過ごすことのできない問題です。新潟県では，2002（平成14）年に実施した第35回新潟県政世論調査で，同和地区，同和問題の認知度を調査した結果「知っている」との回答が50％，「知らない」との回答が46％でした。県民の同和地区，同和問題に対する認知度が低いという結果が浮き彫りになりました。同和問題を解決しないままで，人権が尊重される社会は実現しません。差別により傷ついた人々の心に寄り添い，早期の解決を望むとともに，一層の同和教育を進めていくことが必要です。

指導のポイント

ポイント
差別を他人事とせず，自分自身の問題として受け止める指導をしていますか。

ポイント
「えた・ひにん」などは賤称語であることを認識し，この言葉の重みを十分に踏まえて児童生徒に指導していますか。

ポイント
県内の被差別部落は少数散在であることから，被差別部落の児童生徒が在籍しているという心構えで指導に当たっていますか。

ポイント
差別の貧困と悲惨な事例のみを取り扱うのではなく，被差別部落が文化や医学の発展に貢献してきたことを取り上げ，プラスイメージを育てる指導をしていますか。

ポイント
被差別部落は地域によって実態が異なります。地域の実態，保護者の思いや願い等を的確に受け止めて指導に当たっていますか。

ポイント
歴史的な知的理解にとどめず，「差別をしない，差別を許さない，差別に負けない」という視点で指導していますか。

差別や人権侵害は社会に存在しており，その解決は私たち一人一人の課題です。児童生徒が人権意識を一層高めていけるように，確かな人権教育を進めていく必要があります。人権教育を推進することは，学校づくり，学級づくりを行っていく上で欠かせないものであることは言うまでもありません。人権が尊重される環境は，誰にとっても居心地のよいものとなります。そうした環境は，児童生徒が学校生活を安心して過ごすためにとても重要であると言えます。また，我々が児童生徒に対して「人権を侵さない」ことは言うまでもありませんが，我々自身が人権感覚を磨くことによって，児童生徒にも影響を及ぼすものと思います。

〈参考〉
・文部科学省　人権教育の指導方法等に関する調査研究会議，人権教育の指導方法等の在り方について［第一次とりまとめ］，平成16年6月
・文部科学省　人権教育の指導方法等に関する調査研究会議，人権教育の指導方法等の在り方について［第二次とりまとめ］，平成18年1月
・文部科学省　人権教育の指導方法等に関する調査研究会議，人権教育の指導方法等の在り方について［第三次とりまとめ］，平成20年3月，
（http://www.mext.go.jp/b_menu/shingi/chousa/shotou/024/report/08041404.htm）
・文部科学省　人権教育の指導方法等に関する調査研究会議，人権教育の指導方法等の在り方について［第三次とりまとめ］実践編　〜個別的な人権課題に対する取組〜，平成20年3月
・新潟県人権教育・啓発推進基本指針，2006年4月，
（https://www.pref.niigata.lg.jp/sec/fukushihoken/shishin.html）

3 「介護等の体験」の手引き

1 介護等の体験に向けて

⑴ 介護等の体験とは

平成9年6月18日付けでいわゆる「介護等体験特例法」が公布されました。

これは，平成10年度の新入生から適用されており，実施施設は，文部科学省令で定める社会福祉施設等で5日間，特別支援学校で2日間の計7日間の体験を行うことになっています。

申し込みは，個人ではなく，全て大学を通して申し込まなくてはなりません。

⑵ 介護等の体験の目的

「介護等体験特例法」の趣旨は，次の通りです。

「教員が個人の尊厳及び社会連帯の理念に関する認識を深めることの重要性にかんがみ教員の資質向上及び学校教育の一層の充実を図る観点から，当面，小学校及び中学校の教諭の普通免許状取得希望者に，介護等体験をさせる。」

法律の趣旨より教員を目指す者として大切なことが次の2点であることが読み取れます。

・人の多様性を認めること

・世の中に生きる全ての人が自分らしく生きるために互いに助け合う精神をもつこと

介護等を体験することによって，上記のような社会観や人生観をもち，人として成長するきっかけとなることを目的としているのです。

⑶ 介護等の体験のスケジュール

介護等の体験に関する年間のおおよその日程については，所定の場所に掲示するので，各自確認しておいてください。

介護等の体験は履修登録の必要はありません。ただし，免P生は入学年の4月に「申込み」が必要です。

① 特別支援学校2日間〔学部1年生・免P1年生で介護等の体験が必要な者〕

・体験の時期は9月上旬（2日間実施）

・大学が体験先の特別支援学校を指定する。

② 社会福祉施設5日間〔学部2年生・免P2年生で介護等の体験が必要な者〕

・体験の場所（都道府県等），希望期間等は1年次の秋（9月）に事前申込みを行うこと。

月	1年次	2年次
4	【免P生のみ】 ・特別支援学校2日間の事前申込み 　　→　学校実習課へ	
6		・社会福祉施設5日間の事前指導 ・各県社会福祉協議会から体験先決定通知 ・介護等の体験（社会福祉施設5日間） 　6月～翌年2月までの連続する5日間
8〜9	・特別支援学校2日間の事前（事後）指導 ・介護等の体験（特別支援学校2日間） ・翌年度に実施する社会福祉施設5日間の申込みガイダンス	

⑷ 介護等の体験を行ったことの証明

「証明書」は，皆さんが卒業年次に教員免許状の授与申請を行う際に必要となります。特別支援学校2日間分については，大学が一括して各体験校に発行を依頼・受領します。社会福祉施設5日間については，体験終了時に，「証明書」を受け取り，速やかに学校実習課へ提出してください。

なお，制度上受け入れ先の学校や施設には，介護等の体験に係る記録等の保管義務はありませんので，「証明書」を紛失した場合は介護等の体験をやり直さなければならない事態が生じます。紛失しないよう必ず決められた期間内に担当窓口へ提出してください。

皆さんの「証明書」は紛失等を防止するため，卒業時まで大学で保管します。

⑸　介護等の体験を要しない場合

次の事項に該当する場合は，介護等の体験を要しません。該当する場合は，事実を証明するもの（保健師免許証，身体障害者手帳等）を持参し，担当窓口に申し出てください。

①　専門的知識及び技術を有する方

保健師，助産師，看護師，准看護師，特別支援学校（旧盲・聾・養護学校）教員，理学療法士，作業療法士，社会福祉士，介護福祉士又は義肢装具士の免許・資格を既に有している方については，介護等の体験を要しません。ただし，取得見込みの場合は必要となります。

②　介護等の体験を行うことが困難な方

身体障害者手帳に障がいの程度が1級から6級であるとして記載されている場合は，介護等の体験を要しません。

なお，介護等の体験を要しない場合でも「介護等の体験を行いたい希望があれば，本人の身体の状況，受入施設の状況等を総合的に勘案しつつ，可能な限りその意思を尊重することが望ましい。」とされていますので，該当する場合は担当窓口に相談してください。

③　その他

ア　介護福祉士等の他の資格を取得するために行われた実習等の活動が，法令上の介護等の体験受入施設において実施された場合は，その活動内容が介護等の体験の内容に相当するものとして受入施設長の証明書が得られれば，7日間の介護等の体験の必要日数に算入することができます。

イ　特別支援学校での教育実習を実施する大学院生は，当該教育実習を介護等の体験期間に参入しますので，介護等の体験を要しません。

⑹　体験を行う前に

①　介護等の体験の目的・意義を考えよう

人を支援する仕事をもう一度振り返り，介護等の体験を実施するに当たっての「自己のめあて」を明確にしましょう。目的意識をしっかりともって体験を行うことが，充実した体験につながり，自分の力を高めます。

②　受入学校・施設について学習しておきましょう

受入学校・施設により体験の活動内容は多様です。受け入れていただく学校・施設がどのような目的で創設され，どのような人が利用しているのか，事前に学習しておきましょう。また，身近にボランティア活動をしている人の話や介護等の体験を受けた先輩の話を聞くなどすると，体験に関する期待が大きくなったり，自分のイメージが修正されたりするかもしれません。

③　福祉について知ろう

社会福祉の動向や仕組にも目を向けてみましょう。体験が深まり，視野が広がることでしょう。

2　特別支援学校での介護等の体験

特別支援学校では，一人一人の教育的ニーズに応じたきめ細かな教育が行われています。従って，集団的な活動においても，個々の課題にそった内容であることが特徴です。

また，通常の学校に準ずる教育を行うとともに障がいによる困難を克服し，自立を図るために行う教育活動も設定されています。また，そのための教材教具や方法上の工夫を鋭意努力して行っている指導者の苦心にも注目してください。障がいのある児童生徒に対して基礎的・基本的な理解を一層深めるための有意義な体験をされるよう期待しています。

　それぞれの学校では,「受入要領」や「実施要領」等を作成し,円滑な体験実施に努力してくださっています。みなさんは実施要領や留意事項などを熟読し,自覚をもって臨み,遅刻や欠席のないようにしてください。教育実習と同様の覚悟をもって参加する必要があります。また,交通機関,持参物などのチェックもしておいて,当日は体験先の先生方に迷惑を掛けないよう心掛けることも大切です。

【注】特別支援学校における介護等体験ガイドブック「フィリア」を各自購入し,事前指導日までに熟読しておいてください。売店で購入できます。

⑴　事前の準備
　①　麻疹の抗体価証明書を提出する（入学手続時）。
　②　4月,5月に実施する春の学生定期健康診断を必ず受診すること。
⑵　事前指導
　8月下旬に体験者全員を対象に実施します。
　講301前の学校実習課掲示板に実施年度の4月から,事前指導の日時を掲示しています。予め確認しておいてください。（事前指導の教室は変更になることがあります）

3　社会福祉施設での介護等の体験

　社会福祉施設等での体験の意義は,入所・入居・通所している高齢者,障がい者と生活を共にし,その生活実態に触れることにより,正しい理解を深めると共に,社会福祉施設等の果たす社会的役割と機能や社会福祉施設等の職員のそれぞれの役割や職務内容などを自らの体験を通して,正しく認識し,理解することにあります。
　次のことを目標にして体験してください。
　○　社会福祉施設等の役割,機能を知る。
　○　入所・入居・通所している高齢者,障がい者等について,正しい理解を深める。
　○　社会福祉施設等の職員の役割・職務内容を知る。
　体験に際しては,受入施設と連絡を取って,事前オリエンテーションの日時,出勤場所,時間,持参物などのチェックと準備が必要です。
⑴　申し込みの手順
　①　特別支援学校での事前指導の中で,介護等体験ガイダンスを行う（実施前年度の8月～9月に開催予定）。そこに必ず出席する。
　②　「事前希望調査書」に介護等体験の実施を希望する都道府県,政令市を記入して,学校実習課に提出する。
　③　学生は,学校実習課で申込書類を受け取り,申込手続き（申込書の提出と体験費用の振り込み）を行う。申込み期間は,実施する都道府県,政令市によって異なる。
　④　学校実習課は,学生から提出された申込書を取りまとめ,各都道府県,政令市の社会福祉協議会に一括して申込みを行う。
　⑤　社会福祉協議会から,学校実習課に対して体験先・日程の割当て通知が届く。
　⑥　学校実習課から,学生に対して体験先・日程を通知する。（6月～）
　⑦　本学の介護等の体験（社会福祉施設5日間）事前指導（6月上旬実施）に出席し,指導を受ける。
　⑧　社会福祉施設5日間の介護等の体験を実施する。（6月下旬～翌年2月末）
　⑨　学生は,それぞれの体験先で証明書を交付してもらう。
　⑩　学生は,体験終了後,速やかに証明書と介護等体験記録ノートを学校実習課に提出する。

⑵　体験前の準備

①　施設について知ろう

体験を行う施設が，どのような目的で設置され，どのような人が入所しているのか，事前に本やインターネットで施設の紹介を見ておきましょう。

②　活動に必要な基本事項について確認しよう

体験に必要となる日程・時間，服装，交通機関，必要経費，食事，オリエンテーションなどの基本的な事項について確認しておきましょう。

※遅刻・無断欠席の場合，体験を断られる場合もあります。

※施設の職員，利用者への挨拶や言葉遣いは気持ちよく。

※体験する日時や体験先は変更できません。遅刻や早退も認められません。

③　体調を整え，持ち物を再確認

体験の前日には睡眠を十分にとり，体調を整えておいてください。

もう一度，この手引き，事前指導資料等に記載されている内容を確認し，忘れ物がないよう十分注意してください。

⑶　体験が始まったら

①　基本的に必要とされるマナー

社会福祉施設はたくさんの人が利用する場所です。活動中は，学生ではなく社会人として見られることになるため，まずは社会人としてのマナーを守りましょう。

また，施設内には身体的に虚弱な方もいますので，衛生面・健康面には特に注意してください。

《勤務に関すること》
　ア　勤務時間を厳守する。
　イ　遅刻・早退・欠勤については事前に連絡して届け出る。
　ウ　挨拶・返事は欠かさず元気よく自分から進んできちんと行う。
　エ　職場の風紀を乱さないように明るい態度でふるまう。
　オ　自分に与えられた仕事には責任をもち，積極的に取り組む。
　カ　担当部署を無断で離れないこと。離れる場合は施設職員に声を掛ける。
　キ　備品等は丁重に扱い，後始末をしっかりとする。

《施設職員との関係に関すること》
　ア　礼儀をわきまえ素直で謙虚な気持ちで指示に従う。
　イ　指示や質問を受けたときは素直に落ち着いて対応する。
　ウ　自信のないことや心配なことは進んで相談する。
　エ　指示を受けた仕事は的確にやり遂げ，その結果を必ず報告する。
　オ　質問・意見を述べたいときは，時・場所等をわきまえる。

《入所・通所している高齢者障がい者や児童について》
　ア　公平に接し，偏った扱いをしない。
　イ　個人的に親密になり過ぎない。また，介護等の体験時間外の入所者や通所者との私的な接触は避ける。電話番号やメールアドレスの交換はしない。
　ウ　入所者や通所者の前では，言葉遣いや動作，服装などにも注意する。
　エ　金品の授受をしない。

《その他》
　ア　手洗いやうがいを行う。
　イ　健康管理に気を付ける。（体調が悪い時は早めに相談する。）
　ウ　服装は「施設に行くときの服装」（フォーマルなもの）と「体験の時に着用するもの」（動きやすい清潔な服装）に分けて考える。ノースリーブやミニスカートなど身体露出のあるもの，下着が透けるようなもの，ラインストーンなど装飾品の付いているものは不可。
　エ　身だしなみは清潔で相手に好感をもってもらえるよう配慮する。過度の化粧，髪型（髪を染めたり），長い爪（マニキュア），指輪やイヤリング・ピアス等の装飾品等は厳禁。
　オ　貴重品（多額の現金等）やその他不必要なものは持っていかない。
　カ　活動中は携帯電話の電源を必ず切っておく。

② スタッフの方々の指示を守ろう

　体験できる内容は施設によって違います。利用対象が違うのはもちろんのこと，施設にはそれぞれの取組方針があり，各利用者への支援の内容も目的も個々に異なっています。ですから，必要に応じて施設スタッフの指示を守ることが求められます。しかし，指示を待っていたのでは思ったような体験ができないこともあります。やりたいこと，希望は事前に伝えましょう。

③ スタッフの方々から話を聞こう

　実際の体験を通して，施設とスタッフの方々や利用者のことを自分の目で確認しましょう。特に，施設スタッフの方々の話は宝の山です。たくさんのものを吸収できるはずですから，自分から積極的に質問してみましょう。視野を広げることで，福祉に対する認識が深まり，人を支援する仕事への理解も深まるはずです。

④ 利用者の生活を尊重しよう

　施設は利用者の生活の場であり，活動の場です。ですから当然，利用者の生活が最優先となります。生活の場である社会福祉施設では，あなたが「雑用」と感じることも利用者の生活支援に欠かせない仕事の一つです。
　この体験に限らず，相手が何を望んでいるか，その立場になって考えることが大切です。逆に利用者の自立を損なうような過剰な関わりにも注意してください。

⑤ 利用者のプライバシーを守ろう

　体験で知り得た利用者のことは全て個人のプライバシーです。そうした個人情報は絶対に外に漏らしてはいけません。利用者との話の内容や質問内容にも十分配慮しましょう。

⑥ 利用者との「関係づくり」を大切にしよう

　利用者との「関係づくり」は福祉型体験においてとても大切な要素です。この介護等の体験では十分な時間があるとはいえませんが，自分の方から積極的に利用者に話し掛けてみましょう。「心のつながり」を感じることは，感動の源となります。

⑦ 自分の「気付き」を大切にしよう

　体験での第一印象はとても大切です。初めての施設の印象，初めて利用者と接した時の印象は強いインパクトがあります。心に余裕をもち，感受性豊かに自分で「感じる」ことが大切です。そして，想像とは違った点をもとに自分の「価値観」について気付きを深めてください。

(4)　注意事項

社会福祉施設での介護等の体験に際しては，以下に掲げる事項に十分注意してください。

① 介護等の体験は，将来教員となる強い熱意をもった小学校及び中学校の教諭の普通免許状の授与を受けようとする者のために設けられた制度であり，単に免許状を取得するための手段ではありません。

　介護等の体験に当たっては，障がい者や高齢者と触れ合うことで，その体験を通して理解を一層深め，知識を身に付ける機会としてください。

② 学生は，日本国憲法並びに教育基本法に示されている教育の理念や目的を深く認識し，人権尊重の精神に徹して障がい者や高齢者と接するよう心掛けてください。障がい者や高齢者の健全な発達や日常活動等を阻害するような言動などがないよう注意してください。

③ 介護等の体験中は社会福祉施設の方針に従い，目的をもって積極的に取り組んでください。

④ 施設の規則は必ず守ってください。

⑤ 介護等体験中に知り得た社会福祉施設の利用者の個人情報を漏らしたりすることのないよう厳守してください。友人はもちろん家族にも漏らしてはいけません。

⑥ 介護等の体験中は特に健康・安全に注意し，終始良好な体調のもとで取り組んでください。急な体調不良や発熱が生じた場合は，必ず体験先の担当者に相談してください。インフルエンザなど施設利用者の命に関わる感染症であることも考えられます。

⑦ 介護等の体験の実施期日については，実施社会福祉施設の受入調整・準備の都合上，原則として変更できません。実施期日の決定後やむを得ない事情により，その期日に介護等の体験を行うことができなくなった場合は，速やかに学校実習課へ相談してください。

上記の点に著しく違反し，指導に対しても改善がみられず社会福祉施設の正常な活動に支障をきたすと施設長が判断したときは，介護等の体験及び証明書の発行を中止する措置がとられることがあります。

4 介護等の体験終了後は

(1) 関係者に感謝の気持ちを表す

介護等の体験の終了時には，受入校・施設の指導者の皆さんに，感謝の気持ちを込めて心から挨拶をしてください。

利用者の方への挨拶については，運営上の支障を生じる場合もありますので，施設のスタッフの指示に従ってください。無断で利用者の方と個人的に接触しないよう注意してください。

(2) 友人との意見交換

体験の内容は学校や施設によりさまざまであり，また接する利用者により接し方も異なります。別の学校や施設で介護等の体験を行った友人と意見交換をしてみるとよいでしょう。また，違った角度から新たな気付き（成果）が得られるはずです。

介護等の体験

【特別支援学校体験証明用】

証　明　書

　　　　本籍地　　　　○○県

　　　　氏　名　　　　春日山　花子

　　　　　　　　　　生年月日（和暦）　　　生

　上記の者は，下記のとおり本施設において，小学校及び中学校の教諭の普通免許状授
与に係る教育職員免許法の特例等に関する法律第2条に規定する介護等の体験を行った
ことを証明する。

　　　　　　　　　　　　記

期　間	学校名又は施設名及び住所	体　験　の　概　要	学校又は施設の長の名及び印
令和○年 ○月○日〜 ○月○日， （2日間）	新潟県立 ×○特別支援学校 上越市○○町○番地	・学校概要についての理解 ・奉仕作業 ・各学部・学級での授業参観 ・講義「特別支援学校における介護等体験の意義」 ・質疑応答	新潟県立 ×○特別支援学校長 上越　太郎　　公印

【社会福祉施設体験証明用】

証　明　書

本籍地　　新潟県

氏　名　　上越　太郎

平成6年8月12日　生

　　上記の者は，下記のとおり本施設において，小学校及び中学校の教諭の普通免許状授与に係る教育職員免許法の特例等に関する法律第2条に規定する介護等の体験を行ったことを証明する。

記

期　　間	学校名又は施設名及び住所	体 験 の 概 要	学校又は施設の長の名及び印
令和○年 　○月○日 　～ 　○月○日， （　5日間）	○×デイサービスセンター 新潟県上越市 　山屋敷町1番地	高齢者の介護等	○×デイサービスセンター 施設長名　　[公印]

※1）枠内は受入先施設の方に記入していただくこと
※2）「体験の概要」欄には，「高齢者の介護等」「知的障害者の介護等」の区分を記入すること

4 実習校への協力（教育ボランティア活動）について

　実習校において，当該教育実習とは別に学校行事等の実施に関し実習生に協力を求められる場合があります。このような場合は，以下の手続きを経ることにより，その活動を「教育ボランティア活動」として認めています。

> 実習生が派遣依頼について，ゼミの教員の同意を得て，活動参加の諾否を決める。

↓

> 実習校からの依頼に応じて教育ボランティア活動に参加する場合，学校実習・ボランティア支援室に出向き，報告する。

↓

> 学校実習・ボランティア支援室の担当者が実習校と連絡を取り，教育ボランティアとして登録する。

↓

> 実習校での教育実習期間外の活動（教育ボランティア活動）に取り組む。

↓

> 事故やけががなければ，事後の手続きは必要ありません。

　登録して「教育ボランティア活動」として参加した場合には，学生教育研究災害障害保険と付帯賠償責任保険が適用になります。そうでない場合は，個人の判断による参加となり保険が適用されません。

　学校からお願いされた場合には，「教育ボランティア活動」として参加し，学校に心配や迷惑をかけないようにしましょう。

　教育実習期間外の教育ボランティア活動に関しては，「教育実地研究の手引き（実習校用）」に掲載されています。

5 教育実習　連絡先

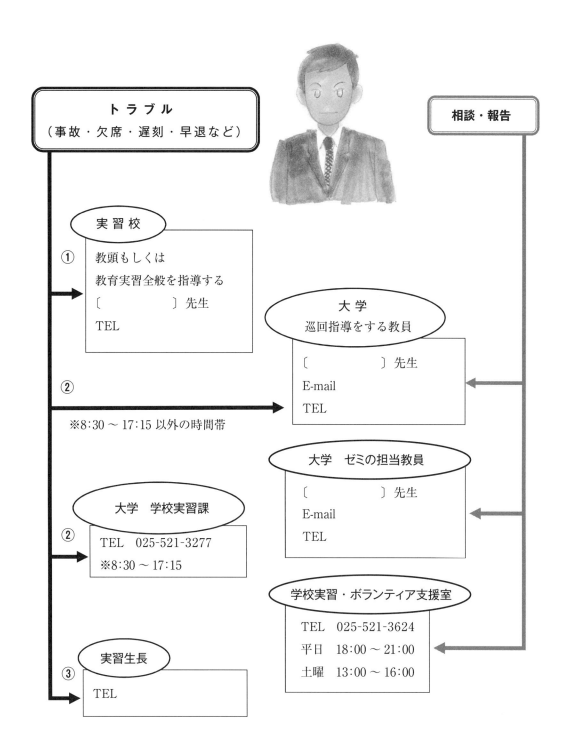

※交通事故など重大な事故が起きた場合には，ゼミ担当教員にも連絡する。

6 交通事故処理手順

■事故発生後，自分で行うこと

1. 事故者の人命確保と被害者の安全確保

　① 自分のけがの状況を把握する

　② 負傷者の救護を行う

　③ 道路上の危険を除去する

2. 事故現場の状況把握

　① 事故発生時刻の記録

　　　午前・午後　　　　　時　　　　分ころ

　② 事故発生場所の記録

　　　_____

　③ 信号機の確認と記録　　赤　黄　青

3. 110番や119番（救急車）へ通報

4. 目撃者に助力を要請し，警察の指示により現場
　　を処理する

5. 実習校への速報と大学への助力の要請

　○第1連絡先

　実習校　　　　　　　　　−　　　　　−

　○第2連絡先

　学校実習課　　　025　−　521　−3277

　○第3連絡先

　実習巡回担当者　　　　　−　　　　−

6. 被害者について教えてもらう

　（名刺があったらもらう）

　① 氏名

　② 年齢　　　　　　性別　　　　男・女

　③ 住所

　④ 車種　　　　　　年式

　⑤ 登録ナンバー

　⑥ 勤務先または職業（連絡先電話）

　　　　　　　　　　電話

　⑦ 通院先

7. 事故通報センター（保険会社）への通報

　電話

8. 目撃者依頼

　氏名　　　　　　　　電話

9. 被害者を病院へ移送（救急車の到着次第）

　① 自分の連絡先などを渡す

　② 移送病院を聞いておく

　病院名

10. 本人自宅または家族への通報電話

■巡回指導をする教員からの指示で行うこと

11. 被害者宅へ電話し，状況を伝える

　① 親または身内の確認

　② お詫びを述べる

　③ 被害状況を簡潔に伝える

　④ 移送病院とその電話番号を伝える

　⑤ 事故現場への立会いを要請する

12. 病院で被害者及び家族への対応

13. 現場検証に立ち会う

14. 警察関係について質問・記録する

　① 現場検証責任者氏名

　　　_____

　② 同上連絡先電話番号

　　　_____

15. 被害者の勤め先への電話

16. 実習校の教職員の皆さんへの謝罪

（学部様式）

令和　　年度教育実習生個人票（初等教育実習）

上越教育大学　　　　　　　　　　　　　　　　　記入年月日：令和　　　年　　　月　　　日

所　属	学校教育学部	専修	コース

学籍番号		クラス担当教員 氏名		写真貼付 （4cm×3cm） （写真裏面に 氏名記入）
ふりがな				
氏　　名			男 女	
生年月日	昭和・平成　　　　年　　　月　　　日（　　　歳）			
出　身　地	都道府県	市町村	高校卒	
現　住　所	〒	携帯電話番号		
		帰省先電話番号		
携帯メール アドレス				

実習経験 （観察・参加 1年次）	幼稚園・保育園等		学校ボランティア 経験（2年次）	
	小学校			
	中学校			

得意教科		不得意教科	

車の所有状況（所有者は乗車定員数を記入すること）	有（　　　　　　人乗り）・　無

この教育実習で関心を寄せている事柄，学びたいと考えている事柄など	

趣味・特技・資格など		大学での 課外活動	
希望の学年（○をつける）	低学年　・　中学年　・　高学年		
アレルギーなどの有無（原因物質など） （詳細は，実習生から受入実習校に直接連絡すること。）		有（　　　　　　）・　無	

※希望の学年については，受入実習校の事情等により，希望どおりにならない場合があります。
※この個人票は，受入実習校に送付されます。
※この個人票は，受入実習校及び大学での指導及び連絡に使用します。

8 健康状態確認票

◎介護等の体験を開始する日の7日前から，毎朝，体温測定を行い，症状の有無とともに記録してください。

◎37.5度C以上の発熱又は下欄の症状がある場合には，介護等の体験には行かないで，大学の学校実習課
（025-521-3277）に連絡して指示を受けてください。

◎この健康状態確認票，体温計及びマスクは，必ず介護等の体験実施施設へ携行し，確認票の提示を求められたら提示してください。

施設名		実施期間	月　　　日 ～　　　月　　　日
氏　名		確認期間	月　　　日 ～　　　月　　　日

月　　日	測定時間	体温（℃）	症状〔呼吸数の異常（呼吸数の増加等），悪寒，喉の痛み，咳，鼻汁・鼻閉，下痢，嘔吐〕	備考
月　　日	：	℃	□なし □あり（　　　　　　　　　　　　　　　　　）	
月　　日	：	℃	□なし □あり（　　　　　　　　　　　　　　　　　）	
月　　日	：	℃	□なし □あり（　　　　　　　　　　　　　　　　　）	
月　　日	：	℃	□なし □あり（　　　　　　　　　　　　　　　　　）	
月　　日	：	℃	□なし □あり（　　　　　　　　　　　　　　　　　）	
月　　日	：	℃	□なし □あり（　　　　　　　　　　　　　　　　　）	
月　　日	：	℃	□なし □あり（　　　　　　　　　　　　　　　　　）	
月　　日	：	℃	□なし □あり（　　　　　　　　　　　　　　　　　）	
月　　日	：	℃	□なし □あり（　　　　　　　　　　　　　　　　　）	
月　　日	：	℃	□なし □あり（　　　　　　　　　　　　　　　　　）	
月　　日	：	℃	□なし □あり（　　　　　　　　　　　　　　　　　）	
月　　日	：	℃	□なし □あり（　　　　　　　　　　　　　　　　　）	
月　　日	：	℃	□なし □あり（　　　　　　　　　　　　　　　　　）	
月　　日	：	℃	□なし □あり（　　　　　　　　　　　　　　　　　）	
月　　日	：	℃	□なし □あり（　　　　　　　　　　　　　　　　　）	

学習指導案例を資料として掲載しています。P20の「学習指導案の書き方」と合わせてよく読んでおきましょう。

1 学習指導案の形式について

・本ハンドブック掲載の形式を基本とします。
・学習指導案の形式は，実習校によって異なることがあります。実習校で指定された場合は，その形式に従って指導案を書きましょう。

2 学習指導案作成のポイント

(1) 学習指導案を作成するに当たり，「学習指導要領」「学習指導要領解説－各教科編－」「各教科・領域の年間指導計画」「教科書」「教師用指導書」を必ず調べるようにします。先行実践も調べ，目を通しておきましょう。

(2) 評価規準について
「評価規準」…質的な評価でどのような状況かを示すもの。
「評価基準」…量的な評価で A・B・C をどこで決めるかというような場合に，その判断の基準として用いるもの（カッティングポイントとも呼ばれている）。
指導案作成のときは「評価規準」を記述します。

(3) 各教科領域（道徳以外）の評価の観点
単元の評価規準は，「知識・技能」「思考・判断・表現」「学習に取り組む態度」の3観点を記述します。平成29年告示の「小学校学習指導要領」「中学校学習指導要領」では，全ての教科・領域の評価は，「知識・技能」「思考・判断・表現」「主体的に学習に取り組む態度」の三観点に揃えられました。

① 「知識・技能」の評価
・各教科における学習の過程を通した個別の知識及び技能の習得状況について評価します。
・既有の知識及び技能と関連付けたり活用したりする中で，他の学習や生活場面においても活用できるように概念等として理解したり，技能を習得したりしているかを評価します。
・評価の方法については，各教科等の特質に応じて，多様な方法を適切に取り入れます。
② 「思考・判断・表現」の評価
・各教科等の知識及び技能を活用して課題を解決するために必要な思考力，判断力，表現力等を身に付けているか評価します。
・各教科等の特質に応じて評価方法を工夫します。
③ 「主体的に学習に取り組む態度」の評価
・知識や技能を身に付けようと努力したり，思考力，判断力，表現力を高めようと粘り強く取り組んだりしているか，自らの学習を調整しながら学ぼうとしているかを評価します。
・学習指導要領第1章総則第1－3に示された「学びに向かう力，人間性等」は，「主体的に学習に取り組む態度」として観点別学習状況の評価を通じて見取ることができる部分と，観点別学習状況の評価にはなじまず個人内評価を通して見取る部分があることに留意します。
ア 主体的に学習に取り組む態度として評価できる部分
知識や技能を身に付けようと努力したり，思考力，判断力，表現力を高めようと粘り強く取り組んだりする姿は，評価できる部分です。
評価の際には，単に継続的な行動や積極的な発言等を行うなど，性格や行動面の傾向を評価するということではなく，自らの学習状況を把握し，学習の進め方について試行錯誤するなど自らの学習を調整

しながら，学ぼうとしているかどうかという意思的な側面を評価することが重要です。

具体的な評価の方法としては，ノートやレポート等における記述，授業中の発言，教師による行動観察や，児童生徒による自己評価や相互評価等を材料とすることが考えられますが，各教科等の特質に応じて，児童生徒の発達の段階や一人一人の個性を十分に考慮しながら，「知識・技能」や「思考・判断・表現」の観点の状況を踏まえた上で，評価を行う必要があります。

イ　観点別学習状況の評価にはなじまない部分

・感性，思いやりなどは評価にはなじみません。

・これらは，一人一人のよい点や可能性，進歩の状況を見取り，個人内評価として，児童生徒へ還元することが大切であり，学習指導案には記すことができない部分です。

(4)　特別の教科道徳について

①　評価の視点

道徳では，観点別評価をしないことになっています。そのため評価の観点がありません。ただし，観点に代えて「視点」はあります。「道徳的な価値の理解」「自己を見つめる」「多面的・多角的に考える」「自己の生き方について考える（小学校）」「人間としての生き方について考える（中学校）」などがそれに当たります。

②　「他の教育活動との関連」を記述する

道徳科の指導のねらいと同じ方向性をもつ各教科等の学習について，関連を記載します。その際，各教科等と道徳科の類似している点や違う点を明らかにして記載します。

③　「指導の方法の工夫」を記述する際の項目と留意点

実習校の道徳科学習の指導方針や実習生自身の指導の重点のかけ方によって，記述の仕方は変わってきます。以下のような項目が考えられますので，必要な項目を選択して記述しましょう。

ア　教材提示の工夫

教材提示の方法としては，教師による範読が一般に行われている。その際，劇のように提示，音声や音楽の効果を生かす工夫が考えられる。また，提示する内容を事前に吟味した上でビデオ映像も効果が高められる。なお，精選した情報の提示で想像を膨らませ，思考を深める効果があることも留意する。

イ　発問の工夫

教師による発問は，思考や話合いを深める重要な鍵になり，児童生徒の問題意識や疑問などが生まれ，多様な感じ方や考え方も引き出される。事前に，児童生徒の思考を予想し，考える必然性，切実感のある発問，自由な思考を促す発問，物事を多面的・多角的に考える発問などを設定することが大切である。

ウ　話合いの工夫

話合いは，児童生徒の多様な感じ方や考え方を引き出すことのできる学級の雰囲気の中で，話すことと聞くことが並行して行われ，児童生徒が友達の考え方についての理解を深めたり，自分の考え方を明確にしたりすることができる。児童生徒相互の考えを理解し合い，広げ，深める中心的な学習活動である。目的に応じて，考えを出し合う，まとめる，比較する話合いが効果的に行われるよう工夫する。話合いの形態を固定化したり形式化したりすることなく，座席の配置を工夫した討論形式，ペアやグループによる話合いを工夫することが重要である。

エ　書く活動の工夫

書く活動は，児童生徒が自ら考えを深めたり，整理したりする重要な役割をもつ。必要な時間を確保することで，じっくりと考えることができる。また，一冊のノートを活用することで，学習が継続的に深まることとなり，成長の記録や評価に活用できる。

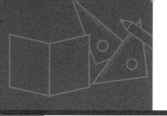

オ　板書を活かす工夫

　　板書は，思考を深める重要な手掛かりである。教師が意図を明確にして，構造的・創造的に思考の流れや伝えたい内容を示し，違いや多様さを対比的，中心部分を浮き立たせる工夫を行うことが大切である。

カ　教師の説話の工夫

　　説話は，教師の体験談や願い，児童生徒の身近な話題，児童生徒の関心や視野を広げる時事問題，ことわざや格言，心に残る標語，地域の自然や伝統文化に関することなどである。教師が意図をもって話をすることで，児童生徒の思考を一層深め，考えを整理する効果がある。教師は，説話の効果が大きいことに鑑み，話題の選択，内容の吟味，話の進め方やまとめ方を工夫する。ただし，児童生徒への叱責，訓戒や行為，考え方の押し付けにならない注意が必要である。

キ　動作化・役割演技等の表現活動の工夫

　　児童生徒の表現活動には，発表したり書いたりするほかに，特定の役割を与えて即興的に演技する役割演技の工夫，動きやせりふのまねをして理解を深める動作化の工夫などがある。これらは，児童生徒の感性を磨き臨場感を高めるとともに，ねらいの根底にある道徳的価値についての共感的な理解を深め，主体的に道徳性を身に付けることに資する。ただし，これらが単に興味本位に流れることなく，目的やねらい達成の見通しをもち，場面設定をしっかりしておくなど事前の十分な準備と配慮が大切である。

ク　問題解決的な学習の工夫

　　問題解決的な学習は，教師主導から子ども主体，子どもの思考のプロセスを重視，学びと現実，日常がつながる，子どもが考え続け，自己決定する，子どものための授業評価が重視され，児童生徒の感性や知的な興味などに訴え，児童生徒が問題意識をもち，主体的に考え，話し合うことができる。教材に対する感動を大事にする展開や道徳的価値を実現する上での迷いや葛藤を大切にした展開，知見や気付きを得ることを重視した展開，批判的な見方を含めた展開に，問題解決的な学習を導入することが効果的である。

【参考資料】

文部科学省：「小学校，中学校，高等学校及び特別支援学校等における児童生徒の学習評価及び指導要録の改善等について（通知）」，30文科初第1845号，平成31年3月29日

http://www.mext.go.jp/b_menu/hakusho/nc/1415169.htm

文部科学省：通知別紙4「各教科等・各学年等の評価の観点等及びその趣旨（小学校及び特別支援学校小学部並びに中学校及び特別支援学校中学部）」，30文科初第1845号，平成31年3月29日

http://www.mext.go.jp/component/b_menu/nc/__icsFiles/afieldfile/2019/04/09/1415196_4_1_2.pdf

新潟県教育庁義務教育課：「新学習指導要領と新潟県における学力向上の取組について　新潟県小中学校教育課程研究会　令和元年7月　新潟県教育庁義務教育課」プレゼン資料

〈各教科等の学習指導案　―小学校編―〉

第３学年　国語科学習指導案

令和○年○月○日（○）○限
授業者（○○コース）○○○○
指導者　教諭　　　○○○○

1　単元名　　物語の組み立てを考えよう
　　　　　　　　教材文「三年とうげ」李綿玉（光村図書）

2　単元の目標

【知識・技能】
　・話のまとまりや場面の要約から，物語を起承転結に分けている。

【思考・判断・表現】
　・時間の流れや場所，登場人物の心情の変化から場面の移り変わりを捉えている。

【主体的に学習に取り組む態度】
　・くりかえしの言葉や文章のリズムを捉えながら，作品を読み味わおうと進んで音読している。

3　単元設定の理由

⑴　**教材について**

　「三年とうげ」は朝鮮半島の民話で，不幸も喜びも分かち合い助け合うという底抜けに明るく大らかな人々の姿が描かれている。トルトリの機知にとんだ一言や発想の転換が，固定観念にとらわれたおじいさんに元気を与える展開になっており，児童が楽しみながら読める物語である。また，多くの物語に共通している四部構成を備えながら，一文が短く，場面の移り変わりを捉えやすい。物語の構成を学ばせるのに適した教材文である。本単元では「三年とうげ」を読み深めながら，物語の構成を捉えることにつなげていく。

⑵　**児童の実態**

　児童は，１学期に「きつつきの商売」（林原玉枝）や「海をかっとばせ」（山下明生）の学習を通して，場面の移り変わりや登場人物の心情の変化について，叙述に沿って読み取る経験をしてきた。分からない言葉が見つかる度に辞書で調べることで，言葉に注目するようになり，語彙も増えてきた。

　前単元で行った「ちいちゃんのかげおくり」（あまんきみこ）では，ちいちゃんの視点で物語を読んでいくことで，ちいちゃんの気持ちの変化を読み取ることができた。物語を読み深めるために，場面の移り変わりや登場人物の心情の変化に注目して読む経験を積んでいる。

⑶　**単元の構想**

　第１次では，音読を繰り返したり，意味調べを進めたりする中で物語に親しむことを大事にする。最初に，読んでみた感想を書いたり，終末にある語り手の問いかけに答えたりしながら，物語の設定を捉え，場面の移り変わりや登場人物の人物像を読み取らせていく。また，「三年とうげ」の紙芝居を作るとしたら，何枚の紙芝居が必要になるのかを考えさせ，９つからなる小さな場面分けをしていく。

　第２次では，物語の基本構成を伝え，その構成に「三年とうげ」を当てはめるよう促していく。基本構成として設定・展開・山場・結末を児童にとってわかりやすい言葉にかえ，物語がはじまる場面・出来事が起きる場面・出来事が解決する場面・むすびの場面とし，それぞれの場面の役割を明確にした上で，当てはめさせていく。第１次で分けた小さな９つの場面をどのように４つに分けるかという課題を提示し，その分け方を話し合う中で，物語の構成を捉えることができるようにする。

　第３次では，「三年とうげ」の題名を別の言葉で表現するとどのような言葉になるのかを考えさせ，児童が物

各教科等の学習指導案

語を読む中で印象に残ったことや考えたことが短い言葉で表現できるように働きかける。そうすることで，物語の組み立てに加え，題名の役割も含めた物語のつくりを理解することにつなげていく。

4　単元の評価

知識・技能	思考・判断・表現	主体的に学習に取り組む態度
・起承転結でできている物語の構成を知り，「三年とうげ」を４つの大きな場面で分けている。	・時間の流れや場所，登場人物の心情の変化から場面の移り変わりを考えている。 ・文章中から重要な文言や内容を抜粋し，場面の簡単な要約をしている。	・くりかえしの言葉に気付いたり，文章のリズムを感じ取ったりしながら，作品を読み味わおうと進んで音読している。

5　指導計画

次	時	学 習 内 容	評 価 計 画
1	1	・「三年とうげ」を読んだ感想を書き，交流する。	・自分の感想を進んで発表したり友達の感想を真剣に聞いたりしている。（主体的に学習に取り組む態度）様子観察，発言
	1	・物語の設定（時，場所，登場人物）を捉える。	・登場人物や場所など，物語の設定を正しく捉えている。（知識・技能）記述内容，発言
	1	・終末にある語り手の問いの答えを想像する。	・誰が歌を歌ったのかを想像し，自分の考えをまとめている。（思考・判断・表現）記述内容，発言
	1	・物語を場面ごとに分ける。	・時間や場所，登場人物から場面の移り変わりを考えている。（思考・判断・表現）記述内容，発言
2	1	・物語の基本構成（起承転結）を知る。 　①設定　②展開　③山場　④結末	・物語の組立て（起承転結）を理解している。（知識・技能）記述内容，発言
	1	・「三年とうげ」をどのように４つに分けるかを話し合う。（本時）	・物語の基本構成を基に，どのように４つにわけたらいいか，検討している。（思考・判断・表現，）発言，記述内容
	1	・おじいさんの気持ちが最も大きく変化したことが分かる一文を検討する。	・登場人物の心情の変化を読み取っている。（思考・判断・表現）発言，記述内容
3	1	・題名を別の短い言葉で表現する。	・物語から受け取ったメッセージを短い言葉で表現している。（思考・判断・表現）発言，記述内容

6　本時の指導（6/8時間）

⑴　本時のねらい

　「三年とうげ」を起承転結に分けることを通して，基本的な物語の構成を捉えることができる。

⑵　本時の構想

　「三年とうげ」は，物語の基本的な組み立てを，３年生の児童が無理なく段階的に捉えることができる教材である。本時では，「時・場所」をもとにして９つに分けた場面を，多くの物語に共通している四部構成に分ける。分け方について交流する中で，「はじまりの場面」，「出来事が起きる場面」，「出来事が解決する場面」，「むすびの場面」という物語の組み立てを捉えさせたい。

⑶　本時の展開

時	学習活動（教師の働きかけと予想される児童の反応） ■：学習活動　　t：教師の働きかけ　　c：児童の反応	○留意点　　●評価
5	■音読する 　t：場面の移り変わりを意識しながら，音読をしましょう。	

10	■前時の学習を振り返り，物語の基本構成を確認する。 t：「三年とうげ」の小さな9つの場面は，どのように4つに分けられるでしょうか。自分の分け方と友達の分け方を伝え合いましょう。	○黒板に本文を拡大したものを掲示する。
5	物語を4つの大きな場面に分けよう。	
20	■分け方を発表する t：どのように分けたでしょうか。 c：□1　□2・3・4・5　□6・7　□8・9 c：□1・2　□3・4・5・6　□7・8　□9 c：□1　□2・3・4・5・6　□7・8　□9	●それぞれの場面の役割を踏まえて，自分の考えで物語を4つの場面に分けることができる。（知識・技能）記述内容，発言
	■分け方を検討する t：はじまりの場面は第何場面でしょうか？ c：□1です。三年とうげの紹介をしているからです。 c：□2もそうです。まだおじいさんは転んでいないからです。 c：出来事はもう始まっているので，□2は出来事が起きる場面に入ります。 c：□2は物語の紹介は終わっているし，おじいさんが出てきているからはじまりの場面ではないです。	○隣や近くの仲間との対話を取り入れることで，すべての児童が発言できるようにする。 ○分けた理由となる言葉にサイドラインを引くことで，叙述に注目できるようにする。
	t：では，出来事が起きる場面はどこからどこまでですか？ c：□2から□5です。 c：□5はまだ，おじいさんの病気が治っていないからです。	○四部構成でつくられた物語の典型を引き合いに出しながら，それに当てはめて「三年とうげ」の組み立てを考えるよう促す。
	t：出来事が解決する場面はどうでしょうか？ c：□6からです。 c：でも，□6はまだおじいさんが病気です。 c：トルトリが来て，解決する方法を話したから，解決する場面でいいと思います。 c：□7，□8もそうです。 c：□8は違います。出来事が解決した後の話だから，むすびの場面だと思います。	●仲間の考えを聞きながら，改めて4つの分け方の理由を検討することができる。（思考・判断・表現）発言
5	t：話し合いの結果，「三年とうげ」は次の4つの場面に分けることができました。 c：全員で，以下の内容を確認する。	
	＜まとめ＞ 「三年とうげ」は，□1　□2・3・4・5　□6・7　□8・9の4つの大きな場面に分けられる。	
	■次の授業について知る t：物語を4つの大きな場面に分けたことで，中心人物の心情が一番大きく変わる場所が分かってきます。次の時間は，中心人物であるおじいさんの気持ちの変化を学習します。	○次時の学習への見通しをもたせ，本時とのつながりを意識させた学習を展開できるようにする。

⑷　**本時の評価**

　　物語の基本構成を捉え，「三年とうげ」を4つの場面の分ける分け方を発表し合い，分け方を検討することができたか。（思考・判断・表現）

　　評価の方法：発言，ノートの記述

第6学年　社会科学習指導案

令和○年○月○日（○）○限
授業者（○○コース）○○○○
指導者　教諭　　　○○○○

1　単元名　　武士の世の中～3人の武士の活躍～

2　単元の目標

【知識・技能】
・平氏の隆盛から源平の戦いを経て，武士による政治が行われるようになった経緯について地図や年表を用いて理解する。

【思考・判断・表現】
・武士が活躍するようになり，世の中がどのように変わったのか考えたり，活躍する人物の業績を比べながら評価や判断をしたりする。

【主体的に学習に取り組む態度】
・武士の館と貴族の屋敷の想像図を比べながら，武士のくらしの様子に関心をもって調べようとしたり，自分の生活と関連させながら考えようとしたりする。

3　単元設定の理由

(1)　教材について

　本単元では，「武士の世の中」の舞台である平安時代末期から鎌倉時代において活躍した平清盛，源頼朝，源義経の3人の武士の業績を調べたり考えたりしながら，武士の時代の到来を理解する。3人の人物の足跡を追うことによって，ストーリーを楽しみながら時代の変化について学ぶことができる。また，それぞれの業績を関連づけて考えたり多角的に評価したりしながら，武士の台頭がどのように訪れたのか，詳細にわたって理解することができる。政権の中心が貴族から武士へと移り変わったことによって，人々の生活や文化が少しずつ変容していったことにもふれることで，政治と文化，ひいては人々の生活が密接に関わっていたことに目を向けることができ，政治の動きとくらしの関連について考えることにもつながっていく。

　単元の終末では，学習を通して得た知識を基に，現代社会を生きる自分の生活と結びつけることで，歴史を学ぶ意味や価値について考える児童の姿が期待できる。

(2)　児童の実態

　児童は，縄文時代から平安時代までの学習を重ねながら，過去にあった事象と今の自分の生活を関連させながら考えることに楽しみを感じ始めている。その中で，教科書や資料集等に掲載されている文化遺産を現代の身の回りにあるものやことと比較しながら調べたり考えたりすることができるようになってきた。

　本単元では，これまでの単元とは違い，文化遺産よりも人物を中心とした学習へと移っていく。知識偏重になってしまいがちな内容だが，これまで身に付けてきた，歴史的事象を関連させ，人物を比較することによって，多角的な見方・考え方を働かせながら学べるようにしたい。

(3)　単元の構想

　単元の導入となる第1次では，貴族と武士の違いを明確に分類することから始める。寝殿造の貴族の屋敷と武士の館の想像図を比較する活動を通して，児童は，想像図から貴族と武士のくらしの違いについて理解していく。

　第2次は，平清盛の業績を，年表資料を基にしてまとめる活動を行う。その過程で，貴族の出自であることが明らかになるだろう。時代の境目としてのこの時代が，貴族から武士が分化していく過渡期であることを押さえ

たい。中央から地方を治めたい朝廷側の思惑と地方を実質的に支配し続けたい武士の思いのズレに着目し始めた児童は，平氏の台頭や源平の争いの大局的な流れについて理解していく。

　第3次では，視点を源氏側に定めて，源平合戦で活躍した源頼朝と源義経の業績について調べる活動を設定する。視点を明確にすることで，児童は歴史的事象を整理しやすくすることができるとともに，別の視点があることを前提にしながら学習活動を進めることができる。この活動は，2時間で設定し，前半は，教科書と資料集に限定して2人の業績をそれぞれ整理する。後半は，学校図書館の資料や事前に市立図書館から借りておいた資料，タブレットPCを用いて調べていく。その際，情報源や情報の確かさに留意して調べるように事前指導しておく。調べたことはワークシートにまとめていく。

　第4次では，第3次で調べたことを基にしながら，源頼朝と源義経の2人のどちらをリーダーにしたいか考える活動を設定する。戦いの先頭に立ち，平氏を追い詰め実質的に戦う義経と，鎌倉から指示を出しながら大局的に戦いに参加する頼朝の姿は，同じリーダーであっても組織の中での位置付けは大きく異なる。現代社会を生きる児童にとっても，「リーダー」という言葉で共通する部分があると考える。児童は，活動を通して，歴史人物を多角的に判断したり評価したりしながら歴史的事象についての考えを深めていく。

4　単元の評価

知識・技能	思考・判断・表現	主体的に学習に取り組む態度
・武士の館の想像図から，武士のくらしの様子について理解する。 ・地図や年表等から人物の業績をまとめたり，調べたことを整理したりする。	・武士の台頭によって，世の中がどのように変わっていったのか考え，表現する。 ・人物の業績について調べたことを基にしながら，歴史的事象や人物を多角的に考察する。	・武士の館と貴族の屋敷の想像図を比べながら，武士のくらしの様子に関心をもって調べようとする。 ・学習課題を設定し，適切な資料で調べたり，新たな疑問や課題を見付けたりする。

5　指導計画

次	時	学　習　活　動	評　価　計　画
1	1	・教科書等の武士の館の様子を表したイラストを読み取り，貴族のくらしとの違いを捉え，武士の役割について考える。	・武士の館の想像図から，武士のくらしの様子が分かる。（知識・技能）グループ活動の見取り，発言 ・武士のくらしの様子に関心をもって調べようとする。（主体的に学習に取り組む態度）グループ活動の見取り，発言
2	2	・地図や年表を基にしながら，平氏による武士の政治がどのように行われたのか調べたり，源平合戦の様子について考えたことを表現したりする。	・武士の台頭によって，世の中がどのように変わっていったのか考え，表現する。（思考・判断・表現）ノートの記述
3	2	・教科書や資料集，図書館の資料等を用いて，源平合戦における源頼朝と源義経の活躍について調べ，2人の功績を表にまとめる。	・地図や年表等を用いて，人物の業績を表にまとめる。（思考・判断・表現）ワークシート ・学習課題を設定し，適切な資料で調べたり，新たな疑問や課題を見付けたりする。（主体的に学習に取り組む態度）ノート，ワークシート
4	1	・2人のうちどちらをリーダーにしたいか考え，自分の考えを伝えたり，友だちの考えを聞いたり，新たな資料を探したりしながら自分の考えを整理する。（本時）	・人物の業績について調べたことを基にしながら，歴史的事象や人物を多角的に考察する。（思考・判断・表現）ノートの記述

6　本時の指導（6/6時間）

(1)　本時のねらい

　　源頼朝と源義経の2人を「理想のリーダー」という視点から判断したり評価したりする活動を通して，2人の武士についての見方や考え方を広げたり深めたりしながら，歴史的事象や人物を多角的に考察する。

(2)　本時の構想

　　本時までに児童は，源頼朝と源義経について，年表や地図等の資料を基に調べてきた。本時の導入では，「頼朝と義経の2人のどちらをリーダーにしたいか」と問い，自分の考えをノートに書かせる。その際，理由を明確にして書くように指示する。児童は，源氏の棟梁を主観的に捉えたり，客観的に評価したりしながら，2人の人物の特徴を捉えていくだろう。

　　意見をまとめた児童に，頼朝派と義経派の双方を揺さぶるような資料を提示する。どちらかに意見が傾いている場合は，片方のみの資料を提示する。自分の考えを伝えたり，友だちの考えを聞いたり，新たな資料を探したりしながら自分の考えを整理することを通して，歴史的事象や人物を多角的に見つめることにつながるきっかけとなるだろう。

(3)　本時の展開

時間	学習活動（教師の働きかけと予想される児童の反応） ■：学習活動　t：教師の働きかけ　c：児童の反応	○留意点　●評価
10	■調べたことを基にしながら，理由を明確にして自分の考えをまとめる。 　t：これまでの学習でまとめてきたことを基に，課題について考えていきます。 　源頼朝と源義経のどちらをリーダーにしたいですか。理由をつけて，自分の考えをまとめましょう。 　c：頼朝は，中央で全体を見て指示をしている。統率力がありそうだから，リーダーとして頼もしい。 　c：義経がいなかったら，戦いに勝利することすら難しかったと思う。前に立ってみんなを率いる義経こそリーダーに相応しいと考える。 　c：頼朝は，指示をしているだけで実際に戦わない。そういった人に従うことはできないかもしれない。 　c：リーダーは，全体を引っ張っていく力が求められるから，頼朝の力はリーダーとして必要な力だと思う。	○ノートやワークシートを準備させておく。 ○これまでに調べたことを基に自分の考えを書くように伝える。 ○別の立場で話す児童の発言を関連づけながら，コーディネートする。 ●調べたことを基にしながら，理由を明確にして自分の考えを述べている。（思考・判断・表現）ノートの記述，発言
10	t：頼朝と義経には，こんな一面があったことも調べてみて分かりました。 　c：義経に対するイメージが少し変わった。戦うことが得意なだけではリーダーとしては相応しくないかもしれない。 　c：頼朝が義経に疑いをかける気持ちも理解できる。	○事前に準備した資料を提示する。 　法皇の院宣，義経自害に関する資料等を複数用意しておく。議論の中でどちらか一方に意見が集中した場合は，その立場を揺さぶる資料のみを提示する。 ○二次資料，三次資料であることを児童に伝える。

10	■新たな資料を基に，どちらがリーダーとして相応しいか考える。 t：なぜ，頼朝は義経を倒すように指示したのだろうか。 c：義経は頼朝のことを信用しきっていなかったかもしれない。 c：義経は，朝廷にだまされたかもしれない。 t：頼朝は，義経を倒すことでご恩と奉公の大切さを示そうとしたのかもしれない。	○児童の意見の違いを中心に扱い，必要に応じて児童同士の意見交換の時間をとる。
10	新たな資料で考えたことをふまえて，自分の考えをもう一度まとめましょう。	●調べたことや別の視点があることをふまえながら，理由を明確にして自分の考えを述べている。（思考・判断・表現） 発言，意見交換
5	c：義経は，朝廷のために戦っているのであり，だましている朝廷が悪い。目的をもって戦っているから，こういう人にリーダーになってもらいたい。 c：頼朝が，部下のことやその先のことを考えている。それは政治力とも言える。先を見通している人に従っていく方が安心だ。 c：見方によって，2人の評価は変わってくる。 t：朝廷から見た2人，御家人から見た2人，百姓から見た2人などと視点を変えることで，人物の評価は分かれるかもしれない。 <まとめ> 歴史の出来事を複数の視点で考察することによって，新たな考えが生まれる。	○頼朝，義経の双方の視点を認めながら，歴史的事象を多角的に考察することの必要性についてふれる。

⑷　**本時の評価**

　　理由を明らかにしたり，別の視点があることをふまえたりしながら源頼朝や源義経の人物像について自分の考えをまとめているか。（思考・判断・表現）

　　評価の方法：ノートの記述

第2学年　算数科学習指導案

令和○年○月○日（○）○限
授業者（○○コース）○○○○
指導者　教諭　　　　○○○○

1　単元名　　水のかさ

2　単元の目標

【知識・技能】

・かさを量る単位（L，dL，mL）と，1 L＝10dL，1 L＝1000mLの関係を理解している。

・繰り上がりや繰り下がりのあるかさの加減の計算ができる。

【思考・判断・表現】

・測定するかさの大きさに応じて，用いるますや単位を選択しながら課題を解決することができる。

・単位の大きさを決めると，かさを数で表すことができる普遍単位のよさに気付き，かさの表し方を考え表現している。

【主体的に学習に取り組む態度】

・L，dL，mLなどの普遍単位を用いることのよさに気付き，およその見当をつけてかさを測定しようとしている。

3　単元設定の理由

(1)　教材について

本単元では，水のかさを計測する活動を通して，体積について単位と測定の意味を理解し，体積の測定ができることを目標とする。ここで単位を用いて量を数に表すことや，普遍単位のよさに気付いたこどもは，4年生の学習の面積や角の学習，5年生の体積の学習など，単位の考え方を更に広げていく。

(2)　児童の実態

これまで，長さについては，1，2年生において，直接比較，間接比較と任意単位と普遍単位による測定の学習を経験してきている。また，面積，体積については，1年生において，直接比較，間接比較，任意単位による比較の学習を経験してきている。本単元では，簡単な大小比較から入り，水という量を数値化していくこと，つまり，普遍単位を導入し，普遍単位を用いて測定したり，計算で和や差を求めたりと主体的にかかわる姿を期待する。

(3)　単元の構想

かさの単位は，児童にとって身近な事象で用いられてはいるが，なかなかその量感を捉えることは難しい。そこで，本単元では，具体的な操作活動を大切にしながら活動を進めていく。1 Lますに1 dLが10杯入るのかを試したり，測定したい物を1Lますに入れながら測定したりしていく。測定していく中で，かさも単位を決めることで，数値化することができることや，共通の単位があれば比べやすいことに気付いていく。また，長さの学習など，既習事項と重ねて単位に表すことのよさについて考えていく。

4 単元の評価

知識・技能	思考・判断・表現	主体的に学習に取り組む態度
・かさを量る単位（L，dL，mL）と，1 L＝10dL，1 L＝1000mLの関係を理解し，身の回りのものの大きさを測定したり，加減の計算をしたりすることができる。	・長さは単位とする長さのいくつ分で数値化できるという既習と関連づけながら，かさにおける普遍単位のよさに気付き，かさの表し方を考え表現する。	・L，dL，mLなどの普遍単位を用いてかさを表すことの必要性やよさに気付き，およその見当を付けながら進んでかさを測定し，日常生活に生かそうとする。

5 指導計画

次	時	学 習 活 動	評 価 計 画
1	1	・水筒などの容器に入る水などのかさの比べ方を考え，数値化する方法について話し合う。 ・コップ何杯分かを調べると，かさも数で表せることに気付く。 ・大きさの異なるコップでは比較できないことから，共通の単位の存在に気付く。（本時）	・かさも単位を決めると数値化できることや，共通の単位があれば比べやすいことに気付き，かさの表し方を考えている。（思考・判断・表現）ノート・発言
2	1	・単位の必要性から，かさを比べるのにますを使って，その何杯分かで表せることを知る。 ・1 Lについて知る。 ・1 Lますを用いて，いろいろな容器に入る水のかさを量る。	・1 Lますを用いて，かさの測定ができる。（知識・技能）発言・行動 ・普遍単位によって，数でかさを比べられることを理解している。（知識・技能）ノート・発言
3	1	・はしたの表し方を考え，発表し合う。 ・1 Lますで量ったはしたの水のかさを量る単位にdLがあることを知る。	・1 dLの意味と1 Lとの関係を理解している。（知識・技能）ノート・発言
	1	・1 Lますや1 dLますを使って，いろいろな容器に入っている水のかさを測定する。 ・身近な容器で1 dLますを作る。	・L，dLなどの単位を用いることのよさに気付き，進んでかさを測定しようとしている。（主体的に学習に取り組む態度）発言・行動
	1	・目盛りを読んで，複名数と単名数でかさを表す。 ・複名数で表されたかさを，大小比較することができる。	・ますを使って測定したり，かさを複名数と単名数で表したりすることができる。（思考・判断・表現）発言・行動・ノート
4	1	・2つの容器の水のかさを量って，その合計や違いを求める。 ・既習事項を生かして，計算の仕方を考え，単位に着目して計算の方法を説明する。 ・加法と減法の問題練習をする。	・かさの加法性を理解し，単位を揃えると整数の計算と同じようにできることを理解している。（知識・技能）発言・ノート
	1	・飲み物が入っていた容器に入る水のかさを測定し，小さなかさの単位mLの存在とともに，1 mLという量の大きさを知る。 ・1000mLパックの入れ物のかさを，1 Lますや1 dLますで量って何杯分になるかを調べる活動を通して，1 L＝1000mL，1 dL＝100mLの関係を調べる。	・1 L＝1000mL，1 dL＝100mLの関係を理解している。（知識・技能）発言・ノート

6 本時の指導（1/7時間）

⑴ 本時のねらい

　　2つの水筒に入る水のかさを比べる活動を通して，かさの表し方を考えたり，かさにおける普遍単位のよさに気付いたりする。

⑵ 本時の構想

　　本時では，容積の違う2つの水筒に入る水のかさを比べる活動を行っていく。容積の違う2つの水筒を用いることで，見た目だけでは判断できないものを比べる方法を考える必要感が生まれてくる。児童は具体的な操作を

行うことを通して，共通の単位や普遍単位のよさについて考えるとともに，かさについての豊かな感覚を培っていく。また，かさを比べる方法について考えていく中で，これまで学習してきた長さの学習のことを思い出し，単位に表すことのよさについて考えていく。長さの学習，かさの学習と別に考えるのではなく，数学的な考え方という視点で，学習がつながっていることに気付いていくことを大切にしていく。

(3)　**本時の展開**

時間	学習活動（教師の働きかけと予想される児童の反応） ■：学習活動　　t：教師の働きかけ　　c：児童の反応	○留意点　　●評価
5	■学習課題をつかむ。 t：明日の遠足で使う水筒に入る水のかさについてどちらの水筒の方がたくさん入るか考えます。ＡとＢのどちらの水筒の方が多く水が入るでしょうか。 　　ＡとＢのどちらの水筒の方が，たくさんの水が入るか。 c：見た目だと，Ａの方が太いからたくさん入ると思う。 c：Ｂの水筒は，細いけど，長いからたくさん入ると思う。 c：どちらが多く入るのかは，見ただけだと比べられない。	○どのような場面であるか，絵を用いて具体的につかめるようにする。 ○直感による比較でははっきりしないことから，比べる方法を考える必要感がもてるようにする。
5	■コップにそれぞれの水筒の水を入れて何杯分になるか調べる。 t：グループに分かれて，どちらの水筒の方が多く入るかを調べてみましょう。 c：コップに入れてみよう。 c：コップに入れるとＡの水筒は，コップで5杯入りました。 c：Ｂの水筒は，コップで6杯入りました。 c：Ｂの方が6杯だから多い。 c：コップの大きさが違うから比べられない。	○コップや2種類の水筒など，実際に比べることができるように材料を用意する。
10	■比べる方法を考える。 t：どうやって比べるとよいでしょうか。 c：Ａの水筒の水をＢの水筒に入れ換えて，どちらがたくさん入るかを確かめるといいと思います。 c：同じ入れ物の中にそれぞれ移して，どちらの水筒の水の方が高くなるかを確かめればいいと思います。 c：小さいコップに入れ換えて，その個数を数えて，どちらが多いかを確かめればいいと思います。	○間接比較ができるように，ペットボトルなどの共通の容器や，任意単位で比較できるように，給食のデザート容器や紙コップなどを用意する。
5	■それぞれが考えた方法で比べる。 t：各グループで考えた方法でどちらの水筒の方が水の量がたくさん入るか調べましょう。 c：僕たちのグループは，Ａの水筒の水をＢの水筒に入れ換えて，どちらがたくさん入るか確かめよう。 c：私たちのグループは，同じ入れ物の中にそれぞれ移して，どちらの水筒の水の方が高くなるかを確かめてみようと思います。 c：私たちのグループは，小さいコップに入れ換えて，その個数を数えて，どちらが多いかを確かめよう。 c：各グループで考えた方法で比べる。	●かさも単位を決めると数値化できることや共通の単位があれば比べやすいことに気付き，かさの表し方を考えている。（思考・判断・表現）発言・行動

10	■比べた方法から，どちらが多かったのかを話し合う。 ｔ：調べてみて，どちらの水筒に入る水の量が多かったのか，調べた方法も合わせて教えてください。 ｃ：Ａの水筒の水をＢの水筒に入れ換えて，どちらがたくさん入るか確かめたら，Ｂの水筒があふれたから，Ａの水筒の水の方が多い。 ｃ：同じ入れ物の中にそれぞれ移して，どちらの水筒の水の方が高くなるかを確かめたら，Ａの水筒の水の方が少しだけ水の高さが高かった。だから，Ａの水筒の水の方が多く入る。 ｃ：同じ大きさのコップに水を入れたら，Ａの水筒の水は８杯で，Ｂの水筒の水は６杯だから，Ａの水筒の水の方が多いことが分かった。 ｃ：同じ大きさのコップだから，その何杯分で比べることができるよ。 ｃ：同じもので比べるやり方は，長さの時にもやったような気がする。 ｃ：鉛筆の長さを比べる時に，消しゴムが何個分の長さになるか考えてやったよね。 ｃ：鉛筆を紙テープの長さにして考えたやり方は，同じコップに順番に入れてやる考え方と同じだね。 ｃ：Ａの水筒の水をＢの水筒に入れるやり方は，鉛筆を直接並べて比べる方法と似ているね。 ｃ：水のかさを比べる方法って，長さを比べるときに使った方法と同じ考え方なんだね。 ｃ：長さの考えが水のかさの考えにそのまま使えるっておもしろいな。 ｃ：かさのいろいろな比べ方が分かった。 ｃ：かさを比べるには，長さと同じようにもとにする入れ物を決めて，そのいくつ分で比べればいい。	○実際にかさを比べたとき，比べ方となぜ多いと分かったのかの理由を発表させる。
5	■本時のまとめをする。 ＜まとめ＞ ・同じ大きさの入れ物で比べる。 ・小さいコップに何杯分かで比べる。	○自分で一番よいと思った方法で友だちに説明するように書かせる。
5	■本時の振り返りをする。 ｔ：かさ比べをする方法を友だちに説明する文を書こう。 ｃ：それぞれがよいと思った方法で友だちに向けた説明する文を書く。	●かさの比べ方を，自分の言葉で表現している。（思考・判断・表現）ノートの記述

⑷　**本時の評価**

　　容器が違うものの容積を比べるには，共通の単位があればよいことに気付き，かさの表し方を考えることができたか。（思考・判断・表現）

　　評価の方法：ノートの記述，発言，グループ活動の中での言動

第4学年　理科学習指導案

令和○年○月○日（○）○限
授業者（○○コース）○○○○
指導者　教諭　　　○○○○

1　単元名　　電流のはたらき

2　単元の目標
【知識・技能】
・乾電池の数やつなぎ方を変える実験を通して，電流の大きさや向きが変わり，豆電球の明るさやモーターの回り方が変わることを理解する。
【思考・判断・表現】
・電流の大きさや向きと乾電池につないだ豆電球やモーターの様子との関係について，根拠のある予想や仮説を立て，表現する。
【主体的に学習に取り組む態度】
・電流の大きさを調べる実験や実験結果の記録に進んで取り組もうとする。

3　単元設定の理由
(1)　教材について
　本単元では，乾電池の数やつなぎ方，光電池に当てる光の強さを変えて，モーターを回したり豆電球を点灯させたりして，モーターの回り方や豆電球の明るさの変化を調べ，回路を流れる電流を捉えることをねらいとしている。実験を繰り返すことを通して，乾電池の数やつなぎ方と光電池に当てる光の強さ，モーターの回り方や豆電球の明るさ，回路を流れる電流の大きさを関係付けて考えられるようにする。
　なお本単元は，第3学年「A（5）電気の通り道」の学習を踏まえて，「エネルギー」についての基本的な概念等を柱とした内容のうちの「エネルギーの変換と保存」に関わるものであり，第5学年の「A（3）電流がつくる磁力」の学習につながるものである。
(2)　児童の実態
　第3学年において，乾電池を使って，電気を通すつなぎ方や電気を通す物を調べ，電気回路について学習してきた。児童は日常生活の中で，乾電池を利用した物を使う機会が多く，乾電池は身近な物であると捉えている。しかし，乾電池のつなぎ方や電流の強さによって，豆電球の明るさやモーターの回転が変化することに目を向けることはあまりない。そこで本単元では，児童が，電流の大きさや向き，乾電池につないだ物の様子に着目して，それらを関係付けて，電流の働きを調べる活動を組織する。そして，それらについての理解を図り，観察，実験などに関する技能を身に付ける。さらに，既習の内容や生活経験を基に，根拠のある予想や仮説を発想する力や主体的に問題解決しようとする態度を養いたい。
(3)　単元の構想
　まず，児童に一人2つずつの乾電池，モーター，豆電球，導線を渡す。児童は，既習事項や生活経験から，モーターが回ったり豆電球に明かりが点いたりする回路をつくるだろう。回路をつくったり，つくり変えたりする体験をたっぷりと重ねた児童に，電気が通る回路とそうでない回路について問い，共有する。これらを整理・分類し，実際に自らの手で回路をつくり，試してみることで，直列つなぎや並列つなぎについて理解する。
　その後，児童に電流計を渡し，電流計を用いて実験を行うことを伝える。電池の数を変えた直列つなぎや並列つなぎと豆電球の明るさ，モーターの回る速さと電流の強さについてどのような関係があるのか，これまでの実

験結果を根拠にしながら仮説を立て，実験を組み立てる。そして実際に試し，電流計で電流を測定してみることで，乾電池のつなぎ方や豆電球の明るさ，モーターの回る速さと電流の強さを関係付けながら思考するだろう。これらの実験結果を基に，電気のはたらきについての捉えをつくり出していく。

　最後には，児童に光電池を使って実験をすることを伝える。これまでの学習を生かして回路をつくり，豆電球やモーターを使って実験をする姿を期待する。光電池に当たる光の強さや豆電球・モーターの様子を関係付けると共に，電流の大きさという面からもこれらの事象を見つめると考える。更に，人工衛星のソーラーパネルや太陽光発電所，家庭用のソーラーパネルや電卓など，児童の生活の一部に利活用されている事実と出会わせることで，自らの生活とのつながりを意識させるようにしたい。

4　単元の評価

知識・技能	思考・判断・表現	主体的に学習に取り組む態度
・乾電池の数やつなぎ方を変える実験を通して，直列つなぎと並列つなぎの回路のつくり方とその特徴を理解する。 ・乾電池の数やつなぎ方を変えることによって電流の大きさや向きが変わり，豆電球の明るさやモーターの回り方が変わることを理解する。	・電流の大きさや向きと乾電池につないだ豆電球やモーターの様子との関係について，根拠のある予想や仮説を立てることができる。 ・仮説を基に実験したことを通して，電流の大きさと乾電池につないだ物の様子を関連付けながら，それぞれの関係をまとめる。	・電流の大きさを調べる実験に進んで取り組もうとする。 ・実験の結果や実験して分かったことなどをノートに正しく丁寧に記録しようとする。

5　指導計画

次	時	学習活動	評価計画
1	1	・乾電池，豆電球，モーター，導線を使って，回路をつくる。	・既習事項から，電気が流れるような正しい回路をつくることができる。（知識・技能）活動の様子
	3	・乾電池の数や導線のつなぎ方を変えて，電気が流れる回路をつくる。 ・自分がつくった回路をグループや学級で共有し，分類する。 ・乾電池の直列つなぎと並列つなぎの回路のつくり方をまとめる。	・乾電池の数や導線のつなぎ方を組み合わせながら進んで実験をする。（主体的に学習に取り組む態度）活動の様子 ・乾電池の数や導線のつなぎ方を変えて，電気が流れる回路をつくることができる。（知識・技能）活動の様子・発言 ・作った回路を分類し，正しく記録することができる。（思考・判断・表現）ノート ・直列つなぎと並列つなぎの回路のつくり方を理解し，電気用図記号や絵を用いて表すことができる。（知識・技能）ノート
2	2	・乾電池の直列つなぎと並列つなぎの様子を比べる。	・乾電池の数や導線のつなぎ方を組み合わせながら実験をする。（主体的に学習に取り組む態度）活動の様子 ・直列つなぎと並列つなぎの回路に豆電球やモーターをつないだ時のそれぞれの様子を正しく記録することができる。（知識・技能）ノート ・実験結果を基に，回路とつないだ豆電球やモーターとの関係についてまとめることができる。（思考・判断・表現）ノート・発言
	2	・電流計を用いて，乾電池の直列つなぎと並列つなぎの電流の大きさを比べる。 （本時2／2）	・乾電池の直列つなぎと並列つなぎの回路に電流計を正しくつなぎ，電流の大きさを測定することができる。（知識・技能）活動の様子 ・測定した電流の大きさと，つなぎ方の違いを関連させながら実験結果をまとめることができる。（思考・判断・表現）ノート・発言

3	1	・直列つなぎ・並列つなぎのそれぞれの特徴をまとめる。	・実験を基に，直列つなぎ・並列つなぎのそれぞれの特徴を電流の大きさやつないだ豆電球やモーターの変化などと関連付けながらまとめることができる。（思考・判断・表現）ノート・発言
	1	・光電池を使って回路をつくり，豆電球に明かりを点けたり，モーターを回したりする。 ・光電池を使って回路をつくり，当てる光の強さを変えて電流の大きさを測定する。	・光電池を使って電気が流れる回路をつくることができる。（知識・技能）活動の様子 ・光電池に当てる光の強さを調整しながら，実験することができる。（主体的に学習に取り組む態度）活動の様子 ・光電池に当てる光の強さや導線のつなぎ方，電流の大きさやつないだ物の様子などを関連付けながら，それぞれの関係についてまとめることができる。（思考・判断・表現）ノート・発言
	1	・光電池が自分の身の回りで利活用されている例を調べ，まとめる。	・書籍やインターネットから資料を集めている。（主体的に学習に取り組む態度）活動の様子 ・調べたこととこれまで学習したことを関連させながら，これからのエネルギー活用についての自らの考えをまとめている。（思考・判断・表現）ノート・発言

6　本時の指導（8/11時間）

(1)　本時のねらい

　　直列つなぎと並列つなぎの回路に電流計を正しくつなぎ電流の大きさを測定する実験を通して，つなぎ方と乾電池の数，電流の大きさとを関連させながら，それぞれの関係をまとめることができる。

(2)　本時の構想

　　前時，児童に電流計を提示し，これを用いて電流の大きさを測定する実験をすることを確認している。児童は，これまでに学習した直列つなぎ・並列つなぎの回路をつくり，乾電池の数を変えながら電流の大きさを測定する実験を繰り返している。本時においてもこの実験を続けるとともに，測定結果を基に，つなぎ方と電流の大きさの関係についてまとめることを伝える。児童の測定結果を整理しながら表にまとめ，板書することによって，自らの測定結果も踏まえながら考察する姿を期待する。

(3)　本時の展開

時間	学習活動（教師の働きかけと予想される児童の反応） ■：学習活動　t：教師の働きかけ　c：児童の反応	○留意点　●評価
5	■本時のめあてを確認する。 t：電流計を用いた実験の測定結果を基に，つなぎ方と電流の大きさの関係についてまとめましょう。 　　回路のつなぎ方と電流の大きさの関係を明らかにしよう！ c：前時の実験結果を見直す。 c：前時の実験結果から，この時間で試してみたい回路を思い描き，グループの仲間と相談し始める。	○「直列つなぎ」「並列つなぎ」「乾電池の数」といったキーワードを取り上げ，前時の実験を想起しやすいようにする。

15	■電流計を用いた実験をする。 　t：電流計を用いて実験しましょう。 　c：乾電池1つを直列つなぎで実験する。 　c：乾電池2つを直列つなぎで実験する。 　c：乾電池3つを直列つなぎで実験する。 　c：乾電池2つを並列つなぎで実験する。 　c：乾電池3つを並列つなぎで実験する。 　c：乾電池の向きと電流の向きを意識しながら実験する。 　c：測定結果を表にまとめる。	○実験用具を整理して準備する。 ○つなぎ方と電流の大きさに着目してまとめているグループを取り上げ，紹介する。 ●直列つなぎと並列つなぎの回路に電流計を正しくつなぎ，電流の大きさを測定することができる。（知識・技能）実験の様子
15	■測定結果を共有し，まとめる。 　t：測定結果を発表しましょう。 　c：直列つなぎで乾電池を増やした時の電流の大きさが変化することに注目して話す。 　c：並列つなぎで乾電池を増やした時の電流の大きさが変化しないことに注目して話す。 　c：乾電池の向きと電流の向きが関係していることを話す。	○児童の測定結果を整理しながら表にまとめる。
10	■測定結果と共有したことを基に考察する。 　t：考察したことをノートにまとめ，発表しましょう。 　c：直列つなぎでは乾電池を増やすと電流も大きくなる。 　c：並列つなぎでは乾電池を増やしても電流の大きさが変わらない。 　＜まとめ＞ 　　直列つなぎでは乾電池を増やすと電流も大きくなるが，並列つなぎでは乾電池を増やしても電流の大きさは変わらない。	○どのように書いたらよいか悩んでいる児童には「直列つなぎ」「並列つなぎ」「乾電池の数」というキーワードを示す。 ●電流の大きさと，つなぎ方の違いを関連させながら，規則性に着目してまとめている。（思考・判断・表現）ノートの記述

(4)　**本時の評価**

・直列つなぎと並列つなぎの回路に電流計を正しくつなぎ，電流の大きさを測定することができているか。（知識・技能）
　評価の方法：活動の様子

・電流の大きさと，つなぎ方の違いを関連させながら，規則性に着目してまとめることができたか。（思考・判断・表現）
　評価の方法：ノートの記述・発言

第1学年　生活科学習指導案

令和○年○月○日（○）○限
授業者（○○コース）○○○○
指導者　教諭　　　　○○○○

1　単元名　　あきをみつけにレッツゴー！

2　単元の目標

【知識・技能】

・時間や公共の施設でのルールを守る。

・身近な自然と触れ合い，それらの違いや特徴を見付けている。

【思考・判断・表現】

・春，夏と比較して草花や生き物の様子に気付き，ちがいについて考えることができる。

・感じたことを工夫して表現している。

【主体的に学習に取り組む態度】

・友達と遊具や自然を利用して遊びを楽しもうとしている。

3　単元設定の理由

(1)　単元について

　本単元は「内容（5）季節の変化と生活」「内容（6）自然や物を使った遊び」を主なねらいとし，「内容（4）公共物や公共施設の利用」と関連している。

　○○公園は，学校から徒歩15分程度で行くことができ，春から数回お出かけをしてきた。休日にも家族で出かけて遊んでいる児童もいる。児童にとっても親しみのある公園である。また，ブランコやジャングルジムといった遊具やマツやイチョウなどの樹木，広い原っぱがあり，自然遊びを楽しむことができる場である。この，秋の○○公園に出かけ，落ち葉や木の実を拾ったり，秋の草花を観察したりする遊びを通して，季節の変化や自然のよさを感じ取ることができる。また，自分が公園で見付けた落ち葉や木の実を使って遊んだり製作したりする活動で，遊びをつくり出す楽しさや，夢中になって遊ぶ楽しさを味わうことができると考える。

(2)　児童の実態

　元気いっぱいで，体を動かして遊ぶことが大好きな児童が多い。入学当初は自分のやりたいことに熱中するあまり，友達と言い争いになるようなトラブルが見られたが，共に生活をしていくうちに，一緒に遊ぶことができるようになってきた。また，児童はこれまでに○○公園に春と夏に3回出かけ，公園で楽しく遊ぶ体験をしている。自分のしたいことを一人で楽しんでいた児童も，ブランコの順番を守ったり，友達と一緒にジャングルジムで遊んだりする姿が見られるようになった。春には公園のタンポポやシロツメクサを摘んで遊んだり，夏にはセミやバッタを捕まえたりして遊ぶなど，自然遊びも楽しんでいる。3回の公園での活動を通して，公園で遊びたいという思いを膨らませている児童が多い。

(3)　単元の構想

　春，夏と季節が変わるごとに出かけて遊んだ○○公園に，再度出かける活動を通して友達と関わりながら仲良く遊んだり，遊びを工夫したりすることができるようにする。また，春，夏と比較しながら秋の○○公園の自然の様子を感じ取ることができるようにする。

　そのために，公園での遊び活動の前に，春，夏の公園での活動を振り返り，秋の公園ではどんな遊びをしたいか，思いや願いを膨らませる話合い活動を取り入れる。今まで書き溜めてきた「はるみっけカード」や「なつみっ

けカード」を基にしながら思い出を話し合い，自分はどんな遊びをしようか，何が楽しみなのか見通しをもつことで，より主体的に活動に取り組むことができる。

4 単元の評価

知識・技能	思考・判断・表現	主体的に学習に取り組む態度
・身近な自然と関わることで楽しさを味わい，ちがいや特徴を見付けている。	・その季節の生き物の様子を工夫しながら表現しようとしている。	・友達と遊具や自然などを利用して遊びを楽しもうとしている。

5 指導計画

次	時	学 習 活 動	評 価 計 画
1	1	秋を探す ・学校の中庭やグラウンドで秋の植物や生き物を探したり，秋を感じたりする。	・体全体をつかって身近な自然と関わっている（主体的に学習に取り組む態度）行動，つぶやき，会話
2	4	○○公園で遊ぶ。（本時） ・交通ルールを守って安全に公園に移動する。 ・公園のトイレをきれいに使う。 ・遊具をつかって遊ぶ。 ・落ち葉や木の実を拾って遊ぶ。 ・秋の生き物を探す。 ・「あきみっけカード」をかく。	・集合時間や公共のルールを守って活動している。（知識・技能）行動，会話 ・自分が見付けた秋を「あきみっけカード」に絵や文章で表現する。（思考・判断・表現）会話，あきみっけカード ・進んで遊んだり，自然物を集めたりしている。（主体的に学習に取り組む態度）行動，つぶやき，会話
3	2	木の実や落ち葉で遊ぶ ・公園から持ち帰った落ち葉や木の実を使って作りたいものを作る。	・自分の思いを大切にしながら材料を選んでものづくりをしている。（主体的に学習に取り組む態度）行動 ・友達や自分のよさに気付き，作品をよりよいものにしようとする。（思考・判断・表現）行動，つぶやき，会話

6 本時の指導（2・3・4/7時間）

⑴ **本時のねらい**

　○○公園に出かけ，遊具や自然物を利用した遊びを楽しむことを通して，ルールや順番を守ったり，秋の自然の特徴に気付いたりすることができる。

⑵ **本時の構想**

　導入では，公園で自分がやりたいことや楽しみにしていることを話し合う活動を行う。自分の思いを話したり，友達の思いを聞いたりして，活動への期待を高める。また，移動は徒歩で行うため，交通ルールについても確かめ，安全に公園へ移動できるようにする。公園には一般の方も訪れているので，公共のマナーについても確認をしておく。

　公園では，児童の遊びの様子を観察しながら，危険はないか，公園の外に出ようとしている児童はいないか確かめるとともに，どの児童がどんな遊びに取り組んでいるか把握する。一緒に遊んだり，声をかけたりして，児童の遊びを認めるようにする。また，気温の上昇が予想されるため，熱中症にならないように，帽子の着用と水分補給について事前に確実に指導しておく。虫よけスプレーや救急バッグの携帯を忘れないようにする。

(3)　本時の展開

時間	学習活動（教師の働きかけと予想される児童の反応） ■：学習活動　t：教師の働きかけ　c：児童の反応	○留意点　●評価
10	■公園での遊びや楽しみにしていることを伝え合う t：いよいよ○○公園にお出かけですね。どんなことが楽しみですか。 c：虫を見付けて捕まえるのが楽しみです。 c：落ち葉をいっぱい拾いたいです。 c：木の実を拾いたいです。 c：みんなでお出かけするのが楽しみです。 t：○○公園では，どんな遊びをしたいですか。 c：おにごっこをしたいです。 c：ジャングルジムで遊びたいです。 c：お花が咲いていたら摘んで遊びたいです。	○児童の発言を認め，活動に向かう期待を高める。 ○できるだけ多くの児童が発言できるようにする。
10	■交通ルールを確認する t：公園まで歩くときに気を付けなければいけないことは何ですか。 c：飛び出しをしません。 c：迷子にならないようにします。 c：横断歩道は右左をちゃんと見てから渡ります。 ■服装，持ち物の確認をする t：帽子を被りましょう。水筒を忘れずにもっていきましょう。	○児童が理解しやすいように短く，簡潔にルールの確認をする。 ○児童一人一人の服装や持ち物を確認する。 ○トイレを済ませておく。 ○公園内での公共マナーを確認する。 ○集合の場所や合図を確認する。 ○適宜水分補給することを伝える。 ○落ち葉や木の実を拾って製作することを再度確認しておく。
85	■公園で思い思いの遊びを楽しむ ┌─────────────────────┐ │ 秋の○○公園を楽しもう │ └─────────────────────┘ 〈鬼遊び〉 　c：役割を決めて仲良く遊ぶ 　c：安全な広い場所で遊ぶ。 　c：様々な種類の鬼遊びを楽しむ。 〈遊具遊び〉 　c：順番を守って遊ぶ。 　c：互いに関わって仲良く遊ぶ。 〈生き物探し〉 　c：昆虫を探す。 　c：秋の草花を探して遊ぶ。 〈落ち葉・木の実拾い〉 　c：落ち葉を拾ったり，感触を楽しんだりする。 　c：木の実を拾う。 　c：大きさや色の違いに気付いている。 〈公園探検〉 　c：公園内を歩いて何があるか探す。 　c：友達と一緒に仲良く行動する。 　c：公園で出会った人に挨拶する。	●進んで自分のやりたい遊びに取り組むことができる。（主体的に学習に取り組む態度）行動，つぶやき，会話 ●遊びのルールを守り，工夫して遊んでいる。（思考・判断・表現）行動，つぶやき，会話

15	■忘れ物はないか確認し，安全に学校へ移動する。 t：それでは，忘れ物はありませんか。これから安全に気を付けて学校に戻りましょう。 c：(安全に気を付けながら徒歩で学校に戻る)	○確実に人数確認を行う。 ○児童の歩行を確認する。
	■「あきみっけカード」をかく。 t：○○公園で見付けてきた秋を「あきみっけカード」にかきましょう。 c：バッタを見付けたから，バッタの絵を描こう。 c：落ち葉のシャワーをしたことをかこうかな。 c：そういえば，虫の鳴き声がしていたよ。	○配付したカードの他に予備のカードを置き，児童が何枚もかけるようにしておく。 ○机間巡視をして，児童と話しながら活動を振り返る。 ○よさを認めるような言葉がけをする。
15		●感じたことや気付いたことを工夫して表現している。(思考・判断・表現) 会話，あきみっけカード
	■カードを基に感想を伝え合う。 t：○○公園で遊んで楽しかったことをお話してください。 c：すべり台をして遊んだことが楽しかったよ。 c：きれいな木の実をたくさん拾ってうれしかったよ。 c：○○公園の木の色が変わっていたよ。 c：友達と一緒に鬼ごっこをして楽しかったよ。 c：△△さんがいろいろな落ち葉を集めていてすごかったよ。	○まず，隣同士でかいたカードを見せ合いながら活動を振り返る。 ○全体の場で感想を共有する時間を確保する。 ○集めた自然物を紹介する時間を確保し，次時の活動につなげる。

(4)　本時の評価
・遊具や自然物を利用して，友達と仲良く遊ぶことができたか。(主体的に学習に取り組む態度)
　　評価の方法：行動，つぶやき，会話，あきみっけカード
・秋を見つけることができたか。(思考・判断・表現)
　　評価の方法：つぶやき，会話，あきみっけカード

第5学年　音楽科学習指導案

令和○年○月○日（○）○限
授業者（○○コース）○○○○
指導者　教諭　　　○○○○

1　題材名　　曲想を感じながら演奏しよう

　　　　　　　　教材曲「つばさをだいて」（海野洋司 作詞　橋本祥路 作曲）

2　題材の目標

【知識・技能】

・互いの歌声を聴き合い，曲想を生かした表現で歌うことができる。

【思考・判断・表現】

・旋律や強弱，フレーズなどを感じ取りながら，歌詞の内容，曲想などを生かした表現を工夫し，どのように歌うかについて自分の考えや願い，意図をもって歌うことができる。

【主体的に学習に取り組む態度】

・楽曲の構成や曲想の変化に関心をもち，聴いたり表現したりしようとしている。

3　題材設定の理由

(1)　題材について

　本題材において，曲想を感じ取ってイメージを膨らませながら，音楽を想像豊かに聴いたり，表現の仕方を工夫したりする活動を進める。学習指導要領のA（1）イ「曲想と音楽の構造や歌詞の内容との関わりについて理解すること」の内容である。また，[共通事項]に示す音楽を形づくっている要素のうち，主に旋律（旋律の特徴と曲想の変化との関わり），強弱（歌詞の内容や旋律の特徴と強弱の関わり），速度（速度の変化による曲想の違い），音楽の縦と横の関係（旋律同士の掛け合いや和音の響き）を扱う。

　本題材では，旋律の特徴や，強弱や速度，音楽の縦と横の関係などの音楽を形づくっている要素を感じ取って聴いたり，表現の仕方を工夫して思いや意図をもって演奏したりすることをめざす。

　「つばさをだいて」は，いつの日か大きく羽ばたいて大空を駆けめぐりたいという気持ちをカモメに託して歌った2部合唱である。旋律の動きや音の重なり，強弱や速度の変化などの，様々な音楽を形づくっている要素が一体となって，曲想が次々と変わっていく曲である。これらの要素とともに，歌詞に込められた気持ちも感じ取り，曲想に適した歌い方を考えていくことをねらう。

(2)　児童の実態

　これまでに，歌声や楽器の音が響く心地よさを感じ取ったり，表現する楽しさを味わったりしてきている。高学年になり，表現することに恥ずかしさや苦手意識を感じている児童もいるが，仲間と楽しみながら取り組もうとする姿や美しい響きに出会えた時に共に喜ぶ姿がある。

　また，児童は，教師から言われたことはすぐに取り入れて表現しようと歌ったり演奏したりする姿が見られるが，どのように工夫すれば更によい表現になるのかを考えたり，児童同士で練り上げたりするには至っていない。そこで，児童自身が楽曲を聴いて感じたことや，楽譜から読み取った音楽を形づくっている要素（旋律の動き・強弱・速度・音の重なりや響きなど）を意識したり，どんな表現をめざしていくか言葉で表したりする活動，聴き合う活動などを設定し，より豊かな表現を楽しむことに重点を置いていく。

(3)　題材の構想

　第一次では，児童が感じ取った音楽を形づくっている要素を楽曲の中心的価値と捉え，感じたことや気付いた

ことを楽譜に書き込んでいく。音楽を形づくっている要素に焦点を当て，それを支えとした活動に取り組むことにより，児童は視点をもって聴いたり，具体的な思いや意図の形成につながったりすると考える。

第2次では，どこをどのように表現したらいいのか，思いや意図を明確にして，表現していけるようにする。そのために，楽譜を見て気付いたことを話し合ったり，曲想から感じ取ったことや歌詞からのイメージを記録してきたものを介して，自ら考えたことを書いたり話し合ったりする場を設定する。話し合ったことを基に表現を比較したり，可視化したりしながら，自分たちの思いに合った表現ができるようにする。

その後，自分たちで表現を高めていくために，一人で練習したり，ペアやグループごとに演奏を聴き合ったりする。自分の演奏を繰り返し練習したり，友達の演奏を聴いたりすることで，何に気を付けて歌うかを意識したり，どこがどうなっているか聴いたりして，視点をもって活動に取り組むことが期待できる。

4 題材の評価

知識・技能	思考・判断・表現	主体的に学習に取り組む態度
・発声や発音などに気を付けて，曲想の変化を表現して歌っている。	・旋律，強弱や速度，音楽の縦と横の関係を聴き取り，それらが生み出すよさや面白さなどを感じ取りながら，歌詞の内容，曲想の変化が表れるよう，思いや意図をもって歌うことができる。	・歌詞の表す情景，旋律，音の重なりや和声の響き，強弱などに興味・関心をもって進んで歌ったり聴いたりしようとしている。

5 指導計画

次	時	学 習 活 動	評 価 計 画
1	1	・「つばさをだいて」を聴き，曲の感じをつかむ。	・歌詞の情景，旋律，強弱などに興味・関心をもって聴く。（主体的に学習に取り組む態度）聴いている様子，シートの記述
	1	・主旋律・副旋律を歌う。	・スタッカートや16分音符のリズムに注目しながら正しい音程で歌う。（知識・技能）歌う様子
	2	・歌詞の内容を考えたり，好きなところや気になるところを交流したりする。	・感じたことを楽譜に書き込みながら歌ったり話し合ったりする。（思考・判断・表現）楽譜の記述，話し合う様子
2	3	・A（ア-イ）について曲想を生かした表現にするために，どのように歌ったらよいか考える。	・曲想の変化の要因やそれに伴う表現の仕方を考える。（思考・判断・表現）歌う様子，話し合う様子
		・B（ウ-エ- Coda）について，曲想を生かした表現にするために，歌い方を工夫する。（本時）	・旋律の特徴や速度，強弱，歌詞などから曲想の変化を明確にする。（思考・判断・表現）歌う様子，話し合う様子
		・ペア練習・グループ練習を取り入れ，思いや意図がより伝わる歌い方になるよう練習する。	・発声や発音などに気を付けて，曲想の変化を表現して歌う。（知識・技能）歌う様子
3	1	・楽曲全体の構成や縦と横の関係を意識しながら「つばさをだいて」を仕上げる。	・曲想の変化を味わって歌う。（主体的に学習に取り組む態度）歌う様子，シートの記述

6 本時の指導（6/8時間）

⑴ 本時のねらい

音符や休符が本来と異なる場合を想定して比較聴取したり，曲想や歌詞からのイメージを伝え合ったりする活動を通して，旋律の特徴や歌詞の内容を捉え，ウの部分を思いや意図をもって歌うことができる。

⑵　**本時の構想**

　　本時では，ウ の曲想を中心に，旋律にどのような特徴があるのか，知覚するところから始める。楽譜を見ることで，はじめて出てくる16分音符や，その間にある４分休符，繰り返しなどに気付いていくだろう。これらの特徴を生かした歌い方につながるよう，16分音符ではなかった場合，４分休符がなかった場合はどんな感じになるのか比較聴取する。曲想の違いなど感じたことを共有し，ウの曲想の特徴を意識して歌えるようにする。

　　また，児童自身が思いや意図をもって表現していけるようにしたい。グループになり，楽譜を見ながらどのように歌ったらよいか話し合ったり，曲想から感じ取ったことや歌詞からのイメージを伝えたりするなどの交流の場を設定する。そして，その交流を基に自分たちの思いに合った表現ができるようにする。

　　思いや意図に添った歌い方になっているか，自分一人で練習したり，ペアやグループで歌声を聴き合う場を設定したりする。仲間の歌声や，他のグループの歌声を視点をもって聴くことで，漠然とした歌い方や聴き方にならないようにする。

⑶　**本時の展開**

時間	学習活動（教師の働きかけと予想される児童の反応） ■：学習活動　t：教師の働きかけ　c：児童の反応	○留意点　●評価
3 7	■常時活動をする。 ■本時のねらいを確認する。 ＜学習課題＞ 　「旋律の特徴」や「歌詞の内容」に合う歌い方で歌おう。 ■ウ の旋律を特徴づけている要素を確認する。 t：ウ の部分になって，はじめて出てくるものがあります。 c：16分音符や４分休符が出てきている。 c：アクセントがはじめて出てくる。 c：決意を表す内容の歌詞がある。 t：16分音符は何回出てきますか。 c：8回も出てくる。	○今まで書き込んできた拡大楽譜などを提示しておく。
10	■16分音符や４分休符がある旋律の特徴を感じる。 t：もし16分音符ではなかったら，どんな旋律になるかな。今まで通り，８分音符にして歌ったらどうなるかな。８分音符で歌ってみよう。 c：速度は変えていないのに，ゆったりしている感じがする。 c：元気な感じではなくなった。 t：では，４分休符の場所を休符にしないで，そのまま伸ばして歌ったらどうなるかな。歌ってみよう。 c：「いつか（ウン）ぼくの（ウン）」が「いつかぁーぼくのぉー」となって，躍動感がなくなってしまった。 c：４分休符があった方が，元気な感じが出ていいな。 c：歌詞の「いつか羽ばたこう」のように，未来に向かって羽ばたこうとするウ の部分に，16分音符や４分休符がある意味があるんだね。	○16分音符を８分音符に変えたり，４分休符を取ったりした旋律を聴き比べ，ウの曲想の要素を実感できるようにする ○楽譜を見ながら話し合うようにする。

10	■ウをどのように歌いたいか話し合う t：ウの旋律や歌詞の内容を生かすために，どこをどんな感じにするか，どのように歌うか話し合いましょう。 c：歌詞が「いつか僕の夢も〜」と希望をもっている歌詞だから前へ進んでいくように歌いたい。 c：クレッシェンドが出てくる場所は，「夢を叶えたい」という気持ちが高まっているようにしたい。 c：「かけてゆけ」の「ゆけ」にアクセント記号があるから，「力強く」「決意あふれる感じ」で歌おうよ。	○児童の考えを生かし，教師が示範を示したり，みんなで歌い比べたりして，歌い方を共有する。 ●旋律の特徴や歌詞の内容を捉えながら，どのように歌うか考える。（思考・判断・表現） 話し合う様子，楽譜の記述，歌い試す様子
10	■思いや意図を基に一人・ペア・グループで歌う t：話し合ったことを基に，ウの部分を歌いましょう。 c：16分音符はしっかりと発音して歌おう。口の周りの筋肉をよく動かそう。 c：「かけてゆけ」の「ゆけ」にアクセント記号があるから，お腹を意識して歌おう。 c：「かがやいて」が2回繰り返しているから，強弱で変化をつけたいな。 c：お腹のモーターをフル回転にして，声を出そう。 t：一人で歌えるようになったら，ペアやグループになって，互いの歌声を聴き合いましょう。 c：がんばったね。力強い感じが少し出てきたよ。もっと，息のスピードを速くすると，決意あふれる感じになると思うよ。 c：「かけてゆけ」のアクセントの所が力強くなっていてよかったよ。口の中をもっと空けると，さらに響きそうだよ。	○表現を支えるための技術的なことをアドバイスする。 ○視点をもって歌ったり，聴いたりできるようにする。 ○友達のために声掛けするよう促す。
	■全員で合わせて歌う t：一人・ペア・グループで歌ったことを生かして，今度はみんなで合わせてみましょう。 c：みんなで合わせて歌ってみたい。 c：お腹の使い方を意識して歌ったよ。 c：繰り返す所を，強弱をつけられるように，息のスピードを調整したよ。 c：一人一人が意識して歌ったら，「決意」の気持ちが伝わった感じがするよ。	○ペアやグループでの練習を生かせるように，「どんな感じを出すために，どんな練習をしたのか」を確認し，合わせて歌ったり，振り返ったりする。
5	■今日の活動を振り返る。 t：「つばさをだいて」のウの歌い方について考えたことや，歌ってみて感じたことを書きましょう。 c：ウの場面で，強い決意の気持ちを伝えられる歌い方を考えたよ。でも，まだ，そういう歌い方が少ししかできないから，もっと練習したいな。 c：エやcodaの部分も歌い方を考えて，工夫していきたいな。 ＜まとめ＞ 「歌詞の意味」を考えたり，「旋律の特徴」を捉えたりして歌うと，曲想を生かした歌い方ができる。	○振り返りシートに記述するよう促す。 ○児童の振り返りを生かし，次時の活動を構想する。

(4) **本時の評価**

　　曲想の変化の要因やそれに伴う表現の仕方を考えて歌っているか。（思考・判断・表現）

　　評価方法：観察，シートの記述

第2学年　図画工作科学習指導案

令和○年○月○日（○）○限
授業者（○○コース）○○○○
指導者　教諭　　　○○○○

1　題材名　　　まどからこんにちは

2　題材の目標

【知識・技能】
・思いついたまどをつくりながらいろいろな形や色などに気付き，カッターナイフや接着剤などの扱いに慣れるとともに，表し方を工夫しながら表現することができる。

【思考・判断・表現】
・いろいろなまどの開き方，形や色のよさ，自分のイメージを基に，まどを開けると楽しくなるようなものを考える。

【主体的に学習に取り組む態度】
・まどが開く仕組みから，思いついたものをつくる活動に取り組んだり，友達の作品のよさを見つけようとしたりしている。

3　題材設定の理由

⑴　題材について

　本題材は，カッターナイフで厚紙にいろいろな切れ込みを入れてできる「まどを開く仕組み」を使って思いついたものを表す活動である。切れ込みによってできる様々なまどの開き方や形を知ることをきっかけとして，発想をふくらませることができる。また，まどを開くと見えるものを自分らしく自由に想像して描くことができ，楽しんで表現することが期待できる題材である。

　また，表したいことに合わせてカッターナイフを使う創造的な活動を通して，技能を身に付けることができるようになることが本題材のよさである。

　制作過程における相互に鑑賞を取り入れることによって，まどを工夫したり，見えるものを工夫する面白さを発見したりして，自分の表現に取り入れることができるようにしていく。

⑵　児童の実態

　児童は，図画工作科の授業に大変意欲的で，絵を描いたりものをつくったりすることが好きである。まだまだ自己中心的な面もあるが，友達の作品やつくる過程に関心を示し，表現されている内容の話題を中心に，会話を楽しむという関わりも見られる。しかし，自分の表現内容を友達に積極的に伝えたり，表現活動を通してできるようになったことに自信をもったりすることができない実態もある。

　本題材では，いろいろなまどの開け方を知らせたり，考えさせたりすることをきっかけに，児童のアイディアを刺激していく。実際に開けたり閉めたりして鑑賞できることから，互いに作品のよさを見つけてもらったり，アドバイスをもらったりすることで，自分の作品に自信をもち意欲的に表現することができることを期待する。

⑶　題材の構想

　学習活動を展開するにあたって，児童が「表現」と「鑑賞」を行き来しながら，つくることへの意欲が高まっていく姿をイメージした。

　導入では，画用紙に入れられた切れ込みによってまどが開く仕組み（片方に開ける，両サイドに開ける，上に開ける，四方に開けるなど）や形（四角，三角，丸など）をいくつか提示する。そして，「どのように切ったのか？」

「何に見えるか？」「何が出てきたら面白そうか？」など，鑑賞を通して，自由にアイディアを出しながら児童の発想を広げていく。そして，実際に画用紙にまどをつくり，自分の見方・感じ方を広げる試しの活動を設けることで，表現への意欲を高めていくとともに，カッターナイフの基本的な取り扱いや安全面の配慮について身に付けていく。

　いろいろな仕組み，形や色によってイメージを膨らませた児童は，自分の新たなイメージに沿って材料を選んだり，用具を使ったりしながら，試行錯誤しながら表現していくであろう。その際に，何度も試したり，つくり変えたりすることができるようにし，つくり出す喜びを実感するとともに，自分の表現に自信をもたせるようにしていきたい。

　さらに，制作過程において，構想や作品について，友達と相互鑑賞をする場を取り入れていく。実際に開けたり閉めたりしながら鑑賞できる題材のよさを生かし，友達の作品のよさやアドバイスを自然に伝え合えることが期待できる。

　このように，「表現」と「鑑賞」を行き来しながら，多様な見方や考え方を取り入れ，つくり出す喜びを味わわせていきたい。

4　題材の評価

知識・技能	思考・判断・表現	主体的に学習に取り組む態度
・思いついたまどの形をつくる行為や感覚を通して，いろいろな形や色などに気付いている。 ・カッターナイフの安全な取り扱いに慣れるとともに，表し方を工夫して表現する。	・いろいろなまどの開き方を生かしたり，まどの形や色を思いついたりして，自分の見方・感じ方を広げながら，まどを開けると楽しくなるようなものを考える。	・まどが開く仕組みを知り，それを生かした作品をつくろうとする。 ・互いの作品のよさを伝え合うことで，自分の表現のよさを実感している。

5　指導計画

次	時	学　習　活　動	評　価　計　画
1	2	・まどが開く仕組みのサンプルを鑑賞したり，試しのまどをつくったりしながら，活動の見通しをもつ。 ・カッターナイフの使い方を知り，カッターナイフでいろいろな形を切ることで扱いに慣れる。	・まどが開く仕組みを知り，自分の見方・感じ方を広げ，それを生かしてつくろうとする意欲をもつ。(主体的に学習に取り組む態度) 観察 ・カッターナイフの扱い方を基に，表し方を工夫している。(知識・技能) 制作過程，作品
2	3	・まどが開く仕組みを生かして，まどの開き方や形，その中に見えるものを想像し，材料を工夫しながら，作品をつくり，つくり変えていく。(本時1／3)	・表したいまどのイメージにそって，用具や材料の使い方を工夫している。(知識・技能) 制作過程，作品 ・いろいろなまどの開き方を生かしたり，まどの形を思いついたりして，まどを開けると楽しくなるようなものを表現する。(思考・判断・表現) 作品
3	1	・できた作品のまどを開けたり閉めたりしながら相互鑑賞する。	・互いの作品のよさを伝え合うことで，自分の見方・感じ方を広げている。(主体的に学習に取り組む態度) 発言，鑑賞カード

6　本時の指導（3/6時間）

(1)　**本時のねらい**

　　まどが開く仕組みを生かし，想像したものを材料や用具を工夫しながらつくることを通して，まどが開くと楽しくなるものを自分なりに表現する。

(2)　**本時の構想**

　　前時までに，まどが開く仕組みを試してきた児童は，自分の新たなイメージに沿って材料を選び，用具を使い，試行錯誤しながら表現していく。その際に，何度も試したり，つくり変えたりすることができるような環境を整えていく。そして，自分の見方・感じ方を広げ，つくり出す喜びを実感するとともに，自分の表現に自信をもたせるようにしていきたい。

　　さらに，制作過程において，友達と構想や作品について意見交換をする場を取り入れていく。実際に開けたり閉めたりしながら鑑賞できる題材のよさを生かし，友達の作品のよさやアドバイスを自然に伝え合えることを期待する。

(3)　**本時の展開**

時間	学習活動（教師の働きかけと予想される児童の反応） ■：学習活動　Ｔ：教師の働きかけ　Ｃ：児童の反応	○留意点　　●評価
5	■前時までに試作したまどが開く仕組みを確認し，どんなまどができそうか見通しをもつ。 Ｔ：どんなものができそうかな？ Ｃ：両開きの仕組みを使おう。 Ｃ：ハート型のまどにしたいな。どうすればできるかな？ Ｃ：まどの中から，おばけが出てきたら面白いかな。 Ｃ：まどからいろんな動物が「こんにちは」って出てくるようなお城のまどをつくりたいな。	○前時までに試作したまどが開く仕組みを提示し，児童が選んだり，組み合わせたりできるようにしていく。
30	■まどが開く仕組みを基に，まどのある建物や生き物など想像したものをつくる。 ◎　まどが開く仕組みを生かして，どんなものができるかな Ｔ：失敗はないよ。どんどん試しながらつくろう。 Ｃ：水色の四角いマンションにまどをつけようかな。 Ｃ：円いまどがかわいいかな。どこを残せばいいかな。 Ｃ：全部切ってしまったけど，直せるかな。 Ｃ：まどからお化けが出てくるように，絵を描こう。何を使って描こうかな。 Ｔ：○○さん，すごいアイディアですね。お友達の作品で，すごいと思ったものはありますか？ Ｃ：○○さんすごいな。どうやったらできるのかな？私の作品にも取り入れられるかな？	○材料や用具コーナーについて紹介するとともに，安全な扱い方について確認する。 ○どこか一辺を残すことでまどの開閉が可能になること，全部切ってしまっても補修できることを確認する。 ●いろいろなまどの開き方を生かしたり，まどの形を思いついたりして，まどを開けると楽しくなるようなものを表現する。（思考・判断・表現）制作過程，作品 ●思いついたまどの形をつくるために，用具や材料の使い方を工夫している。（知識・技能）制作過程

10	■本時の振り返りを行い，次時への見通しをもつとともに，後片付けを行う。	
	T：今日やってみてどうでしたか？	
	C：たくさんいいことを思いついたな	
	C：○○さんのアイディアがすごいと思ったよ	
	C：次の時間は，もっといろんな形のまどをつけたいな。まどにも絵を描きたいな。	
	＜まとめ＞ 　まどを開くといろんなものが見えたね。見え方によってそれぞれのよさがありますね。	
	T：次回の図工の時間に，自分もみんなも使いやすいように材料や用具を片付けましょう。	

⑷　**本時の評価**

　いろいろなまどの開き方を生かしたり，用具や材料の使い方を工夫したりしながら，まどを開けると楽しくなるようなものを自分なりに表現できたか。（思考・判断・表現）

　評価方法：児童の制作過程やつぶやきの観察，作品

第5学年　家庭科学習指導案

令和○年○月○日（○）○限
授業者（○○コース）○○○○
指導者　教諭　　　　○○○○

1　題材名　　食べて元気！　ご飯とみそ汁

2　題材の目標

【知識・技能】
・食品の栄養的な特徴や体内での主な働きが分かり，栄養を考えて食事をとる大切さを理解する。
・米飯及びみそ汁の調理の仕方について理解し，安全や衛生に気を付けて調理をする。

【思考・判断・表現】
・食事をする人の好みを考えたり，会食のもち方を工夫したりして，米飯やみそ汁の調理の仕方について計画を立てる。
・学んだ知識や技能を生かして，家族や地域の人のために調理の仕方について考えたり，工夫したりしながら計画を立てる。

【主体的に学習に取り組む態度】
・毎日の食事に関心をもち，食事の役割を考えて食事を大切にしようとする。

3　題材設定の理由

⑴　**題材について**

　本題材では，日本の伝統的な日常食である米飯とみそ汁を取り上げる。米は，我が国の主要な農産物であり，主食として日本人の食生活から切り離すことができない食品である。しかし，近年，食生活の多様化から，家庭生活において米飯とみそ汁ではない朝食の場合も見られるようになってきた。また，電気炊飯器やインスタントのみそ汁の普及，だし入りのみその販売などによって，水加減や火力を調節しながら米飯を炊いたり，だしをとってみそ汁を調理したりする経験が少なくなってきている現状がある。

　そこで，この学習を通して，我が国の伝統的な日常食である米飯とみそ汁の基礎的な調理の技能を生かして調理することができるようにする。日常の食生活に関心をもち，米飯とみそ汁についての基礎的・基本的な知識や技能を身に付けるとともに，食品の栄養的な特徴や体内での働きが分かり，栄養を考えて食事をとることが大切であることを理解し，日常生活で実践できるようにすることをねらいとしている。

　さらに，米飯とみそ汁の実習をする学習をふまえて，1食分の食事内容を考えたり整えたりする題材である「楽しい食事を工夫しよう」につなげていきたい。ここで身に付けた知識や技能を活用して，よりよい食生活をしようとする意欲や態度を育むことができるようにしたい。

⑵　**児童の実態**

　5年生になって初めて家庭科を学習し，特に，調理実習には意欲的に取り組んでいる。本学級の児童は，これまでの学習で，ゆで野菜の調理という加熱調理において，野菜の洗い方やお湯の沸かし方，包丁の使い方など，調理における基本的な知識や技能について調理実習を通して理解している。また，ゆでる材料によって，水からゆでる野菜と沸騰してからゆでる野菜があることや，ゆでることによってかさが減ること，材料に適したゆで方や調理の特性について，調理実習を通して学んできた。学習後の振り返りでは，「家でも作って家族に食べてもらいたい」「おいしくできてうれしかった」など，おいしくできたことに対する達成感とともに，家庭生活にも生かそうという意欲が見られた。実際に，学校での調理実習を生かして家庭でも調理をしてみたという児童もおり，学んだことが日常生活に伝播する姿も見られた。

米飯やみそ汁の調理を家族と一緒に行ったことのある児童はいるが，自分だけで調理した経験のある児童は少ない。朝食に米飯よりもパン食の児童の方が多く，家庭において米飯やみそ汁を中心とした日本の伝統的な朝食をとる児童の割合は高くない。また，調理において，だしのとり方やだしを生かした調理についての知識や経験は，ほとんどない。本題材を通して身に付けた知識や技能を生かして，家庭生活にも生かそうとする姿を期待したい。

⑶ 題材の構想

　第1次では，主食に着目しながら毎日の食事を見つめ直す。そして，食事は主食と汁物，おかずを組み合わせて食べていることに気付かせたり，主食の役割について考えさせたりする。その中で，食事の役割や毎日の食事の大切さを理解できるようにする。

　第2次では，まず，五大栄養素の主な働きについて調べ，食品にふくまれる栄養素が体内でどのような働きをするのか自分の生活と結び付けながら考える。次に，米飯とみそ汁の調理の仕方について調べ，調理実習の計画を立てる。米飯では，吸水実験を通して，米の体積が増えると米が柔らかくなることを目で見ること，手で触れることを通して実感できるようにする。また，ガラス鍋を用いて炊飯調理を行い，水加減と火力，米の様子など，鍋の中の状態を実際に見ることができるようにする。みそ汁の調理では，栄養のバランスや季節などを考えていくつかの材料を組み合わせて調理をすることや，和食の基本となるだしを生かすことで風味が増すことを理解できるようにする。そうすることで，日本の生活文化の大切さに気付くことができると考える。

　第3次では，本題材で学んだことを生かして，家族に作る米飯及びみそ汁の計画を立てたり，地域の人との交流会の計画を立てたりする。家族に作る米飯及びみそ汁では，家族の好みや家庭の味も大事にするようにする。地域の方との交流会では，総合的な学習の時間の活動とも関連付けて行い，地域の人とのよりよい関わり方について考え，工夫できるようにする。

　このように，本題材を通して身に付けた知識や技能を家庭生活にも生かすことができるようにしたい。

4　題材の評価

知識・技能	思考・判断・表現	主体的に学習に取り組む態度
・食事の役割や食品の栄養素を理解し，安全や衛生に気を付けて米飯やみそ汁の調理をする。	・米飯やみそ汁の調理の仕方について考えたり，工夫したりしながら調理の計画を立てる。	・毎日の食事に関心をもち，日本の伝統的な日常食である米飯及びみそ汁の調理の仕方を考えて進んで調理し，日常の食事に生かそうとする。

5　指導計画

次	時	学習活動	評価計画
1	1	・毎日の食事を振り返り，自分の食生活を見つめる。(本時)	・日常の食事に関心をもち，食事の役割や日常の食事の大切さを理解する。(知識・技能) 発言・カード
2	1	・五大栄養素の主な働きについて調べ，食品に含まれる栄養素が体内でどのような働きをするのか，自分の生活と結び付けながら考える。	・五大栄養素の種類と働きについて理解し，栄養を考えて食事をとることの大切さが分かる。(知識・技能) カード
3	6	・おいしいご飯の炊き方やみそ汁の作り方について調べ，実習の計画を立てて調理する。	・日本の伝統的な日常食である米飯及びみそ汁に関心をもち，調理の仕方について考えようとする。(主体的に学習に取り組む態度) 発言 ・米飯及びみそ汁の調理の仕方について理解し，安全や衛生に気を付けながら調理をする。(知識・技能) カード

| 4 | 2 | ・これまでの学習を生かして，家族に作る米飯及びみそ汁の計画を立てたり，地域の人との交流会の計画を立てたりする。 | ・家族の好みを考えたり，地域の人との交流会をよりよいものにしようと工夫したりしながら，米飯及びみそ汁の調理の仕方について考えたり工夫したりして計画を立てる。(思考・判断・表現) 発言・カード |

6　本時の指導（1/10時間）

(1)　本時のねらい

　毎日の食事について自分の食生活を振り返ることを通して，日常の食事に関心をもち，食事の役割や日常の食事の大切さを理解する。

(2)　本時の構想

　本時では，自分の食事に関心をもち，食事の役割や日常の食事の大切さを理解することをねらいとしている。そのために，以下の手立てを行う。

①　自分の食事を見つめ直す活動を設ける

　自分の食事について振り返る。普段何気なく食べている食事に目を向けるために，まず，昨日の食事を振り返る。そうすることで，自分が1日にどのような食品を食べているか見つめ，食事に対する関心を高められるようにする。その際，主食や汁物に着目することができるように，主食，汁物，おかずと分けて記入することができるようにカードを工夫する。

②　主食に着目して振り返る活動を設定する

　本題材では，日本の伝統的な食事である米飯とみそ汁を取り上げる。そこで，食事の中でもまずは主食に着目して自分の食事を振り返ることで，米飯の調理へとつなげていきたい。

　自分の食事を振り返り，自分自身の食生活を見つめる。その後，学級の主食の傾向をつかむ。普段は朝食にパンを食べる児童が多いという本学級の実態に鑑み，米飯への関心を高められるように米飯のよさを示す資料を提示する。また，主食を食べる理由を考えることで，主食の役割を考えるとともに，次時の栄養素の働きにもつなげていけるようにする。

③　食事の構成に着目する活動を設定する

　食事は主食と汁物，おかずで構成されている。1週間分の給食の献立を調べる活動を通して，食事はご飯などを主食とし，汁物やおかずを組み合わせて食べていることに気付くことができるようにする。主菜と副菜を組み合わせて食べることで，栄養のバランスのとれた食事になることにも気付くことができるようにする。

(3)　本時の展開

時間	学習活動（教師の働きかけと予想される児童の反応） ■：学習活動　t：教師の働きかけ　c：児童の反応	○留意点　●評価
10	■昨日の食事を振り返り，カードに記入する。	
	自分の食生活を振り返ってみよう。（学習課題）	
	t：昨日の食事を振り返り，カードに書いてみましょう。 c：（カードに記入） c：昼食はご飯だったけれど，朝食はパンで，夕食は麺だったな。 c：朝はパンを食べることが多いな。 c：わたしは，朝はいつもご飯を食べているよ。	○朝食，昼食，夕食，間食に分けて記入できるようなカードを用意する。また，1食分には，主食，汁物，おかずと分けて記入できるようにする。
25	■主食に何を食べていることが多いか，自分の食生活を振り返る。 t：主食に何を食べていますか。自分の食事を振り返ってカードに書いてみましょう。	○まずは自分の食生活を振り返り，次に学級の傾向をつかむことで，自分と比較しながら考えられるようにする。

	c：（カードに書く）	
	c：わたしは毎朝パンが多いです。	
	c：ぼくもパンの方が多いです。	
	c：わたしの家では毎朝ご飯です。クラスのみんなはどうかな。	
	t：主食に何を食べているか，5年〇組のみなさんに聞いてみますね。	
	c：（挙手）	
	c：5年〇組では，パンを食べる人の方が多いね。	
	c：ご飯を食べる人の方が少ないんだね。	
	c：ぼくは，やっぱり朝はご飯がいいな。朝，寝坊して食べられなかった日があった時，元気が出なかったよ。	
	c：その気持ち，分かるな。朝，しっかりと食べないと活動する元気がおきないよ。	
	主食には，どんな役割があるのでしょうか。	
	c：元気のもとだと思います。	○学級の実態から，主食の役割について考えられるようにする。
	c：給食の献立の紹介の時に，ご飯はエネルギーのもとだと言っていたよ。	○米飯のよさを示す資料を提示する。
	c：だから，しっかり食べないと元気が出ないんだね。	
	c：パンよりもご飯の方が，腹持ちがよいと聞いたことがあるよ。	○1週間分の給食の写真や献立が記載されたカードを用意し，具体的な食事から考えられるようにする。
	c：ご飯をしっかりと食べることは，大事なことだね。	
	t：主食は，元気に活動するためにとても大切だということが分かりましたね。では，今度は，主食以外にも目を向けてみましょう。1週間の給食の写真を見て，気付いたことをカードに書いてみましょう。	
	c：（カードに書く）	
	c：主食には，ご飯が多いです。	
	c：主食以外にも，汁物とおかずがあります。	
	c：1食分には，野菜もたっぷりあるよ。	
	c：主食だけをたくさん食べてお腹がいっぱいになっても，栄養のバランスをとらないといけないと思うよ。	
	c：だから，主食だけではなくて汁物とおかずも食べることが大切なんだね。	
	t：とても大切なことに気付きましたね。元気に活動したり，成長したりするためには，主食と汁物，おかずのバランスのよい食事をとることが大切なのですね。	
	〈まとめ〉 ・主食には体のエネルギーのもとになる栄養がふくまれている。 ・元気に活動したり，体が成長したりするために，食事は主食と汁物，おかずをバランスよく食べることが大切である。	
10	■本時の学習を通して学んだことをカードに記入する。	●食事の役割や主食と汁物，おかずの組み合わせをバランスよく食べることが大切であることを理解する。（知識・技能）発言・カード

(4)　**本時の評価**

・日常の食事に関心をもち，食事の役割や日常の食事の大切さを理解しているか。（知識・技能）
　評価方法：カード・発言

・自分の食事を振り返ることで気づいた食事の役割，栄養やバランスのよい食事についてカードに記入しているか。（知識・技能）
　評価方法：カード

第6学年　体育科学習指導案

令和○年○月○日（○）○限
授業者（○○コース）○○○○
指導者　教諭　　　　○○○○

1　単元名　　マイハードル走（陸上運動　ハードル走）

2　単元の目標
【知識・技能】
・リズミカルにハードルを走り越えることができる。
・自分に合ったインターバルでハードルを走り越えることができる。
【思考・判断・表現】
・自分に合ったインターバルやハードルの高さを選ぶことができる。
・競走の仕方や練習の方法を，友達と話し合って決めることができる。
【主体的に学習に取り組む態度】
・自分の記録に挑戦したり，友達との競走を楽しんだりしている。

3　単元設定の理由
(1)　単元について

　本指導案においては，「インターバル」は「ハードル間の歩数」という意味で用語を使用する。

　ハードル走は，体育科学習指導要領「C　陸上運動」の領域に属する。低学年の走・跳の運動遊びと中学年の走・跳の運動の学習を踏まえ，高学年では陸上運動の楽しさや喜びを味わい，その行い方を理解するとともに，基本的な技能を身に付け，中学校の陸上競技の学習につなげていくことが求められる。

　本単元において，大切にしたいのは，次の2点である。
　・最後までスピードを落とさずに走り超えること
　・1レース中におけるインターバルの変化の有無や変化の傾向を自覚して，自分のレースに活かすこと

　陸上競技におけるハードル走は，タイムで勝敗が決まるものである。児童も自己の記録に対する意識は高い。スピードを意識することで，自己の記録の向上につなげていく。また，インターバルについては，できた，できないが明確になる部分である。成否の結果は，意欲面にも影響を与えることが多い。そこで，インターバルに対する考えを広げ，それをレースに活かすことで課題を解決することを試みる。

(2)　児童の実態

　児童はこれまで，低学年の走・跳の運動遊びと中学年の走・跳の運動の学習において，体を動かすことの楽しさや喜びを味わってきた。また，5年生では，ハードル走の学習を経験し，ハードル間の距離やハードルの高さを自分で選択しながら，リズミカルに走り越えることに挑戦してきた。

　身体的な発達に個人差が見られるようになる高学年の時期において，ハードルを心地よく走り越えるリズムは個々で異なり，自分に合った場を選択しながら活動することは，より楽しさを味わったり，喜びを感じたりすることにつながっていた。一方で，ハードル間を3歩もしくは同じ歩数で走り続けることがよりよい動きであるという捉えから，インターバルが3歩だとできた，3歩で走り越えられない，もしくは途中で歩数が変化するとできていないといった捉えをつくってしまう児童も見られ，活動意欲に影響を与える様子が見られた。

(3)　単元の構想

　第1次では，スピードを落とさずに走りきることができるようにする。ハードルの高さが一定であり，ハード

ル間の距離が異なる場を設定する。スタートからゴールまで，よりスピードを落とさず走りきることを意識し，いくつかの場で試走することを繰り返しながら，自分にあった場を選択できるようにする。その際に自分が心地よく走り越えることができる感覚も味わわせる。心地よさは，スピードに乗ってリズムよく走っている時に生まれるものであることに気付かせる。本次の中心は，あくまでスピードではあるが，走りのリズムに触れておくことで，第2次のインターバルを学ぶことへの布石となる。

　第2次では，児童が自分の選択した場において，スピードを保ちつつ，インターバルを意識の中心において，リズミカルにハードルを走り越えることができるようにする。試走をくり返しながら，減速の少ないインターバルやリズミカルであると感じるインターバルを見つけさせていく。そして，インターバルを何歩にすることが自分にとってよりよい走りなのかを自分なりに決められるようにする。試走の際には，友達とグループをつくってお互いのインターバルを確認し，記録し合いながら活動できるようにする。友達のよさを取り入れて，よりよい動きへとつなげていってほしい。また，学習カードに記録された可視化された自分のインターバルを見ることで，自己の走りのリズムを知ることができる。ハードル走では，インターバルのもち方によって走りのリズムがほぼ決まってくるからである。1レースの中でスタートからゴールまでの間にインターバルを変えることで別のリズムを作り出し，全体として統制をとることも許容であることを伝え，リズミカルな走りの捉えを更新し，広げる。

　第3次では，同じ場を選択した友達と記録に挑戦する記録会を設定する。記録を高めるためにこれまでの学びを活かして，より減速の少ない走り方をしようとしたり，インターバルを確認・修正しようとしたりするはずである。自分の記録を高めようとすることでよりよい動きを見付けて活動していく姿が期待できる。

4　単元の評価

知識・技能	思考・判断・表現	主体的に学習に取り組む態度
・ハードル走の行い方について理解し，ハードルを走り越えることができる。	・自分に合った場を選んだり，練習方法を考えたり，決めたりすることができる。	・自分の記録の伸びや目標とする記録の達成に向けて学習計画を立て，楽しみながら挑戦したり，友達と競い合ったりする。

5　指導計画

次	時	学習活動	評価計画
1	1	・スピードを落とさず走ることを意識するとともに自分が心地よく走ることができる場を選択する。終末で心地よさは，スピードとリズムから生まれることを知る。	・いくつかのコースで繰り返し試走することを通して，より減速が少なく，心地よさを感じることができるコースを見付ける。（思考・判断・表現）行動観察
2	1	・自分にとってリズミカルなインターバルを見付けることをめあてとして，学習計画を立てる。	・前時の活動に加えて，リズミカルなインターバルを見付けるための学習計画を立てることができる。（主体的に学習に取り組む態度）学習カード記述
	3	・「リズミカル」について捉え直し，更新した捉えに基づいて試走したり，友達と話し合って互いのインターバルについて助言したりしながら，自分に合ったインターバルを見付けて走る。（本時）	・リズミカルについての考えを捉え直し，更新した考えに基づいて適切なインターバルを見付け，ハードルを走り越えることができる。（知識・技能）行動観察・発言
3	2	・スピードやリズムを意識しながら，記録に挑戦する。	・これまでの学びを生かして，楽しく記録に挑戦したり，友達と競争したりする。（主体的に学習に取り組む態度）行動観察・学習カード記述

6　本時の指導（3/7時間）

⑴　**本時のねらい**

　　ハードルをリズミカルに走り越えるインターバルについて，既存のリズミカルの捉えを更新して新たな捉えの基に繰り返し試走したり，学習カードの記録を確認して自分の試走に活かしたりすることを通して，自分に合ったインターバルを見付け，心地よく走ることができる。

⑵　**本時の構想**

　　本時では，ハードルをリズミカルに走り越えることを学習課題として授業を進める。そこで，以下の2つの手立てを行う。

①　リズミカルにハードルを走り越えることの捉えを更新し，広げる

　　グループにおいて，ハードルを走り越える友達のインターバルに着目して様子を観察する。それを互いに伝え合ったり，友達から聞いたことを実際に確かめたりすることで，1回のレースの中での自分のインターバルの変化の有無や変化の傾向を理解する。児童は1回のレースの中で，インターバルが変わることを否定的に捉えている。しかし，それを失敗した走り方だとせずに，最後までリズミカルに走るための工夫と位置付ける。そうすることで，インターバルの変化を肯定的に捉え，1レースの中で，インターバルを変えることを戦略的に用いるという考え方にもつなげることができる。今まで3歩や5歩で最後まで走りきることができなかった児童も意欲を低下させることなくハードル走に取り組むことにつながる。

②　学習カードを活用して，自分の走りのリズムを捉える。

　　自分がどのハードルを何歩のインターバルで走り越えているかを学習カードに記録していく。自分の走りを可視化することで，自分では自覚しにくいインターバルを自覚することになる。1回分の記録だけでは，前走の疲れや集中力の欠如などから誤差が出ることも考えられるため，カードの記録欄は複数回の記録が記入できるようにしておく。何回か試走し，その記録を蓄積してみることで平均的な自分のインターバルを知ることができる。それにより，自分に合ったレースの計画を立て，何台目からは何歩で走るということをあらかじめ決めて戦略的にレースに取り組むことができる。

　　これら2つの手立てを講じることで，記録を高めていくことが期待できる。

⑶　**本時の展開**

時間	学習活動（教師の働きかけと予想される児童の反応） ■：学習活動　t：教師の働きかけ　c：児童の反応	○留意点　●評価
5	■本時の学習場面を確認する t：ハードル走で心地よく走るためのポイントは何でしたか。 c：スピードをなるべく落とさないことです。 c：リズミカルに走ることです。 t：どうしたら，心地よさにつながるリズミカルな走りになるだろうか。	
15	<div style="border:1px solid">リズミカルにハードルを走り越えるには，どうしたらいいかな。</div>	

	c：ハードルとハードルの間を何歩で走るか決めればいい。 t：ハードル間の歩数をインターバルと言います。 c：インターバルが決まると，リズムが決まるね。 ■リズミカルの捉えを広げる t：グループ毎にインターバルを観察して，記録し合おう。 c：インターバルを数える人を分担しよう。 c：△△さんは，4歩だったよ。4歩だと踏切りが交互になるね。 c：□□さんは，5歩だったね。タタタタタのリズムだね。 c：××さんは，最初は3歩だったけど，3台目から4歩になったね。リズムが変って転びそうになっていたね。 c：同じインターバルでゴールまでいけないよ。できないよ。 t：スタートからゴールまで同じインターバルでいかないといけないのかな。ハードルで大切な点は，スピードとリズムです。 c：途中でインターバルを変えた方が減速しなかったよ， c：でも，インターバルを変えるとリズムが変わってしまうよ。 t：意図的にリズムを変えることで，1レース全体のリズムが整えば，リズミカルな走りといえます。 c：それならばできそうだ。	○ハードルの間隔が5m，7m，10mの3つのコースを設定する。 ○3～4人のグループを作る。 ○学習カードを配付して，記録の仕方について説明する。 ○友達のインターバルの歩数を学習カードに記入する。 ○友達の走る様子が見えるように横からの観察をうながす。
20	■自分に合ったインターバルを見つける c：学習カードを見ると，いつも2台目から5歩になるから，最初からそのつもりで走り超えよう。タタタからタタタタタのリズムに変わるね。 c：スタートとゴールでリズムが違うけど，分かってやってるからスピードも出て心地よく走れるよ。 c：○○さんは，無理して3歩でいってる感じだよ。大股走りになるからスピードが落ちてしまうよ。ターン，ターン，ターンのリズムだ。4歩に変えたら，スピードが速くなって，楽に走り超えられるんじゃない。 t：今日の学習をまとめましょう。 ┌─────────────────────────────┐ │リズミカルにハードルを走り超えるには，減速の少ないインターバ│ │ルを見つけ，必要に応じてインターバルを変えながら走るとよい。│ └─────────────────────────────┘	○インターバルの歩数が変わることがスピードを落とさず，よりよくハードルを走り越えることにもつながることを確認する。 ○コースを走って感じたことを，インターバルの歩数にふれながら，友達に伝えたり，カードに書いたりする。 ●リズミカルについての考えを捉え直し，更新した考えに基づいて適切なインターバルを見つけ，ハードルを走り越えることができる。（知識・技能）行動観察・学習カードの記述
5	■自分の走りを振り返る。 t：今日の自分の走りについてグループで振り返りましょう。 c：自分に合ったインターバルで走ると，スピードも落ちずに気持ちよく走ることができた。 c：☆☆さんは，インターバルを計画的に変えると最初の走りよりも一定のスピードで走ることができていた。	

(4)　**本時の評価**

　　自分に合ったインターバルで心地よくハードルを走り越えることができたか。（知識・技能）

　　評価方法：活動における行動観察，学習カードの記述

第６学年　外国語科学習指導案

令和○年○月○日（○）○限
授業者（○○コース）○○○○
指導者　教諭　　　○○○○

1　単元名　　Unit5　My Summer Vacation　〜夏休みの思い出〜

2　単元の目標
【知識・技能】
・夏休みに行った場所や食べ物，楽しんだこと，感想などを英語で聞いたり言ったりすることができる。
【思考・判断・表現】
・夏休みの思い出について簡単な語句や基本的な表現を推測しながら読んだり，例を参考に語順を意識しながら書いたりすることができる。
【主体的に学習に取り組む態度】
・他者に配慮しながら，夏休みの思い出について英語で伝え合おうとする。

3　単元設定の理由
⑴　単元について
　　本単元は，夏休み明けの最初の単元として実施する。夏休み明けという時期を考えたとき，夏休みの思い出を題材とすることは，児童にとって聞いたり話したりする必然性のある活動となる。また，夏休みにしたことという「日常生活に関する身近で簡単な事柄」について聞いたり話したりすることは，学習指導要領の目標にも合致している。
　　本単元では，過去形の表現方法が分かり，夏休みに行った場所や，そこで楽しんだこと，感想などについて伝え合うこと，また，それらについて書かれたものを読もうとしたり，話したことを書こうとしたりする態度を育てることを目標とする。
⑵　児童の実態
　　6年生になり，Unit1ではまず自己紹介に関する表現に取り組んだ。自分の好きなことをI like〜.の表現で，自分のできることをI can〜.の表現で話したり，仲間の話を聞いたりした。Unit2では，日本の行事や食べ物について伝え合う表現に取り組んだ。既習表現のWe have 〜in〜.やYou can enjoy〜.やIt's〜.を用いて，外国人観光客に日本を紹介することを想定しながら，自分の好きな日本文化について伝える活動を行った。Unit3では，主に「主語＋動詞＋目的語」という文の仕組みについて理解した。Unit4では，自分たちの町や地域について，施設や建物，そしてそこでできることについて発表をする活動に取り組んだ。
　　それぞれの単元では，既習の慣れ親しんできた表現を用いることで，児童は進んで仲間の話を聞こうとしたり，自分の話をしようとしたりした。新出表現についても，慣れ親しむ機会を十分に確保することで，活用することができるようになってきている。また，読んだり書いたりする活動も5年生の頃に比べて多くなったが，音声で充分に慣れ親しんだ内容であるため，児童は意欲的に取り組んできている。
　　そこで本単元では，これまでと同様既習の表現や語彙を大切にしながら，新出である過去の表現を導入する。場所や動作，食べ物などの十分に慣れ親しんだ語彙を用いることで難易度が高くならないように配慮するとともに，児童が互いの夏休みの思い出について聞いたり話したりする中で，意欲的に新出表現を用いることができるようにする。

（3）　単元の構想

　　第1次では，過去のことを表す表現に出会う。まずは，夏休みにしたことに関する語彙を聞いたり言ったりする活動に取り組む。ゲームを取り入れて，多くの語彙に慣れ親しむことができるようにする。次に，I went to〜．I enjoyed 〜．I ate〜．の3つに限って，過去形の表現を導入する。単調にならないよう，チャンツなどを用いていく。

　　第2次では，過去のことを表す表現に十分に慣れ親しむ。聞くことを重視し，文章全体を聞く，一文ごとに聞く，絵を見ながら聞く，音声のみを聞くなど，多様な聞き方を用いる。

　　第3次では，過去のことを表す表現で書かれた日記の文を読む。まとまった英文をいきなり読むことには抵抗感があると考えられるので，第1次から，単語を書き写したり，読んだりする活動に十分に慣れ親しんでおく必要がある。

　　第4次では，自分の夏休みの思い出を紹介する文を言い，書く活動を行う。目的意識をもって聞いたり，話したり，書いたり，読んだりすることができるよう，よりよい夏休みの旅行記をつくることを意図して，活動できるようにする。

　　また，本単元では以下の言語材料を用いる。

　・表現：過去に行った場所を表す表現　I went to（my grandfather's house）．
　　　　　：過去に楽しんだことを表す表現　I enjoyed（fishing）．
　　　　　：過去に見た物を表す表現　I saw（the blue sea）．
　　　　　：過去に食べた物を表す表現　I ate（ice cream）．
　　　　　：過去の状態を表す表現　It was（fun/exciting/beautiful/delicious）．
　・語彙：Grandparent, vacation, shaved ice, 動詞の過去形（went, ate, saw, enjoyed, was），
　　　　　自然（beach, mountain, lake, river），動作（hiking, camping）
　・既習の語彙：my, it, sea, スポーツ，果物・野菜，飲食物，季節，動作，身の回りの物，状態・気持ち

4　単元の評価

知識・技能	思考・判断・表現	主体的に学習に取り組む態度
・夏休みに行った場所や食べ物，楽しんだこと，感想などを英語で聞いたり言ったりしている。	・簡単な語句や基本的な表現を推測しながら読んだり，例を参考に語順を意識しながら書いたりしている。	・他者に配慮しながら，夏休みの思い出について英語で伝え合おうとしている。

5　指導計画

次	時	学習活動	評価計画
1	1	・夏休みにしたことに関わる英語を聞いたり言ったりする。（場所，行動，食べ物） 　　・Pointing Game　・Let's Chant	・英語での語彙を聞いたり言ったりしている。（知識・技能）観察
	1	・夏休みにしたことを表す，過去形の英語表現を聞いたり，言ったりする。（I went to〜．I enjoyed 〜．I ate〜．） 　　・Pointing Game　・Let's Chant	・過去形の英語表現を聞いたり言ったりしている。（知識・技能）観察
2	2	・夏休みにしたことを表す，過去の表現を用いた英文を聞いたり，聞いたことに合う絵を選んだりする。 　　・Let's listen. ・Let's watch and think.	・過去形の英語表現を聞いて，聞いたことに合う絵を選んでいる。（知識・技能）観察，ワークシート
3	1	・夏休みにしたことを表す，過去のことを表す表現で書かれた英文の日記を読む。	・簡単な語句や基本的な表現を，推測しながら読んでいる。（思考・判断・表現）観察

	1	・自分の夏休みの思い出を紹介する文を英語で書く。	・例を参考に英語の語順を意識しながら書いている。（思考・判断・表現）ワークシート
4	1	・夏休みの思い出を紹介する英文を言ったり，聞いたりする。（本時）	・夏休みに行った場所や食べた物，楽しんだこと，感想などについて英語で伝え合う。（知識・技能）観察 ・他者に配慮しながら，夏休みの思い出について英語で伝え合おうとしている。（主体的に学習に取り組む態度）観察

6　本時の指導（7/7時間）

⑴　本時のねらい

　　夏休みの思い出を発表する活動を通して，行った場所や食べた物，楽しんだこと，感想などについて，他者に配慮しながら，過去のことを表す英語表現を用いながら伝え合うことができる。

⑵　本時の構想

　　本時では，夏休みの思い出について，過去のことを表す英語表現を用いながら伝えたり，友達の話を聞いたりする。そのために，以下の手立てを行う。

①　過去の表現，語彙に対する十分な慣れ親しみ

　　　前時までに，過去形の英語表現や，夏の思い出を伝える際に有用な英語の語彙について，聞いたり，言ったりする活動を繰り返し行ってきた。そのため，児童はこれらの表現や語彙に十分に慣れ親しんできていると考えるが，本時でも再度慣れ親しむための活動を行う。児童は，繰り返しこれらの表現に触れ，慣れ親しむことで自信をもって使うことができるようになると考える。

②　話す意義のある，聞く意義のある活動場面

　　　夏休みの思い出を伝え合う活動を「Best Summer Vacation Memoriesコンテスト」として行う。コンテストとすることで，話し手は，より自身のことについて分かりやすく，相手に理解してもらい，共感してもらえるように伝えるだろう。また聞き手は，よりよい旅行記はどれなのか，意図をもって聞くことができるだろう。話し手も，聞き手も明確な目的意識，相手意識をもって伝え合う活動を設定することで，よりよい活動につながると考える。

③　主体的・対話的で深い学び

　　本時では，「主体的・対話的で深い学び」を次のように捉えた。

　　　ア　主体的…相手意識，目的意識をもった，話す，聞く活動

　　　　友達に伝える，友達の話を聞く際に，どのように話すのか，どのように聞くのかを自覚して活動することができるようにする。

　　　イ　対話的…相手に配慮したコミュニケーション

　　　　聞き手は，相手の話に共感的に耳を傾け，相づちを打ったり，Good! Nice!などの合いの手を入れたりして，配慮しながら聞くことができるようにする。話し手は，相手が理解してもらえるように，声の大きさ，スピードなど，配慮して話すことができるようにする。

　　　ウ　深い学び…自己の表現

　　　　決まりきった表現の中に収めるのではなく，児童の「伝えたい」という思いの表出を大切にする。本単元で取り扱う言語材料以外を用いることもあるだろうし，身振り，手振りを使うこともあるだろうし，実物や写真を見せたりすることもあるだろう。定型文に収まらない豊かな自己表現を引き出していく。

◆〈各教科等の学習指導案〉

(3)　本時の展開

時間	学習活動（教師の働きかけと予想される児童の反応） ■：学習活動　　t：教師の働きかけ　　c：児童の反応	○留意点　　●評価
15	■夏の思い出を伝えるための英語表現に慣れ親しむ。 t：Let's listen to the talk.（英文を聞かせる） c：（英文を聞く） t：Where did she go? c：She went to the zoo. t：What did she do? c：She saw a panda. t：How did she feel? c：It was cute. t：次はチャンツを楽しみましょう。Let's chant! c：（過去の表現を用いたチャンツに取り組む）	○既出の英文を聞かせる。全文をまとめて聞かせたり，一文ずつ区切って聞かせたり，途中で質問をしたりして，慣れ親しむことができるようにする。 ○英文の内容について問いかける。質問に答えることで，過去のことを伝える表現を用いることができるようにする。 ○既習のチャンツを用いる。過去の表現をリズムよく話すことができるようにする。
20	■夏の思い出を英語で伝え合う。 ┌─────────────────────────┐ │　Best Summer Vacation Memoriesコンテストをしよう。　│ └─────────────────────────┘ t：前の時間に書いた，自分の夏休みの思い出を伝える文章を友達に聞いてもらいましょう。話す人は，自分の夏休みの思い出がBest Summer Vacation Memoriesに選ばれるように話しましょう。聞く人は，どの人の思い出がBest Summer Vacation Memoriesになるのか，考えながら聞きましょう。 c 1：How was your summer vacation? c 2：I went to the department store. c 1：It's nice. c 2：I enjoyed shopping. c 1：It' very good. c 1：I ate ice cream. c 2：How do you feel? c 1：It was delicious. c 2：It's wonderful summer vacation Memories. t：どの人のメモリーズが，一番気に入ったか教えてください。 c：Aさんのメモリーズがよかったと思います。アイスクリームがおいしそうでした。私もアイスクリームが大好きです。 c：私はBさんがいいと思います。夏はやっぱり海に行くのに限ると思います。私は今年海に行けなかったので，Bさんの話を聞いて，来年行きたいなと思いました。 ┌─────────────────────────┐ │＜まとめ＞ │過去形の英語表現を使うと，思い出を伝えることができる。│ └─────────────────────────┘ ■単元の振り返りを行う。	○前時に書いたスクリプトを読んで，練習することができるようにする。しかし，友達に伝える際にはスクリプトを読むのではなく，相手の顔を見て話すことができるようにする。 ●自分の夏の思い出を話したり，友達の夏の思い出を聞いたりすることができる。（知識・技能）観察 ○聞く人は相槌をうったり，合いの手を入れたりできるように，話す人は原稿を読むだけにならないように，コンテストとしてお互いによりよく聞いたり，話したりすることができるように意識付けを行う。 ●他者に配慮しながら，夏休みの思い出について英語で伝え合おうとする。（主体的に学習に取り組む態度）観察 ○できるだけ多くの人とコミュニケーションをとることができるように時間を確保する。
10	t：Unit5を振り返り，できるようになったこと，新しく学んだこと，興味をもったことをワークシートに書きましょう。	○本時に加えて，本単元全体についても自分の取組を振り返ることができるようにする。

(4)　本時の評価

・夏休みに行った場所や食べた物などについて，伝え合うことができたか。（知識・技能）

　　評価法方法：観察，ワークシート

・相づちを打ったり，Good! Nice!などの合いの手を入れたりしながら，夏休みの思い出について英語で伝え合おうとしていたか。（主体的に学習に取り組む態度）

　　評価方法；観察

5学年　道徳科学習指導案

令和○年○月○日（○）○限
授業者（○○コース）○○○○
指導者　教諭　　　○○○○

1　主題名　　誠実な生き方　（A主として自分自身に関すること　2正直誠実）

2　教材名　　手品師（「小学校道徳　ゆたかな心」　5年生　光文書院）

3　主題のねらい

　　他人に対しても自分自身に対しても，うそ・偽りやごまかしがなく，自己の良心に従って真心をもって行動しようとする，誠実な生き方の大切さを理解する。

4　主題設定の理由

⑴　ねらいや指導内容について

　　偽りなく真面目に真心を込めて，明るい心で楽しく生活することに関する内容項目である。

　　小学校高学年の段階においては，自分自身に対する誠実さがより一層求められる。特にその誠実さが自分の内面を満たすだけではなく，例えば，他の人の受け止めを過度に意識することなく，自分自身に誠実に生きようとする気持ちが外に向けても発揮されるように配慮する必要がある。そのことが，より明るい心となって行動にも表れ，真面目さを前向きに受け止めた生活を大切にすることで自己を向上させることや自信にもつながっていく。

　　指導に当たっては，一人一人の誠実な生き方を大切にしながら，みんなと楽しい生活ができるようにしていくことが大切である。一方で，よくないことと知りつつも自分の意に反して周囲に流されてしまうことや傍観者として過ごしてしまうことは，決して心地のよいものではなく，後ろめたさから，誇りや自信を失ってしまうことにつながることを考えられるように指導することが必要である。

⑵　児童の実態と教師の願い

　　本学級の児童を見ると，男女ともに明るく楽しく生活し，相手の良さを認め，お互いに協力し合うことができる。困っている友に優しく手助けしたり，委員会や係活動などに前向きに取り組んだりする姿も多く見られる。しかし，教師に注意を受けたり何か失敗したりすると，自分の立場を優先し責任を他人に転嫁したり，その場しのぎの言い訳をしてごまかしたりすることも少なくない。行動に誠実さや真心が伴うと，友達同士の絆はより一層親密になり，一人一人の良さをお互いに認め高め合える集団へと発展していくものと考える。

　　そこで，人が見ていようが見ていまいが，身近な生活の中で，自分はこういう人間でありたい，こういう生き方をしたいといった人としての誇りを持ち，自尊感情を高めていけるように指導していきたい。

⑶　教材について

　　教材文「手品師」の概要は次の通りである。

　　「腕はいいがあまり売れない手品師がいた。彼は大劇場のステージに立つことを夢見て日々腕を磨いていた。ある日，しょんぼりしている貧しく寂しい境遇の男の子に出会い，手品を見せてやることによりその男の子は元気を取り戻す。そして，翌日も手品を見せることを約束した。その夜，仲の良い友人からの電話で，大劇場に出演するチャンスがあることを知らされる。手品師は，大劇場のステージに立ちたい気持ちを捨て切れずに迷い悩むが，友人からの誘いを断り男の子との約束を選ぶ。そして次の日，たった一人のお客様を前にして，次々と素晴らしい手品を披露する手品師の姿があった。」

　　大劇場出演の誘いを断り，たった一人の可哀想な男の子との約束を果たそうとする手品師の行為は，現実離れ

している一方，人としての素晴らしい生き方の一例とも捉えられ，議論の分かれるところである。手品師の行為の裏にある様々な価値について，小学生なりに吟味検討し，人としての生き方について考えるにふさわしい作品だからこそ，道徳学習の教材として長年にわたり取り上げられてきたのであろう。

　児童の中からは，「手品師はもったいないことをした」「自分の夢を実現して，男の子との約束を果たす方法があったはずだ」といった意見が出るであろう。また，もう一方で，「手品師は偉い，立派だ」「手品師は自分のことより男の子のことを大事にした」という意見も出るであろう。そこで，「手品師はこうすればよかったのではないか」という児童なりの考えを大いに語らせたい。それぞれの考えの中に，生きていく上での大切な価値が含まれている。「夢を実現する」「約束を果たす」「少年を思いやる」といった行為それぞれが，ねらいとする「誠実に生きる」ことを具現化している。児童が考える「手品師の行為」の中にあるそれぞれの価値を認めることで，誠実の意味理解が少しずつ深まっていく。

　しかし最後には，手品師の取った行動について考えさせないわけにはいかないだろう。なぜなら，作者の意図もそこにあったはずである。これは，普通なら取り得ない行動をとった手品師の生き方そのものなのかも知れない。そこにある問題点ばかりを探し出して，「効率のよい誠実」「自分も満足，人も満足する誠実」を求めるのではなく，不器用であっても，自分の得は捨てることになるかも知れないが，手品師はこうしないではいられなかったのだという生き方について，思いを寄せることが大事であり，この教材を扱う最大の意味である。

(4)　他の教育活動との関連

・特別活動との連携

　高学年になり，委員会活動が始まった。また，学級においては，給食当番や日直などの当番活動，班単位での係活動を実施している。これらの仕事は，意識が低い児童ほど他人任せになり，本来自分がしなければならない仕事を忘れてしまったり，分かっていても他の事を優先して意図的に行わなかったりすることがある。本時は，人が見ていなくても自分の役割として決まったことは，誠実に行わなければならないことを改めて考えるきっかけとしたい。

・家庭との連携

　道徳通信で本時に学習した内容を紹介し，家庭でも誠実な生き方について話題にするよう依頼する。

5　本時の指導

(1)　本時のねらい

　相手との約束を守ることや，自分の夢の実現に努力することの意味を考えることを通して，手品師のように損得勘定を超えた「誠実な生き方」の価値について理解する。

(2)　指導の方法の工夫

① 　発問の工夫

　「手品師が大劇場出演を断り少年との約束を守った行為をどう思いますか？」のように，意図が児童にはっきり伝わるように発問を準備する。同時に「みんなは手品師に賛成ですか？反対ですか？」のように，必要に応じて補助発問を投げかけることで，児童が考えやすくなるように準備する。また，賛否を述べる中で，問われなくても「自分ならこうするのに！」と思わず呟きたくなる児童も多い。それらを語らせることが，道徳科学習に取り入れるべき問題解決的な学習である。児童個々が自分なりに考える少年との関わり方の中に，合理的な解決方法ではなく自分の夢の実現にも少年に対しても誠実であろうとする，「価値の実現」があるからである。

② 　道徳的行為に関する体験的な学習の工夫

　体験的な学習として役割演技を取り入れ，手品師の行為の意味を実感的に理解させたい。翌日，手品師が男の子に手品を披露した後で，男の子が「おじさん，僕に手品を見せてばかりいていいの？仕事は大丈夫なの？」と問いかけ，手品師がそれに答える場面を演じて，手品師の生き方について考えを深めさせたい。そのため，

次の2点に特に配慮して実施する。①演じさせる児童は，手品師の誠実さ，男の子の寂しさや喜びに共感が強い児童を指名する。②演じた後の話し合いでは，演じた児童，見ていた児童の双方から，喜び，感謝，尊敬等の実感を伴った感想や意見を様々に語らせることで，手品師の行為の中にある誠実さについて理解を深めさせたい。

(3)　本時の展開

時間	学習活動（教師の働きかけと予想される児童の反応） ■：学習活動　t：教師の働きかけ　c：児童の反応	○留意点　●評価
5	■「手品師」が手品を見せるまでを読み進めながら，話の状況を理解する。 t：どんな手品師，どんな男の子ですか。 　—手品師について— c：腕はいいが貧しい。 c：努力家で大劇場に出演する夢を持っている。 c：男の子に声をかける優しさを持っている。 　—男の子— c：父がいなく，母が遠くに働きに行っている。 c：学校にも行かず，友達もいないのではないか。 c：ちゃんとご飯を食べていないかも知れない。	○教材文の挿絵を拡大し，手品師と男の子の服装，表情等を視覚によっても把握させる。 ○手品師と男の子の置かれている状況や様子について，問答をしながら明らかにし，板書する。
10	■手品師が男の子と約束をしたが，大劇場への出演の誘いを迷った末に断り，翌日男の子に手品を披露するところまでを読み切り，手品師の行為について考える。 t：手品師の行為をどう思いますか？ c：手品師のしたことは立派だが，問題もある。 t：立派な理由，問題だと思う理由を発表しましょう。 　—立派だと思う理由— c：男の子との約束をちゃんと守っているから。 c：男の子はさぞ喜んだと思う。次の日の約束までしてくれて，独りぼっちじゃないんだと思っただろう。 　—問題だと思う理由— c：大劇場に出演して自分の夢を実現して，お金も稼いで生活を大事にすることが，まず大切なことだ。 c：大劇場に出演してからでも，男の子に謝り元気づけることはできるだろう。	○手品師の行為を立派だとする意見も問題だとする意見も，理由をよく聞き価値づけをする。 ○立派だとする理由は，手品師が自分のことより男の子との約束，男の子自身のことを心配する気持ちを大切にしていることを明らかにする。 ○問題だとする理由の中には，大劇場に出演して自分の夢を果たすということ，自分（家族も）の生活を安定させることを大切にしていることを解説し，その中にも誠実さはあることを明らかにする。 ●どの考えにも，大事な意味があることに気づく。（道徳的な価値の理解）ワークシート，発言
7	■大劇場出演のチャンスを諦めてまで，なぜ手品師は男の子との約束を選んだのか，考える。 t：なぜ手品師は男の子との約束を選んだのでしょう。 c：手品師は自分のできる精一杯の思いやりを男の子に伝え，自分の気持ちに正直に行動したのだと思う。 c：手品師には男の子の悲しみが分かったのでは？	○後悔もあるだろうが，自分より男の子のことを大事にでき，自分の信念を貫いたことへの満足感や納得した気持ち等を明らかにする。
15	■次の日男の子に手品を見せたあと，手品師は男の子にどんなことを伝えたかを想像し，この場面を演じながら手品師の行為の意味を更に考える。 t：翌日，手品師は男の子にどんなことを伝えると思いますか？手品師が男の子に手品を見せた後の二人を演じてみて考えましょう。	○教材文には描かれていない翌日の二人の出会いを想像し，更に手品師の行為について考えさせる。 ○手品師の誠実さ，男の子の寂しさや喜びに共感が強い児童を指名する。

	―演じられる例― 男の子：おじさん，ありがとう！でも仕事は大丈夫？ 手品師：もちろん。僕にとって君は一番のお客様だよ。 c 見ていた児童：手品師は嘘をついてるけど，何だか優しい嘘だ。 c 見ていた児童：昨日大劇場の出演を断ったっていう本当のことは言わないつもりなんじゃないかな。 c 男の子役：本当に僕（男の子）のことを励まそうとしてくれているみたいだった。 c 手品師役：男の子には大劇場出演を断ったことはこの先も言わないと思う。後悔もしていない。 c 見ていた児童：この手品師は，こうやって納得する生き方しかできない人なのかなあ。	○演じた後，演じた児童，見ていた児童の双方から，手品師と男の子の喜びや感謝，尊敬等の実感を伴った感想，意見を様々に語らせる。 ○手品師役は損得を考えずに，男の子を心配し元気づけることだけを考えていたことを明らかにする。 ●男の子の喜びや感謝，手品師の達成感や納得した気持ち等，両者の思いを理解する。（多角的・多面的に考える）活動の様子，ワークシート
8	■手品師の生き方について自分の考えをまとめる。 t：手品師が一番大切にしていたものは何か？ c：（ノート例）手品師のように，劇場よりこの子のために手品をするんだという生き方はまねできないけれど，すごいと思う。いつか，こんな生き方ができたらいいなあと思う。	○それぞれの児童が学習をまとめられるように支援し，児童のまとめの中からなるべく多様な見方，考え方を紹介する。

（4）　本時の評価

【道徳的な価値の理解】

　　手品師の損得勘定を超えた「誠実な生き方」の価値について理解する。

【自己を見つめる】

　　手品師の行為の中にある素晴らしい点や問題点を捉え，手品師の選んだ行為について自分の考え方をもつ。

【多面的・多角的に考える】

　　手品師が大劇場出演を選ぶか，男の子との約束を選ぶか迷った理由を考えられる。また，男の子との約束を果たした手品師の行為について，男の子の立場，手品師の立場の両面から思考できる。

【自己の生き方について考える】

　　自分の夢を実現することより目の前にいる一人の少年への思いやりを実現することを選んだ手品師の生き方について，自分なりの見方・考え方を明確にする。

・評価の方法：4つの視点ともにワークシート

（5）　板書計画

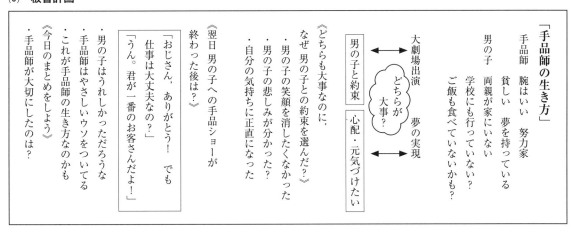

第3学年　外国語活動学習指導案

令和○年○月○日（○）○限
授業者（○○コース）○○○○
指導者　教諭　　　　○○○○

1　単元名　　How are you?　ごきげんいかが？

2　単元の目標

【知識・技能】
　・表情やジェスチャーの大切さに気付き，感情や状態を尋ねたり答えたりする表現に慣れ親しむ。

【思考・判断・表現】
　・表情やジェスチャーを工夫しながら挨拶をし合う。

【主体的に学習に取り組む態度】
　・表情やジェスチャーをつけて相手に伝わるように工夫しながら，挨拶をしようとする。

3　単元設定の理由

⑴　単元について

　How are you？を直訳できる日本語はない。意訳すると，「ごきげんはいかがですか？」や「調子はどうですか？」に当てはまるが，児童が日常的に使う表現ではなく，英語圏では挨拶時に頻繁に行われるやりとりが，日本でも同様に行われるわけではない。これは，文化の違いに起因するコミュニケーション方法の違いが原因であろう。したがって，How are you？を使ってコミュニケーションをとる経験をすることは，児童にとって英語圏の文化にふれるよい機会となると考える。

　本単元では，教師や友達と感情や状態についてやりとりすることを通して，表情やジェスチャーを工夫しながら感情や状態を尋ねたり答えたりする表現に慣れ親しむことや，表情やジェスチャーの大切さに気付き，表情やジェスチャーをつけて相手に伝わるように工夫しながら，挨拶をしようとすることが目標である。

⑵　児童の実態

　3年生になり，Unit1ではあいさつに関する表現に取り組んだ。「こんにちは」を様々な言語で表現しながら友達とやりとりすることを通して，世界には様々な言語があることに気付いたり，相手に伝わる表現の仕方を工夫したりしながら，外国語の表現に慣れ親しんだ。児童は，もっと他の挨拶の言葉を知りたいという願いをもったり，外国語を使って教師や友達とのやりとりをもっと楽しみたいという思いを膨らませたりしている。

　そこで本単元では，英語で感情や状態を尋ねたり答えたりする表現について学習する。伝えるためのツールとして言語を利用するだけでなく，表情やジェスチャーをつけてやりとりするといった工夫にも気付かせ，言語と表情やジェスチャーが一体となったコミュニケーションの大切さやおもしろさに気付かせたい。

⑶　単元の構想

　第1時では感情や状態を表現する言葉について学習する。その際，テキストに登場する人物の表情から感情や状態を想像することで，言葉だけでなく表情やジェスチャーを加えると相手に自分の感情や状態が伝わりやすくなることに気付けるようにする。また，Hello Songの歌詞の一部を様々な感情や状態を表す言葉に変えて歌うことを楽しむことで，外国語表現に慣れ親しめるようにする。

　第2時では，教師やクラスの仲間と外国語で挨拶する活動に取り組む。その際，言葉だけで相手に伝える場合と，表情やジェスチャーを加える場合とを比較することを通して，言語と表情やジェスチャーが一体となったコミュニケーションの大切さやおもしろさに気付けるようにする。

各教科等の学習指導案

4　単元の評価

知識・技能	思考・判断・表現	主体的に学習に取り組む態度
・英語を用いた体験的な活動を通して，日本語と英語との音声の違いや表情やジェスチャーの大切さに気付いている。	・簡単な英語の語句や表現を使って，自分の気持ちや体の調子について，表現やジェスチャーを工夫しながら友達に質問したり，答えたりしている。	・英語を用いてコミュニケーションを図ることの大切さやおもしろさを知り，相手に伝わるように工夫しながら，コミュニケーションを図ろうとしている。

5　指導計画

時	学　習　活　動	評　価　計　画
1	・チャンツをしたりHello Songを歌ったりすることを通して，感情や状態を尋ねたり答えたりする表現に慣れ親しむ。	・表情やジェスチャーの大切さに気付きながら，感情や状態を質問したり答えたりしている。（知識・技能）行動の観察
1	・表情やジェスチャーをつけて相手に伝わるように工夫して，チャンツをしたり，友達と英語で挨拶したりする。（本時）	・表情やジェスチャーをつけて相手に伝わるように工夫しながら，挨拶をしている。（思考・判断・表現）行動の観察，振り返りシートの記述 ・英語の大切さやおもしろさを感じながらコミュニケーションを工夫している。（主体的に学習に取り組む態度）行動の観察，振り返りシートの記述

6　本時の指導（2/2時間）

（1）**本時のねらい**

　　表情やジェスチャーをつけて相手に伝わるように工夫しながら，チャンツをしたり友達と英語で挨拶したりすることを通して，英語のコミュニケーションの大切さやおもしろさを体感する。

（2）**本時の構想**

　　導入でチャンツをしたりHello Songを歌ったりする中で，ジェスチャーを付けるなど，身体表現のおもしろさに気付くようにする。

　　その後，前時で学習した感情や状態を表す表現を確かめる。それらの感情や状態を表す表現を，表情やジェスチャーを用いながら振り返ることで，その大切さに気付くようにするとともに，相手に伝わるように工夫した表現について，自分の考えをもってクラス全体で交流し，ジェスチャーや表情には多様な表現方法があることに気付くようにする。

　　その多様な表現方法を生かして，友達と挨拶し合い，言語と表情やジェスチャーが一体となったコミュニケーションの大切さやおもしろさに気付けるようにする。

（3）**本時の展開**

時間	学習活動（教師の働きかけと予想される児童の反応） ■：学習活動　　t：教師の働きかけ　　c：児童の反応	○留意点　　●評価
10	■挨拶をする t：気持ちを表す英語の言葉を学習してきましたね。チャンツをしながらどんな言葉があったか振り返りましょう。	○全体に挨拶をし，個別に数名の児童に挨拶をし，前時の学習内容を想起させる。

13	■感情や状態をジェスチャーで表す方法を考える t：チャンツの中でジェスチャーをしている子がいました。どの気持ちの時に，どんなジェスチャーをするとよいと思いますか。 c：hungryの時はお腹をおさえるといいと思います。 c：sadの時は，目をおさえて泣いている顔をするといいと思います。 c：tiredの時は，手足をぶらぶらさせると分かりやすいと思います。 t：happyの時はどうしますか。 c：うきうきしているように，腕を揺らすといいと思います。 c：腕を揺らすだけだと，元気なことは伝わるけど，happyな気持ちが伝わりにくいかもしれないな。 c：動きだけじゃなくて，表情も入れるとより伝わるかもしれないよ。 c：ジェスチャーに表情をつけるとすごく伝わりやすいと思います。 t：どの言葉の時にどんな表情をするとよいと思いますか。 c：hungryやsadは顔をしかめると伝わりやすいと思います。 c：happyは笑顔で言うことが大事だと思います。 t：ジェスチャーや表情を工夫して，Hello Songを歌いましょう。	○オリジナルのジェスチャーを考えさせたり，教室内を自由に歩いてペアになるなど活動形態に変化をもたせたりする。
12	■友達と感情や状態を尋ね合う ＜ジェスチャーや表情をつけて友達と挨拶し合おう＞ t：友達と挨拶しながらHow are you？を使って今の気持ちをお互いに尋ね合いましょう。 t：ジェスチャーや表情をつけて挨拶すると，どう感じましたか。 c：相手が伝えたいことがとてもよく分かりました。 c：色々なジェスチャーや表情があっておもしろかったです。 c：英語の言葉の意味が分からなくても，ジェスチャーや表情で分かりました。	○再度，数名の児童にHow are you？と尋ね，児童の答えに応じて，絵カードを提示し，感情や状態を表す語彙を確認する。 ○隣同士，前後，斜めで挨拶をするように指示する。その後，教室内を歩いて回り，友達とペアになり，挨拶をして状態を尋ね合うよう伝える。 ○相手に気持ちが伝わるよう表情やジェスチャーをつけるなど工夫している児童に全員の前で挨拶の様子を再現させ，ジェスチャーや表情をつけることの大切さを意識付け，ねらいに沿った活動となるようにする。
10	■Goodbye Songを歌って，本時を振り返る。 t：Goodbye Songもジェスチャーや表情をつけて歌いましょう。 t：今日の学習を振り返って，分かったことや気付いたことを振り返りシートに書きましょう。 c：ジェスチャーや表情をつけると，自分のことが相手に伝わりやすいことが分かりました。 c：言葉も大事だけど，ジェスチャーや表情をつけることも大切だと分かりました。	●表情やジェスチャーをつけて相手に伝わるように工夫しながら，挨拶をしている。（思考・判断・表現）行動の観察，振り返りシートの記述 ●英語のコミュニケーションの大切さやおもしろさを体感している。（主体的に学習に取り組む態度）行動の観察，振り返りシートの記述

⑷　本時の評価

・表情やジェスチャーをつけて相手に伝わるように工夫しながら，挨拶ができたか。（思考・判断・表現）
　　評価方法：行動の観察，振り返りシートの記述
・英語のコミュニケーションの大切さやおもしろさを体感することができたか。（主体的に学習に取り組む態度）
　　評価方法：行動の観察，振り返りシートの記述

第5学年　総合的な学習の時間学習指導案

令和○年○月○日（○）○限
授業者（○○コース）○○○○
指導者　教諭　　　○○○○

1　活動名　　まちひと展望局

2　活動の目標

【知識・技能】

・地域のまちの特色やそこで暮らす人々の営み，まちのよさや課題が分かる。

・情報編集や情報発信の仕組みを理解し，機器を用いて撮影や編集をすることができる。

【思考・判断・表現】

・まちづくりについて考え，自分にできることを実行する。

・情報が多様化する社会で暮らしていく上で，自分と情報との関わり方を考える。

【主体的に学習に取り組む態度】

・まちの様子やまちの人に進んでインタビューしたり，番組を制作したりしようとする。

・課題解決に向けて，仲間と協力しながら，活動に取り組もうとする。

3　活動設定の理由

⑴　活動について

　　本活動の「まちひと展望局」は，地域のまちの様子やそこで暮らす人々を撮影し，撮影した映像を編集して番組制作をする活動を通して，まちづくりに対する考えを深めたり，情報が多様化する社会における自分の生き方をつくったりしていく活動である。

　　本活動は，高田本町（以下，本町）をフィールドとする。本町は，100年以上続く老舗や古い建造物から歴史や文化が感じられる場でもあり，新たにカフェなどがつくられ新しい景観を感じられる場でもある。かつては，大型店を有し，人通りの多い時期もあったが，平成14年に大型店が撤退したことをきっかけに，まちの賑わいの喪失や小売り販売額の減少，空き店舗の増加などの課題が進んだ。一方，まちの活性化に取り組む団体や景観を活用した飲食店が生まれたり，町内会同士が手を取り合って町おこしをしたりしながら，まちを盛り上げようとする動きが出てきた。本町は，店内で注文を受けて商品を製造し，直接売買するといったその場を介して関わる人々のつながりが見え，人同士の距離が近い。そこで，出会った人，もの，こととつながりをつくったり，感じたまちの課題を捉えたり，まちへ働き掛けたりしながら，まちをつくることや残すことを考えていく。

　　情報機器の発達により，いつでも，どこでも，誰とでも情報交換することができるようになった。しかし，それは，情報過多につながり，情報に関わる問題はこれからさらに複雑化していく面もある。だからこそ，情報とのよりよい関わりをつくっていくことが重要である。映像は人に情報を伝える手段であるとともに，人と人との関係をつなげるものでもある。映像番組の制作者は，自分が求めている映像のイメージを語り，そのイメージを制作者同士で共有しながら映像をつくっていく。その過程の中で，制作者同士のつながりはつくられていく。制作者がつくった番組の向こうには視聴者がいる。視聴者は，番組を見ながら制作者が見ている世界と同化したり，視聴者同士で番組の捉えを共有したりする。このような情報の特質から，児童が情報番組を制作し，それを発信することによって，番組に関わる人や視聴者とのつながりをつくっていくことができると考える。

⑵　児童の実態

　　本町は，学校から距離的に近いまちではあるが，児童にとってはほとんど立ち寄る機会がなく，心理的な距離

はさほど近いとは言えない場所である。それは，当校の児童は上越地区全域から通っているという現状も関係していると考える。したがって，児童は本町を「お祭りやイベントがあったときに行く場所」や「電車やバスでの通学途中にある商店街」というような捉えをしている。

　本町を訪問し，お店等を経営する人と出会った児童は，本町とどのような関わりをつくりたいか，思いや願いを膨らませていく。児童がその思いや願いの実現に向け，思考することを通して，身体全体で感じた本町の現況を撮影したり，本町の今後を思い描いたりしながら，人の思いとともに本町が変化していることを捉え，これからのまちのあり方を見つめていく。

(3)　活動の構想

①　本町の人の営みにふれ，自分ができることを実践する

　児童は，本町を訪れ，お店等を経営している人の話を聞いたり，お店で作った商品等を見たりしながら，本町の人の思いにふれていく。場所，時，人によって営みが異なることにより，今，その瞬間が貴重なものであることに児童は気付いていく。だからこそ，児童は，出会った人と関わりながら，その人のことを知りたい，聴いてみたいという気持ちを高めていくと考える。そして，児童は本町のこれからを考え，まちづくりにおいて自分ができることを実践していく。

②　映像のプロと関わる

　児童は，映像制作会社の○○さんや情報発信会社の○○さんと出会い，関わりをつくっていく。プロの現場を見た児童は，撮影や編集の様子にプロの意識の高さを感じたり，プロの話を聞き，映像制作にかける思いを受け取ったりする。また，児童が制作・編集した映像をプロに批評してもらいながら，映像で伝えることの良さを見付けていく。その中で，プロが被写体の人権や視聴者の伝わり方などを意識して，制作していることを感じながら，相手意識をもつことの重要性を捉えていく。

③　映像番組を制作しながら，情報発信について考える

　児童が，撮影機器で撮るのは，まちの様子や出会った人である。それは，児童がよさを見いだしたものであり，他の人に伝えたいと思ったことである。撮影や取材の許可をもらう過程で，相手側から断られたり，制作した番組の作り変えを指摘されたりすることもあるだろう。さらに，発信の可否を考える中で，自分の制作した番組の内容に責任が伴うことに気付いていく。児童は，自分の制作した番組を発信してよいかどうか熟考しながら，自分が発信したいと思ったことについて見つめ直し，情報を発信することの見方，考え方をひろげていく。

4　活動の評価

知識・技能	思考・判断・表現	主体的に学習に取り組む態度
・本町との関わりを通して，そのよさや課題が分かる。 ・情報の映像や発信の仕組みが分かり，機器を用いて撮影や編集をすることができる。	・本町のまちの様子や人の営みにふれ，自分と情報との関わり方を考えている ・本町のこれからを考えながら，自分にできることを実行する。	・本町の人と積極的に関わり，進んでインタビューをしようとする。 ・映像制作に仲間と協力しながら取り組もうとする。

5 年間の活動計画（全75時間）

次	学 習 活 動	評 価 計 画
1 (30)	○本町を訪れる ・本町を歩く。 ・本町のお店で買い物をする。 ○本町を取材する ・本町のまちなみを撮影する。 ・本町のお店の人やお客さんにインタビューする。	・本町を訪問し，取材を繰り返しながら，本町のよさにふれたり，本町の人とのつながりをつくったりする。（主体的に学習に取り組む態度）作文シートの記述 ・情報機器を用いて，本町の様子を撮影したり，インタビューをして録音したりする。（知識・技能）観察
2 (30) 本時 15/30	○本町の人と語り合う ・本町に関わる人の話を聞く。 ・本町の捉えについての考えを交流する。 ○本町をひろめる ・制作した映像を編集する。 ・制作した番組を放映する。 ・作成したパンフレットを配る。 ○本町の今，昔，未来（本時）にせまる ・本町が抱える問題点を調査する。 ・本町の歴史を調査する。 ・本町の未来を展望する。	・本町に関わる人の話を聞きながら，本町のよさや課題について知る。（知識・技能）観察，作文シートの記述 ・本町で取材したことをもとに映像の編集をしながら，本町が抱える課題に気付いたり，その課題の解決を考えたりする。（思考・判断・表現）観察，作文シート ・本町をひろめようとチラシを配ったり，映像を放映したりしながら，本町と自分の関係を見つめたり，本町のよさを問い直したりする。（思考・判断・表現）観察，作文シートの記述
3 (15)	○活動の足跡を残す ・制作した番組をアーカイブにする。 ・制作したアーカイブ映像をＤＶＤにまとめて本町の人に渡す。 ・１年間の活動を振り返る。	・本町で取材したことを記録に残しながら，本町のこれからについての自分の捉えを確かにしたり，本町が今あることの意味や価値を考えたりする。（思考・判断・表現）作文シートの記述

6 本時の指導（45/75時間）

⑴ 本時のねらい

本町の昔と今の様子を比較することを通して，本町に暮らす人がどのように営みをつくってきたかを思考したり，本町に働き掛けることを思い描いたりしながら，自分のできることを考える。

⑵ 本時の構想

① 昔と今の本町の資料から思考する

児童は，番組づくりをしながら，本町とのつながりをつくってきた。「本町の人は温かい気持ちの人が多い」「訪れる人は常連が多く，おしゃべりを楽しんでいた」と見学で見付けてきた姿を思い出し，本町でお店を経営する人は商売の関係だけでないつながりをお客さんとつくっていることを感じている。また，「昔はもっと人でにぎわっていた」とインタビューで聞いた児童は，制作番組を放映することで本町を盛り上げたいと思いを膨らませている。

そこで，児童に今と昔の本町の資料を提示する。児童は，「昔は歩道に人がたくさん歩いているけれど，今は少ない」とインタビューの事実を確かにしたり，「今はシャッターが閉まっている店がある」と気付いていなかった事実に気付いたりするだろう。その中で，今の本町の課題に気付いたり，本町にはたらきかけることを思い描いたりしながら，本町と関わってきた自分を見つめ直す。

② これからの本町との関わりについて考え，自分ができることを考える

昔の本町の事実を知った児童は，今の本町がなくなってしまうのではないかと考えたり，本町にはたらきかけることはないかと動き出したりするだろう。

そこで，これからの本町と自分がどのように関わっていくかについて見つめ直す場を設定する。児童は本町との関わりについて思考する中で，自分にできることに主体的に活動する。

各教科等の指導と学習指導案

(3)　本時の展開

時間	学習活動（教師の働きかけと予想される児童の反応） ■：学習活動　　t：教師の働きかけ　　c：児童の反応	○留意点　　●評価
10	■昔と今の本町の資料から考えたことを話す t：昔と今の本町の映像を比べて考えたことや思ったことを教えてください。 c：インタビューに答えてくれた人が，昔の本町はにぎわっていたと教えてくれたけれど，本当だと思った。 c：今の本町もお客さんがたくさん来ていると思っていたけれど，そうではなかったのかもと思った。 c：今はなくなってしまったお店もあるし，今だからあるお店もあるから，まちはこれからも変わっていくと思う。 c：制作した番組や，今作っているものをお客さんに見せたりして，本町をまた元気にしたい。	○今まで児童が書いた作文シートの記述（一部）や昔と今の本町の資料を提示する。 ●昔と今と本町の様子を比べながら，今の本町の実態を捉えたり，今後の本町について考えたりしている。（思考・判断・表現）観察
25	■今，自分ができることを考える t：話合いから考えて，今自分ができることは何でしょう。 c：番組でより本町のよさが伝わるには，どのように作り変えたらよいかと，仲間と編集会議をする。 c：本町の新しくできた店に行きたいと思ってもらえるように，番組を作り変える。 c：本町のことをよく知らない人に，本町を知ってもらえるようにしたいと考え，フリーペーパーを作る。 c：マスコットキャラクターを作って，お店に飾ってもらいたいと考え，手芸をする。 c：本町をPRするために，本町ではないところに住んでいる人に自分たちが作った番組を放送する計画を仲間と立てる。	○情報機器を自由に使えるようにしておく。 ○ポスター作りやキャラクター作りなどができるように材料を用意しておく。
10	■これからの本町との関わりについて，自分の思いや考えを書く t：今日の活動を振り返って「これから私は，本町・・・」という書き出しで作文シートに自分の思いや考えを書きましょう。 c：これからの本町が昔のようにお客さんがたくさん歩くように本町のよさが伝わる番組をつくりたい。 c：本町のイベントを企画して開催することで，本町のものを買ってもらったり，食べてもらったりしたい。 c：本町にぼくたちができることは少ないと思う。 c：他のまちも見に行って，本町を盛り上げるヒントにしたい。	○書く前に，「これから私は本町…」と書き出しの視点を提示する。 ○児童の書いた作文シートの記述を基に，次の活動につなげていく。 ●これまでの本町での活動を基に，本町の今後の姿について考えながら，自分のできることを記述している。（思考・判断・表現）作文シートの記述

(4)　本時の評価

　　本町のよさや課題を基に，今後の本町のために自分ができることの考えをまとめることができたか。（思考・判断・表現）

　　評価の方法：活動の様子，作文シートの記述

第4学年　特別活動（学級活動）学習指導案

令和〇年〇月〇日（〇）〇限
授業者（〇〇コース）〇〇〇〇
指導者　教諭　　〇〇〇〇

1　活動名　　お楽しみ会をしよう

2　活動の目標

【知識・技能】
・それぞれの意見のよさを見付け，それらを参考に活動をよりよいものにしていくことで，学級生活が楽しいものになることを理解する。

【思考・判断・表現】
・学級生活をより楽しくするという目的に合ったお楽しみ会の内容を考え，それを基にお楽しみ会を工夫しながら実行する。

【主体的に学習に取り組む態度】
・学級の現状からよりよい人間関係にしていくための改善点を探したり，話合いで決めたことを実行したりする。

3　活動設定の理由

⑴　**活動について**

本活動は，学級生活をより楽しくするために開催する「お楽しみ会」について話し合い，話し合ったことを実際の「お楽しみ会」に生かしていくものである。

長い夏休みが終わり，2学期が始まった。久しぶりに学級の友達に会い，楽しそうに関わる姿が見られる。しかし，特定の友達と関わることが多く，なかなか関わりが広がっていかない様子が見られる。また，授業の中でもペアやグループ学習をする相手によって，意見を出すことをためらうことがある。児童からも，学級での関わりを増やしたり，友達のことをもっと知ったりする必要があるのではないかという意見が出て，「お楽しみ会」を開催することとなった。

ただ楽しむための会ではなく，この会を行うことで自分たちはどうなっていきたいのか，そのために，どのような内容にすればよいのかということについて考えていく。本活動を通して，児童が願う「学級像」の具体を明らかにし，学級目標と関連付けながらその実現に向けて取り組めるようにしていきたい。

自分たちの学級の現状を把握し，よりよい学級にするために，また，自分たちが願う学級はどのようなものなのかに気付き，実現するために話合い活動を通して学級をよくしようとする主体性や責任感が身に付くと考え，本活動を設定した。

⑵　**児童の実態**

本学級の児童は，明るくはつらつとしており，活動に前向きに取り組もうとする児童が多い。学習の中で，友達と話し合いながら，試行錯誤して活動に取り組み，課題の解決を通して達成感や充実感を味わってきた。しかし，関わりの多い友達がいる反面，学級内にほとんど関わりが見られない友達もいるなど，学級内での関わりが固定化しつつある。

1学期から学級会で話合い活動を定期的に行ってきた。1学期の途中からは進行を児童に任せ，司会団をつくり，輪番制で進行役を全員が経験してきた。少しずつ自分たちだけで進行できるようになってきている。話合いで自分の意見を発表する児童が多く見られるが，友達の意見に同調して発表する児童もいる。また，話合いを行い，学級の友達と合意した上で活動していくことに価値を見いだせずに，話合いに消極的な児童が見られたり，

意見の折り合いをつけることができず怒り出して話合いに参加できなくなったりする児童も見られる。

⑶　活動の構想

　　活動全体を通して，以下の3点に留意しながら，自発的，自治的に楽しい学級生活をつくり，友達との関わりを広げようとする態度の育成を図りたい。

　　一つ目は，議題に対する自分の考えを事前にカードに記入しておくことである。「お楽しみ会で何をするか」，「なぜその内容がふさわしいと考えたのか」の2点について，自分の考えをもって話合いの場に参加できるようにする。

　　二つ目は，全員に発言の機会を保証することである。議題について自分事として捉え，主体的に活動するためには，自分の意見を発言し，その意見が取り上げられる必要がある。全員に発言の機会を保証し，議題について前向きに取り組めるようにする。

　　三つ目は，お楽しみ会についての振り返りを行うことである。話合いで決まったことが，実際のお楽しみ会の中で生かされたのかどうかについて振り返りを行い，そこで出てきたよさや課題について共有し，学級目標に近づいたかどうか振り返りをさせることで，次の活動につなげていく。

4　活動の評価

知識・技能	思考・判断・表現	主体的に学習に取り組む態度
・それぞれの意見のよさを見付けている。 ・それぞれの意見を参考に活動をよりよいものにしていくことで，学級生活が楽しいものになることを理解している。	・学級生活をより楽しくするという目的に合ったお楽しみ会の内容を考えている。 ・考えた内容を基にお楽しみ会を工夫しながら活動している。	・学級の現状からよりよい人間関係にしていくための改善点を探している。 ・話合いで決めたことを意識して，活動している。

5　指導計画

次	時	学習活動	評価計画
事前の活動	昼休み （計画委員会）	○計画委員会で次回の学級会の議題を選定する。	・学級の現状から改善したい点を探そうとする。（主体的に学習に取り組む態度）話合いの様子
	帰りの会 （全員）	○計画委員会が次回の学級会の議題と選定理由を知らせる。	・議題や提案理由を分かりやすく全員に伝える。（思考・判断・表現）発言
	朝の会 （全員）	○議題に対する自分の考えと理由をカードに記入する。	・議題や提案理由に沿った自分の考えや理由をもつ。（思考・判断・表現）カード
本時	学級会 （全員）	○話合いを行い，お楽しみ会の具体的な内容を決定する。	・「人間関係の向上，広がり」に重点を置いた意見を出している。（思考・判断・表現）発言，話合いカード
事後の活動	昼休み （計画委員会）	○決定した内容を基に，お楽しみ会の流れを考える。	・話合いで決まったことを基に，お楽しみ会の流れや分担を考える。（思考・判断・表現）お楽しみ会の内容，話合いの様子
	帰りの会 （全員）	○お楽しみ会の内容等を全員に知らせる。	・日程，内容，持ち物等を分かりやすく伝える。（思考・判断・表現）児童の発言

お楽しみ会 （全員）	○決定した内容に沿って活動する。	・話合いで決まったことを意識して，学級の人間関係がよりよくなるように工夫してお楽しみ会を行う。（主体的に学習に取り組む態度）児童の様子，発言
学級会 （全員）	○お楽しみ会の振り返りを行う。	・お楽しみ会の振り返りを行い，お互いのことをよく知ったり，人間関係を広げたりすることができたか考える。（思考・判断・表現）発言，作文シート

6　本時の指導

(1)　**本時のねらい**

　　学級の人間関係をよくするために，話合いカードを基に話し合い，学級の課題解決に向けてふさわしい内容を検討する活動を通して，これまでの友達との関わり方を振り返りながら学級の人間関係をより良くするための方法を考えることができる。

(2)　**本時の構想**

　　議題について，自分の考えをもって話合いに臨むために，前日の朝の会で「話合いカード」に記入しておく。本時の話合いでは，話合いカードを基に全員が自分の意見を発表する。

　　話合いの前半では，全員がお楽しみ会で行いたい内容と理由を端的に発表し，書記が黒板に分類しながらまとめていく。それぞれの活動にどんな思いが込められているか，人間関係を向上させていく上で，どのような利点があるのかということを，全員で共有していく。

　　話合いの後半では，出された意見について検討していく。質問や心配な点を挙げ，意見を出した人が答えるなどして，それぞれの意見への理解を深めていく。また，話合いの過程でお楽しみ会を行ったり，活動を考えたりする上で大切にすべきことは何かについても，考えていく。

　　終末では，ここまでの話合いの内容を踏まえて，お楽しみ会で行う活動について選択を行い，決定する。

(3)　**本時の展開**

時間	学習活動（教師の働きかけと予想される児童の反応） ■：学習活動　　t：教師の働きかけ　　c：児童の反応	○留意点　　●評価
5	■話合いの準備をする。 　・司会が開会の合図をする。 ■議題，提案の理由を確かめる。 　・提案者が議題と提案の理由を話す。 c：今日は「お楽しみ会」で行う活動を何にするかについて話し合います。学級のみんながもっと仲良くなれるような活動を考えましょう。 　◎学級のみんなが仲良くなれるお楽しみ会にするための活動を考えよう。	○話合いの進め方を書いた「進行マニュアル」を準備しておき，司会がいつでも参考できるようにしておく。

15	■お楽しみ会で行いたい活動と理由を発表する。 c：何でもバスケットがいいと思う。お題によってお互いのことをよく知ることができると思う。 c：鬼ごっこがいいと思う。夢中になって遊ぶことで自然と仲良くなれると思うし，関わりも増えると思う。 c：ドッジボールがいいと思う。チームで協力するから仲良くなれるし，作戦タイムとかつくれば話す機会も増える。	○全員が「話合いカード」を基に順番に意見を発表する。行いたい活動と理由を簡潔に述べる。 ○書記は，活動の種類ごとに分類しながら板書する。 ○質問や心配な点については，発言した人，または同意見の人が答えていく。 ○全体で考えを共有する前に，近くの者と意見交換をする
20	■出てきた意見について質問や心配な点を挙げる。 c：何でもバスケットで友達を知るようなお題じゃないものがでるときもあるので，違う遊びがいいのではないか。 c：友達のことを知ることはとても大切だが，楽しむということも仲良くなるためには大切だと思うので，何でもバスケットでいいと思う。 c：鬼ごっこは確かに楽しいけど，結局，一人一人で逃げたり，追いかけたりするので，友達と関わりが増えるか心配。 c：ただの鬼ごっこだと，一人一人になることが多いと思うので，手つなぎ鬼など，ルールを工夫して，関わりが生まれるようにすればいいと思う。 c：ドッジボールはチームで協力することができるけど，相手チームと喧嘩になってしまうことがある。仲良くなるための会で喧嘩になったら意味がないと思う。 c：何のためにお楽しみ会をするのかということを，全員でしっかりと共有して，勝ち負けにこだわらないようにしたら喧嘩もなくなるのではないかと思う。	●「人間関係の向上，広がり」に重点を置いた意見を出している。（思考・判断・表現）発言
5	■話合いの結果，決まったことを発表する。 　・司会が決まったことを発表する。 ■教師の話を聞く。	○話の内容，参加態度，進行の仕方について賞賛し，今後への意欲につなげていく。

⑷　**本時の評価**

「人間関係の向上，広がり」に重点を置いた意見を出しているか。（思考・判断・表現）

評価方法：発言，話合いカードの記述

〈各教科等の学習指導案　―中学校編―〉

第3学年　国語科学習指導案

令和○年○月○日（○）○限
授業者（○○コース）○○○○
指導者　教諭　　　○○○○

1　単元名　　視野を広げてものの見方を深めよう
　　　　　　　　教材文「月の起源を探る」小久保英一郎（光村図書）

2　単元の目標

【知識・技能】
　・情報と情報の関係に留意し，文章から筆者の主張を支える根拠を読み取っている。

【思考・判断・表現】
　・図や小見出しの役割と効果について，自分の考えをまとめている。
　・筆者の論理展開を捉え，科学的なものの見方や研究方法について自分の考えをまとめている。

【主体的に学習に取り組む態度】
　・図や小見出しの役割と効果について考えるために，積極的に話し合ったり自分の考えをまとめたりしている。
　・筆者の論理展開を捉え，科学的なものの見方や研究方法について自分の考えをまとめるために，積極的に話し合ったり自分の考えをまとめたりしている。

3　単元設定の理由

⑴　教材について

　本教材は，3年生になっての最初の説明文教材であり，理論天文学者である筆者が「月の起源」について説明する文章である。専門的な内容を扱う文章であるが，これまで学習してきた文章構成や論理展開のほか，語句や図表の使い方，小見出しの付け方など，様々な工夫が凝らされている。本単元では，それらの工夫に気付かせ，読む力を高めるとともに，表現や内容に対する自分の考えをもたせたい。

　なお，2年生の3学期には，「科学はあなたの中にある」という説明文を学習している。その際，筆者の考え方である「科学とは，事実や事象をまっすぐに受け止め，「なぜ」と問い，平らかな気持ちで検証し，真実に一歩でも近づこうとする人間の営みである」という部分に興味を示したり，納得したりする生徒の姿が見られた。この考え方は，本教材にも通じる見方・考え方である。前年度学習したこの教材にも触れながら，生徒の興味・関心を高めていきたい。

⑵　生徒の実態

　本学級の生徒は，授業に対して前向きな生徒が多く，根拠をもって意見を発表することを普段から意識している生徒が多い。また，ペアやグループで話し合う活動では，積極的に意見を交換する姿が見られるとともに，相手の意見を聞くことで自らの考えを深めようとする姿勢が見られる。

　また，1年次より，系統的に説明文を学習してきており，中心的な部分と付加的な部分を読み分けることや，「問い」と「答え」，「事実」と「意見」などといった論理展開に着目して読むことが身に付いている。そこで，本単元でも，自分の考えをまとめたり話し合ったりする活動を意図的に設定し，筆者の考えやその根拠を読み取る力を高めていきたい。

⑶　単元の構想

　本教材は，月の誕生について書かれた説明文である。古典的な三つの仮説と，現在考えられている仮説を紹介するだけではなく，筆者の科学的なものの見方や考え方についても書かれている。そこで，本単元では，筆者の

論理展開を捉え，科学的なものの見方や研究方法について自分の考えをもつことをねらいとする。

　それぞれの仮説は図を用いながら説明されているが，仮説の内容や否定される理由，筆者の科学的なものの見方，考え方については，十分理解できない生徒もいると予想される。

　そこで，文章中の小見出しに注意して内容を理解するよう促す。また，仮説と検証に注目して内容を読み取る活動を位置付ける。そして，筆者の科学的なものの見方や研究方法について自分の考えをまとめ，その後，グループで交流し自分の考えを更に深められるようにしたい。

4　単元の評価

知識・技能	思考・判断・表現	主体的に学習に取り組む態度
・情報と情報の関係に留意し，文章から筆者の主張を支える根拠を読み取っている。	・図や小見出しの役割と効果について，考えをまとめている。 ・筆者の論理展開を捉え，科学的なものの見方や研究方法について自分の考えをまとめている。	・図や小見出しの役割と効果について考えるため，積極的に話し合ったり自分の考えをまとめたりしている。 ・筆者の論理展開を捉え，科学的なものの見方や研究方法について自分の考えをまとめるために，積極的に話し合ったり，自分と異なる考えを整理したりしている。

5　指導計画

次	時	学　習　活　動	評　価　計　画
1	1	・「月」という言葉から連想して，思い浮かべることや知りたいことをあげ，マッピングを行う。 ・図と小見出しから本文の内容を予測し，本文を通読する。 ・初めて知ったことや興味をもったことなどを交流する。	・「月」について知っていることや知りたいことなどを整理し，マップに記入している。（主体的に学習に取り組む態度）記述内容 ・初読の感想を自ら考えまとめて発表している。（主体的に学習に取り組む態度）記述内容，発言
2	1 1 1	・新出漢字を調べるとともに，専門的な内容の言葉を調べ，その内容を理解する。 ・図，小見出し，本文の対応を捉え，それぞれの内容を関連付けることで，図や小見出しの役割や効果を捉える。 ・古典的な三つの仮説の内容と，それらが現在否定されている理由をまとめる。 ・「巨大衝突説」の内容と，この仮説が有力である理由をまとめ，筆者の論理展開を捉える。	・文脈における語句の意味を正確に捉えている。（知識・技能）ノートの記述 ・図や小見出しと本文の対応を捉え，その効果について自分の考えをまとめている。（思考・判断・表現）発言，記述内容 ・筆者の論理展開を捉えている。（思考・判断・表現）発言，記述内容 ・巨大衝突説が有力であると考えられる理由を，時間の経過に沿って本文から読み取り，短く論理的にまとめている。（思考・判断・表現）記述内容
3	1	・筆者の論理展開を整理し，科学的な研究方法についてまとめる。（本時） ・科学的なものの見方や研究方法について，自分の考えをもち，交流する。 ・単元のまとめと振り返りを行う。	・科学的なものの見方や研究方法について，興味・関心をもったことや，その意義について自分の考えをまとめるとともに，仲間と積極的に交流し学習全体を振り返っている。（思考・判断・表現）（主体的に学習に取り組む態度）様子観察，記述内容

6　本時の指導（5/5時間）

⑴　本時のねらい

　　・筆者の論理展開を参考に，科学的なものの見方や研究方法について自分の考えをまとめている。（思考・判断・表現）

・科学的なものの見方や研究方法について，興味・関心をもったことやその意義について自分の考えをまとめている。（思考・判断・表現）
・科学的なものの見方や研究方法について，興味・関心をもったことやその意義について，自分の考えを発表し，積極的に話合いに参加し自分の学習を振り返っている。（主体的に学習に取り組む態度）

(2)　**本時の構想**

　　本時は，文章の内容や，筆者の論理展開を理解した上で，本教材に書かれる「科学的なものの見方や研究方法」について自分の考えをもつことをねらいとする。個人で思考する時間，ペアで確認する時間，グループで話し合う時間と，活動を区切ることで，より多様な意見に出会い，自己の考えを深める機会としたい。

(3)　**本時の展開**

時間	学習活動（教師の働きかけと予想される生徒の反応） ■：学習活動　　t：教師の働きかけ　　s：生徒の反応	○留意点　　●評価
5	■前時までの学習をペアで振り返る。 t：月の起源がどのように考えられてきたのか，ワークシートに記録されていることを確認する。 ■本時の目標を確認する。 ［科学的なものの見方や研究方法について自分の考えをまとめよう］ t：本時の目標を板書し，筆者の論理展開を参考にして，自然科学の分野におけるものの見方や研究方法を捉えることが目標であることを説明する。 ［「月の起源を探る」に見られる科学的な研究方法の特徴は何だろう？］ ■課題について考え，ワークシートにまとめる。 s：仮説とその検証を述べている。 s：古典的仮説の問題点を指摘している。 s：主張に根拠がある。 ■課題について考えたことを発表する。 t：生徒の発表を整理しながら，仮説の検証を繰り返し，推論の確度を高めていくという研究方法の特徴に気づかせる。 ［科学的なものの見方や研究方法について，意見や感想を交流しよう］ ■課題について，グループで話し合う。 t：科学的なものの見方や研究方法について，興味・関心をもったことやその意義について話し合うよう指示する。 ■課題について話し合ったことを発表する。 s：仮説の検証にコンピュータを使っているところがおもしろい。自分もやってみたい。 s：自分の論の説得力を高めるために，古い仮説を否定しているところがなるほどと思った。 s：仮説とその検証を繰り返すことで，より正確な研究になることがわかった。	○まず，自分の考えをまとめるよう指示する。 ●科学の研究方法の特徴に気づき，自分の考えを「疑問」「仮説」「検証」「根拠」などの言葉を使ってまとめている。（思考・判断・表現）記述内容 ○ホワイトボードを配布し，グループの意見をまとめるよう促す。 ●自分の考えをもち，仲間と積極的に話し合っている。（主体的に学習に取り組む態度）様子観察

■単元の振り返りをする。 t：生徒の発表を受けて，これまでの学習を以下のようにまとめる。 〈まとめ〉 　自然科学の分野では，仮説と検証を繰り返しながら推論の確度を高めていく。そして，研究は今も続いている。研究の過程や成果をまとめる場合は，「月の起源を探る」のように小見出しや図を用いると説得力のある文章を書くことができる。 t：「月の起源を探る」を学習して，新たに分かったことや学習前と学習後での学習の深まり，これからの学習に生かせることをまとめるよう，指示する。	●授業前と授業後で変容した点と，今後に生かしていきたいことを具体的に記述している。（主体的に学習に取り組む態度）記述内容

(4)　**本時の評価**
・筆者の論理展開を参考に，科学的なものの見方や研究方法について自分の考えをまとめることができたか。（思考・判断・表現）
・筆者の論理を捉えるとともに，科学的なものの見方や研究方法について，自分の考えをまとめるために，積極的に話合いで意見を述べているか。（主体的に学習に取り組む態度）
・評価方法：両項目ともにワークシートの記述内容，話合いの様子

第2学年　社会科学習指導案

令和○年○月○日（○）○限
授業者（○○コース）○○○○
指導者　教諭　　　○○○○

1　単元名　　古代までの日本（近世までの日本とアジア）

2　単元の目標

【知識・技能】
・世界の各地で文明が築かれたことや日本列島の農耕の広まりと生活の変化を捉えるとともに，我が国で東アジアの文明の影響を受けながら国家が形成されたことを説明できる。

【思考・判断・表現】
・我が国の古代に関わる様々な事象の意味や意義，特色などを，年代や推移，比較，相互の関連や現在とのつながりなどに着目して多面的・多角的に考察し，分かりやすく表現する。

【主体的に学習に取り組む態度】
・世界や我が国の古代の諸事象に関心をもち，課題を納得いくまで追究し，解決しようとする。

3　単元設定の理由

⑴　教材について

本単元で生徒は，人類の起こりや文明の発生などを学び，世界の動きとの関連を踏まえて追究する活動を通して，我が国の古代までの特色を学習していく。この時期の世界の動きは，農耕・牧畜が始まり，文明がおこり，国家が形成されていった。その中で我が国では，特に東アジアと深い関わりを持ちながら，狩猟・採集を行っていた人々が栽培を行うようになり，やがて大陸から本格的な農耕を取り入れた。その後，農耕の広まりによる生活の変化，国家の形成と発展，文化の発展などの動きが見られた。

このような時代の流れの中で，特に捉えさせたいことは，縄文時代までの狩猟・採集を中心とした生活が，弥生時代になり農耕の広まりとともに大きく変化したことである。また，朝貢などの他国との関わりを注目させることで，世界と日本の歴史の相対的な見方を学ばせたい。

⑵　生徒の実態

歴史学習に興味をもち，積極的に自分の意見を発言する生徒がいる一方で，人物名などの語句は答えることができても，自分の考えをうまく他者に伝えることができない生徒もいる。そのため，個人の学習だけでなく，ペアやグループで相談しながら課題解決をしたり，自分の考えを説明したりするなど学習形態を工夫して授業をしている。

生徒は小学校で日本の歴史について一通り学習してきている。縄文時代や弥生時代については，土器などの道具や農耕生活を始めたことを理解している。また，中学校ではこれまで地理的分野で「世界の地域構成」や「世界各地の人々の生活と環境」について学習してきた。世界の様々な地域の様子や生活の違いについて調査，交流する活動を通して，理解を深めた。更に，本単元の直前に歴史的分野の学習の導入として，年代の表し方や時代区分の意味や意義について学習した経験から，古代の歴史に対する学習の意欲が高まっている。

⑶　単元の構想

この単元では，我が国の古代までを扱う。その際，世界の動きとの関連を踏まえて，主体的に学習を進められるよう配慮する。

そのために，縄文時代や弥生時代の諸事象を人類の誕生や四大文明の学習と関連付けられるようにする。また，

縄文時代，弥生時代の学習時には，学校の近くにある各時代の遺跡について触れ，生徒の興味・関心を高めるようにする。

　課題追究では，それぞれの時代の生活について，四つのテーマ（衣服，食事，住居，生活）から1つをペアで選択し，資料やインターネットを使った調査活動を行う。それらの情報を基に，どちらの時代が幸せに暮らすことができるか，理由を明確にして話合いを行い，各時代についての特徴を深く理解させたい。

　大和朝廷の誕生については，ここまでの学習を生かして，東アジアの動きや国内の遺跡，遺物から分かる情報を活用して追究する学習活動を行う。そして，本単元のまとめとして，どのようなことを学ぶことができたのかを振り返る場を設ける。振り返りを行う際には，世界とのつながりを意識できるようにする。

4　単元の評価

知識・技能	思考・判断・表現	主体的に学習に取り組む態度
我が国の古代までの特色を，世界の動きとの関連を踏まえて理解するとともに，諸資料から歴史に関する様々な情報を効果的に調べ，まとめている。	我が国の古代に関わる様々な事象の意味や意義，特色などを，年代や推移，比較，相互の関連や現在とのつながりなどに着目して多面的・多角的に考察したり，思考・判断したことを説明したりしている。	我が国の古代に関する諸事象について，各時代の特徴を明らかにし，主体的に追究しようとしている。

5　指導計画

次	時	学習活動	評価計画
1	1	・人類の出現から進化していく過程をまとめる。 ・なぜ文明がおこっていったのか理由を考え，発表する。	・人類誕生からの歴史を意識して資料を読み，過程が分かる。（知識・技能）ワークシート ・文明がおこった理由を多面的・多角的に考察する。（思考・判断・表現）ワークシート
	1	・4大文明の特徴をまとめ，その共通点を考える。	・4大文明を分析し，共通点を説明する。（思考・判断・表現）ワークシート，発言
	1	・3大宗教の特徴をまとめる。	・資料から4大文明や3大宗教の特徴を理解し，まとめる。（知識・技能）ワークシート
2	1	・資料集など様々な資料を活用し，縄文時代と弥生時代の生活を比較する。 ・縄文時代と弥生時代のどちらの時代が幸せに暮らすことができるかを選択し，考えを交流する。	・資料から縄文時代や弥生時代の特徴を理解し，まとめる。（知識・技能）ワークシート ・主体的に時代の特徴を追究している。（主体的に学習に取り組む態度）観察
	1	・どちらの時代を選択するか，理由も含めて発表する。（本時）	・これまでの学習の内容を踏まえて，自分の意見をまとめ，発表する。（思考・判断・表現）発言，発表
3	1	・大和政権の誕生について，東アジアの動きや国内の遺跡，遺物から分かる情報を活用して追究する。 ・単元を通して，どのようなことを学んだのかまとめる。	・資料を活用し，大和政権の誕生や発展の過程をまとめ，発表する。（知識・技能）ワークシート，発言

6　本時の指導（5/6時間）

⑴　本時のねらい

　　縄文時代と弥生時代のどちらが幸せに暮らすことができたかを検討する場面において，これまで調べてきた観点に沿って相互に発表し合ったり，発表で得た2つの時代の特徴をまとめたりする活動を通して，各時代の理解を深めることができる。

⑵　本時の構想

　　本時では，前時に行った縄文時代と弥生時代の調査結果を活用し，「どちらの時代が幸せに暮らすことができていたか」を考え，他者と考えを交流する活動を行う。前時で生徒は，それぞれの時代について，「衣服，食事，住居，生活」という4つのテーマで調査を行った。そして，仲間と考えを交流する中で，各時代の共通する点や違う点を認識した。本時では，その知識を根拠とし，当時の人々が幸せに生活することができていた時代を選択し，自分の考えを発表する。その際，調査結果や時代を選んだ根拠を明確にして，他の生徒と意見交流をする。そうすることで，日本の豊かな自然環境の中における生活が，農耕の広まりとともに変化していったことや，自然崇拝や農耕儀礼などに基づく信仰が，後の時代にもつながっていることに気付くことにつながると考える。

⑶　本時の展開

時間	学習活動（教師の働きかけと予想される生徒の反応） ■：学習活動　T：教師の働きかけ　S：生徒の反応	○留意点　●評価
5	■本時の学習内容の確認。 T：前回調査した2つの時代の特徴を振り返ろう。 S：ワークシートを見ながら，4つのテーマで調べたそれぞれの時代の特徴を伝え合う。 T：本時の流れを確認する。 縄文時代と弥生時代，どちらの時代が幸せに暮らすことができるのか。	○学習形態 　前回調査したペアで活動する。
25	■自分が選んだ時代を明らかにする。 T：自分の選んだ時代の所にネームプレートを貼るように指示する。 S：自分の選んだ時代の所にネームプレートを貼る。 ■自分が調べたテーマの調査結果と選んだ時代の根拠を発表する。 T：4つのテーマ（食，衣服，住居，生活の仕方）ごとに分かったことと時代を選択した理由を発表するよう指示する。 S：分かったことと時代を選んだ理由を発表する。 　・縄文時代…身分の差がないので，生活しやすいから。 　　　　　　　食料調達など，様々な場面でみんなで協力して生活することができるから。 　・弥生時代…稲作が始まったことで，自分で食料を作ることができ，餓死するリスクが少なくなるから。 　　　　　　　縄文時代に比べ，いろいろな食べ物を食べることができるから。 S：他の生徒の発表を聞きながら，新たな発見だったものをワークシートに記入する。	UD ○立場の提示 　ネームプレートを貼るための移動黒板を準備する。 ○教師の指示 　付け足しや質問があるか確認し，発言を促す。 ○立場の確認 　テーマごとの発表が終わったときに時間を取り，生徒の立場の確認を行う。 ●評価 前時の調査結果に基づいて，自分が選んだ時代の理由を発表することができる。（思考・判断・表現）発表

10	■発表してきた内容を整理し，それぞれの時代の特徴をまとめる。 Ｔ：生徒の意見を踏まえ，時代の特徴を整理する。 Ｓ：時代の特徴やポイントをワークシートに記入する。 〈まとめ〉 　最終的に選んだ時代と今日の学習を通して考えたことをワークシートに記入し，発表する。	○内容整理 　特徴をまとめるときには，生徒の調査結果をできるだけ活用する。 ●評価 　２つの時代の特徴をまとめることができる。（思考・判断・表現）ワークシート
10	Ｔ：ワークシートに記入したことを発表するよう，指示する。 Ｓ：自分が記入したことを発表する。	●評価 　授業を通して学んだことを生かし，根拠をもって時代を選ぶことができる。（思考・判断・表現）発表

⑷　**本時の評価**

　　縄文時代と弥生時代のどちらが幸せに暮らすことができるかということについて，これまでの学習の内容を踏まえて自分の考えを発表し合い，各時代の特徴について理解を深めることができたか。（思考・判断・表現）

　　評価方法：ワークシート，授業内の交流や発表の様子

第2学年　数学科学習指導案

令和○年○月○日（○）○限
授業者（○○コース）○○○○
指導者　教諭　　　○○○○

1　単元名　　図形の性質の調べ方

2　単元の目標

【知識・技能】
・平行線や角の性質を理解し，それらを用いていろいろな図形の角度を求めることができる。
・平面図形の合同の意味や三角形の合同条件について理解することができる。

【思考・判断・表現】
・基本的な平面図形の性質を見いだし，平行線や角の性質を基にして，それらを演繹的に説明することができる。
・簡単な命題に対して，三角形の合同条件を基に結論を導く過程を表現することができる。

【主体的に学習に取り組む態度】
・図形の性質を証明する過程を振り返って，自分の説明を評価，改善しようとしている。
・演繹的な推論の必要性を実感し，事象を論理的に考察し表現しようとしている。

3　単元設定の理由

⑴　**教材について**

　本単元では，三角形や四角形などの多角形の角の大きさについての性質を数学的な推論を用いて調べたり，三角形の合同条件を使って，図形の性質を演繹的に確かめ，論理的に考察し表現したりする。特に，図形の性質を演繹的に推論することは本単元の大きな学習内容であるが，生徒に証明の必要性を実感させるのは簡単ではない。例えば，「三角形の内角の和が180°である」ことは小学校で内角の大きさを測ったり，紙を切って三つの角を並べたりして既に確かめており，改めて説明する必要性を感じにくいといえる。そこで，それらの方法では全ての三角形について調べることはできず，一般性を保証することができないことに気付かせ，平行線の性質を用いて演繹的に説明することの価値を理解させる。

⑵　**生徒の実態**

　当学級の生徒は，授業に意欲的で，課題に熱心に取り組んだり，積極的に挙手をして発言したりする生徒が多い。生徒は，中学校第一学年で平面図形の対称性に着目して見通しをもって作図し，作図方法を具体的な場面で活用することを学習している。これらの学習を通して，多くの生徒は平面図形の性質や関係を直感的に捉え，論理的に考察する力を身に付けてきている。

　しかし，日々の授業を見ると，問題を解くことはできても自分の考えをうまく他者に伝えることができない生徒が多くいる。そのため，個人の学習だけでなく，ペアや班で相談しながら課題解決をしたり，自分の考えを説明したりするなど学習形態を工夫して授業をしている。

⑶　**単元の構想**

　本単元では，平行線や角の性質，多角形の角についての性質，三角形の合同条件を用いた説明など，演繹的な説明をする機会が多くある。しかし，生徒にとっては自分の説明が正しいかどうかを判断するのが難しいといえる。そこで，単元全体を通して，ペアや班で他者へ説明する機会を設け，他者から評価してもらう活動を取り入れることで，生徒の説明する力を育んでいきたい。

4　単元の評価

知識・技能	思考・判断・表現	主体的に学習に取り組む態度
・平行線や角の性質，多角形の角についての性質，三角形の合同条件などについて理解し，いろいろな図形の角度を求めたり，三角形の合同条件を用いて合同な三角形を見つけ，記号を用いて表したりすることができる。	・平行線や角の性質，多角形の角についての性質，三角形の合同条件などについての基礎的・基本的な知識・技能を活用し，図形の性質について数学的な推論を用いて考察したり，論理的な説明をしたりすることができる。	・図形の性質を証明する過程を振り返って，自分の説明を評価，改善しようとしたり，演繹的な推論の必要性を実感し，事象を論理的に考察し表現しようとしたりしている。

5　指導計画

次	時	学　習　活　動	評　価　計　画
1	4	平行線と角 ・対頂角の意味と性質を理解する。 ・同位角，錯角の意味を理解する。 ・平行線と同位角，錯角の関係を理解する。	・対頂角，同位角，錯角の意味を理解し，平行線の性質を用いて角の大きさを求めたり，直線の位置関係などを調べたりすることができる。（知識・技能）ノート
2	4	多角形の角 ・三角形の内角や外角に関する性質を，平行線の性質などを用いて論理的に確かめる。 ・多角形の内角の和や外角の和を，三角形の角の性質などを基にして求める。	・平行線の性質を用いて，三角形の内角の和を演繹的に説明することができる。（思考・判断・表現）ノート・発言 ・多角形の内角の和や外角の和を求めることができる。（知識・技能）ノート・発言
3	3	三角形の合同条件 ・二つの三角形が合同になるための条件を調べる。 ・三角形の合同条件を理解し，それを用いて二つの三角形が合同であるかどうかを調べる。	・三角形の合同条件を理解し，合同な三角形を記号を用いて表すことができる。（知識・技能）ノート・発言 ・三角形の合同条件を用いて，二つの三角形が合同であるかどうか説明することができる。（思考・判断・表現）ノート・発言
4	4	図形の性質の確かめ方 ・証明の必要性と意味を理解する。 ・仮定と結論の意味を理解する。 ・図形の性質を証明する手順を理解し，簡単な図形の性質を証明する。（本時） ・図形の根拠となる図形の基本的な性質について理解する。	・仮定と結論の意味や，演繹的な証明の必要性を理解している。（知識・技能）ノート ・図形の性質を証明するため，三角形の合同条件を用いて二つの三角形が合同であるかどうか考えることができる。（思考・判断・表現）ノート・発言 ・図形の性質を証明する過程を振り返って，自分の説明を評価，改善しようとしている。（主体的に学習に取り組む態度）ノート・行動

6　本時の指導（14/15時間）

⑴　**本時のねらい**

　・平行線にいろいろな線を加えて，合同になりそうな2つの三角形を作ることができる。

　・合同となる根拠をグループで話し合う活動を通して，合同条件を用いて説明することができる。

⑵　**本時の構想**

　　本時は，二つの三角形が合同になることを既習事項を基に説明する学習である。そのために，以下の手立てを講じる。

　①　各自が課題を作成する場の設定

　　　各自が平行線に2本の直線をかき加えて二つの三角形を作り，それが合同になることを説明する課題を設定することで，意欲的に取り組めるようにする。

② 図形の性質カードの利用

　これまで学んできた図形の性質をカードにまとめ，三角形の合同を説明する際に，そのカードを利用できるようにする。

③ 仲間と協力して説明を考える場の設定

　証明のかき方につなげるための授業であるため，全員が三角形の合同の根拠を説明できるよう，グループで協力する場面を設定する。

(3)　本時の展開

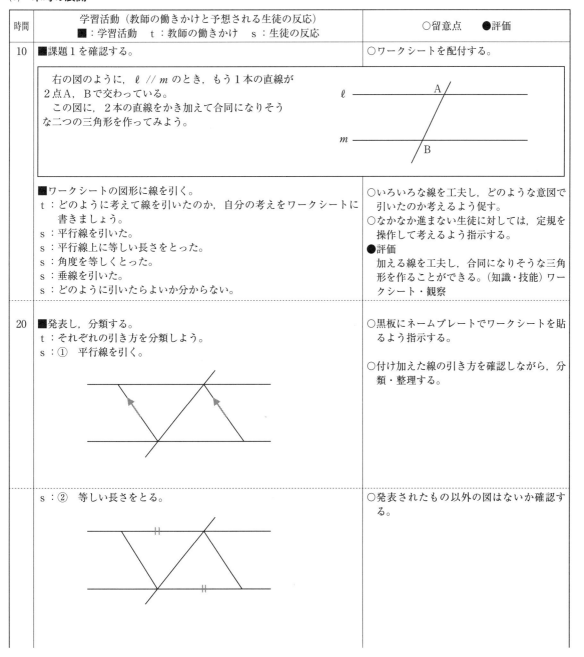

時間	学習活動（教師の働きかけと予想される生徒の反応） ■：学習活動　ｔ：教師の働きかけ　ｓ：生徒の反応	○留意点　　●評価
10	■課題1を確認する。	○ワークシートを配付する。
	右の図のように，$\ell /\!/ m$ のとき，もう1本の直線が2点A，Bで交わっている。 　この図に，2本の直線をかき加えて合同になりそうな二つの三角形を作ってみよう。	
	■ワークシートの図形に線を引く。 ｔ：どのように考えて線を引いたのか，自分の考えをワークシートに書きましょう。 ｓ：平行線を引いた。 ｓ：平行線上に等しい長さをとった。 ｓ：角度を等しくとった。 ｓ：垂線を引いた。 ｓ：どのように引いたらよいか分からない。	○いろいろな線を工夫し，どのような意図で引いたのか考えるよう促す。 ○なかなか進まない生徒に対しては，定規を操作して考えるよう指示する。 ●評価 　加える線を工夫し，合同になりそうな三角形を作ることができる。（知識・技能）ワークシート・観察
20	■発表し，分類する。 ｔ：それぞれの引き方を分類しよう。 ｓ：①　平行線を引く。	○黒板にネームプレートでワークシートを貼るよう指示する。 ○付け加えた線の引き方を確認しながら，分類・整理する。
	ｓ：②　等しい長さをとる。	○発表されたもの以外の図はないか確認する。

	s：③　角度を等しくとる。 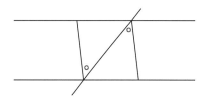 s：④　垂線を引く。 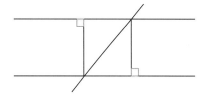	○発表された図が三つ以下の場合には，教師が付け加える。
15	■課題2を確認する。 それぞれの図で二つの三角形が合同になることを，三角形の合同条件を使って，他のグループに説明できるようになろう。 t：図形の性質カードを利用して，グループで協力して説明を考えよう。 s：①　1組の辺とその両端の角がそれぞれ等しいから合同だ。 s：②　2組の辺とその間の角がそれぞれ等しいから合同だ。 s：③　1組の辺とその両端の角がそれぞれ等しいから合同だ。 s：④　1組の辺とその両端の角がそれぞれ等しいから合同だ。 s：④　三角形の内角の和は180°だから，直角でなくても合同になる。 s：④　①のグループと証明が似ている。	○各グループでどの図に取り組むか決定し，協力して取り組ませる。 ○状況に応じて，問題別にグループを作り直す。 ○グループ全員が口頭で説明できることを目標とする。 ●評価 合同条件を利用して，三角形の合同を説明することができる。（思考・判断・表現） 観察・発表
5	■本時の取組について自己評価を行う。 〈振り返りの例〉 ・平行線に，直線をかき加えると，合同な三角形ができる。 ・平行なので錯角が等しいことが条件として利用できた。 ・何か条件を加えて線を引くことで，合同な三角形をかくことができることが分かった。	○ノートに本時の振り返りを記入するよう指示する。 ○選択した問題の証明を次時までにノートに記述するよう指示する。

⑷　**本時の評価**
　　二つの三角形が合同になる根拠を合同条件を利用して，説明することができたか。（思考・判断・表現）
　　評価の方法：観察・発表

第1学年　理科学習指導案

令和〇年〇月〇日（〇）〇限
授業者（〇〇コース）〇〇〇〇
指導者　教諭　　　〇〇〇〇

1　単元名　　力の働き

2　単元の目標

【知識・技能】
・物体に力を働かせる実験を行い，物体に力が働くとその物体が変形したり動き始めたり，運動の様子が変わったりすることを見いだすとともに，力には大きさと向きがあることを理解する。
・物体に働く2力についての実験を行い，力がつり合うときの条件を見いだして理解する。

【思考・判断・表現】
・力の働きや2力のつり合いと日常生活とを関連付け，それらの中に問題を見いだし，科学的に探究する活動を通して，力の働きによる現象について規則性を見いだしたり，課題を解決したりしている。

【主体的に学習に取り組む態度】
・力の働きによる現象を量的・関係的な視点から捉えようとするとともに，見通しをもって観察・実験を行い，科学的に探究しようとしている。

3　単元設定の理由

⑴　教材について

本単元は，中学校における力学の導入となる単元である。

力の三要素（作用点，向き，大きさ）を身近な事象から見いだして理解するとともに，力の大きさを物理的に測定したり，目に見えない力を矢印で表したりする技能を身に付けることで，3年生で学習する「力の合成・分解」に活用できるようになると考える。

フックの法則の実験は，生徒にとって最初の物理実験である。測定結果には必ず誤差が含まれるが，この実験は比較的正確な結果が得やすい実験であるため，誤差の扱いやグラフ化など，測定値の処理の仕方の基礎を正しく身に付けさせたい。

2力がつり合う条件については，実験により規則性を捉えるとともに，日常生活において見られる事物・現象と関連付けることで，科学的に思考する能力や態度を養うことができると考える。また，力の働きによって物体の運動の様子が変わることは，3年生の「運動の規則性」につながる内容である。

単元を通して，身近なところに存在している力の具体例に触れることで，学習したことを関連付けて見る見方・考え方が深まっていくと考える。

⑵　生徒の実態

日常生活において，押す，引く，持ち上げるなど，物体に力を加えることは当たり前のように行われており，生徒は力には大きさと向きがあることを感覚的に理解している。また，小学校6年生で「てこの規則性」について学習しており，支点，力点，作用点の用語や，てこがつり合う条件を知っている。

「つり合い」という言葉からは，「2力のつり合い」よりも「てこのつり合い」をイメージする生徒が多いが，体育大会の綱引きや日常生活での経験から，1つの物体に2つの力を加えても物体が動かない場合があることを感覚的に知っている。

物体に力を加える実験を通して，力の働きやベクトルでの表し方を理解することで，力の働きについて量的・

関係的な視点での科学的な捉えができるようになっていくと考える。

⑶　単元の構想

　　本単元では，身近な物理現象に対する興味・関心を高められるよう，また，全員が見通しをもって学習に取り組めるよう，単元の冒頭で目標と流れを確認する場を設定する。

　　1次では，ふだん目にすることがあっても見過ごしてしまいがちな，日常生活の中の力の働きを見いだせるよう，写真や動画などICTを活用して情報を視覚化したり，自ら体を動かしたりする活動を位置付ける。視覚的，体験的な捉えについて互いに説明し合う中で，力の働きが3つに分類できることに気付かせたい。

　　2次では，まず，1次で記録した具体的な力を例に挙げながら，垂直抗力，弾性力，摩擦力，重力，静電気力，磁力の名称を確認する。その際，静電気力，磁力は2年生の「電流とその利用」に，垂直抗力，摩擦力，重力は3年生の「運動とエネルギー」につながることに触れる。フックの法則の実験では，ばね定数の異なる実験用ばねを4本用意し，異なるばねでも同じように比例のグラフがかけることから，規則性を見いだして理解しやすくなるようにする。力を矢印で図示することは，3次での「2力のつり合い」を説明する上で，また，3年生での「力の合成・分解」を行う上でも必要となる基礎技能である。全員が確実に身に付けられるよう，例題の後，互いに問題を出し合う問題練習の時間を設定する。

　　3次では，1つの物体に2つの力を働かせる実験を行う。グループでの実験となるが，力を働かせる厚紙を任意の形とすることで，実験への積極的な参加を促していく。2力がつり合うためには3つの条件が必要なことをまとめた後，3つの条件のうち2つだけを満たしている場合，物体がどのように動くかを問い掛ける。ワークシートには3つの集合のベン図を用いて，満たしている条件の違いにより，物体の動き方が変わることが整理できるよう工夫する。

　　単元の終末には，客観的，適切に自分の学びを振り返ることができるよう，自己評価と同時にグループ内で相互評価する活動を位置付ける。

4　単元の評価

知識・技能	思考・判断・表現	主体的に学習に取り組む態度
・物体に力を働かせる実験を行い，物体に力が働くとその物体が変形したり動き始めたり，運動の様子が変わったりすることを見いだして理解している。 ・力の三要素を考慮しながら，物体に働く様々な力を矢印で表している。 ・物体に働く2力についての実験を行い，力がつり合うときの条件を見いだして理解している。	・力の働きや2力のつり合いと日常生活とを関連付け，それらの中に問題を見いだしている。 ・科学的に探究する活動を通して，力の働きによる現象について，規則性を見いだしたり課題を解決したりしている。	・力の働きによる身近な現象を量的・関係的な視点から捉えようとしている。 ・見通しをもって観察や実験を行い，力の働きによる現象について，科学的に探究しようとしている。

5　指導計画

次	時	学　習　活　動	評　価　計　画
1	1	・単元の目標と流れを確認する。 ・校舎内を探索し，物体に力が働いている例を写真や動画で記録する。 ・記録を基に，どこに，どのような力が働いているのかを説明し合い，力の3つの働きについてまとめる。	・日常生活の中で見られる様々な力の働きについて関心をもつ。（主体的に学習に取り組む態度）記録した写真や動画 ・物体に力が働くときの物体の変化の様子について，分類する基準を見いだしている。（思考・判断・表現）ワークシート ・具体的な現象から，力を加えた物体と力を受けた物体，力の働き方について説明している。（知識・技能）活動の様子

		学習活動	評価
2	3	・1次での記録を基に，日常生活の中の様々な力について，名称をまとめる。 ・ばねにおもりをつるす実験を行い，加える力の大きさとばねの伸びの関係を調べる。 ・測定結果をグラフ化し，フックの法則についてまとめる。（本時） ・力を矢印で表す方法について説明を聞き，作図の問題練習を行う。 ・重さと質量について説明を聞く。	・力の大きさとばねの伸びを正しく記録し，測定誤差を踏まえてグラフに表している。（知識・技能）グラフ ・グラフから，力の大きさとばねの伸びには比例の関係があることを見いだしている。（思考・判断・表現）ワークシート ・物体に働く力を，力の三要素を意識して図示している。（知識・技能）ワークシート
3	2	・1つの物体に2つの力を働かせる実験を行い，物体が動かなくなる3つの条件をまとめる。 ・3つの条件のうち，2つの条件だけを満たしている場合,物体がどのように動くかを確かめる。 ・単元の学習を振り返り，自己評価と相互評価を行う。	・2力の働きについて，量的・関係的な視点から調べようとしている。（主体的に学習に取り組む態度）実験の様子 ・結果から，2力がつり合うときの条件を見いだしている。（知識・技能）ワークシート ・2力がつり合う3つの条件のうち，2つの条件だけを満たしている場合,物体がどのように動くかを説明している。（思考・判断・表現）活動の様子 ・的確な説明になるよう，説明を工夫，改善している。（主体的に学習に取り組む態度）活動の様子・ワークシート

6　本時の指導（3/6時間）

(1)　本時のねらい

　　力を加えたばねの伸びについて実験を行い，測定誤差を踏まえてグラフ化する活動を通して，ばねの伸びは，力の大きさに比例することを見いだすことができる。

(2)　本時の構想

　　本時は，前時に行った力の大きさとばねの伸びの実験の結果を，グラフ化して考察する。

　　導入において，ばねの長さの変化からばねの伸びを求めさせることで，前時の振返りと結果を整理する場を設定する。展開では，力の大きさとばねの伸びをグラフ化するが，データを処理する初めての実験であるため，測定値には誤差が含まれること，グラフ化により未測定の値を予測できるようになることを説明した上で作業時間を確保する。実験に用いたばねの違いにより，グループ内で異なる傾きのグラフができるが，どれも比例の関係であることから，フックの法則についての説明を行う。終末では，グラフを基に未測定の値を予測できているか，簡単な発問で確認するとともに，弾性限界についても触れる。

(3)　本時の展開

時間	学習活動（教師の働きかけと予想される生徒の反応） ■：学習活動　Ｔ：教師の働きかけ　Ｓ：生徒の反応	○留意点　●評価
5	■前時の実験結果を整理する。 Ｔ：実験結果（ばねの長さの変化）から，ばねの伸びを求めよう。 Ｓ：おもりをつるしていないときのばねの長さを基準に考えればよいのか	○机間指導 　ばねの伸びの求め方が間違っていれば，個別指導する。
5	■本時の課題を確認する。 〈学習課題〉 　力の大きさとばねの伸びにはどのような関係があるのだろうか。 Ｓ：ばねに加える力が大きくなると，ばねが長く伸びている。 Ｓ：大体同じ伸び方をしているが，値がずれている部分もある。	○板書 　課題を板書し，目標を説明する。 ○説明 　結果には測定誤差が含まれること，グラフ化により未測定の値を予測できることを説明する。

35	■実験結果をグラフ化し，力の大きさとばねの伸びの関係を考察する。 T：実験結果を基に，力の大きさとばねの伸びの関係をグラフに表そう。 　　手順　①　グラフの縦軸・横軸の目盛りと見出しを書く。 　　　　　②　測定値をグラフ用紙に打点する。 　　　　　③　打点から，直線か曲線かを判断して線を引く。 S：同じようにおもりをつるしたから，横軸はみんな共通でよい。 S：おもりをつるさないときは，ばねが伸びないから，グラフの原点にも打点するのか。 S：測定点がきれいに並んでいるので，簡単に直線が引ける。 S：他の点と比べて１つだけずれている点があるが，この点も含めて線を引いた方がよいのだろうか。 T：グラフから，力の大きさとばねの伸びには，どのような関係があるか考察しよう。 S：傾きには違いがあるが，全て右上がりの直線グラフになった。 S：ばねの伸びは力の大きさに比例している。 〈まとめ〉 　ばねの伸びは，ばねに加える力の大きさに比例する。（フックの法則）	UD ○スクリーンでの例示 縦軸・横軸や測定値の記入の仕方をワークシートをスクリーンに映しながら説明し，同様にして作業を進めるようにする。 ○机間指導 全ての測定値に誤差が含まれること，打点が明らかに大きく外れている場合，その測定値は除いて線を引くように説明する。作業時間を確保し，折れ線グラフになっていれば個別指導する。 ●評価 測定誤差を踏まえて正しくグラフに表すことができる。（知識・技能）ワークシート，グラフ ●評価 力の大きさとばねの伸びが比例していることを見いだすことができる。（思考・判断・表現）ワークシート ○板書 まとめを板書し，フックの法則を説明する。
5	■作成したグラフから未測定の値を予測する。 T：ばねに加える力の大きさを，実験時の最大値の５倍にした場合ばねの伸びはどうなるだろうか。 S：比例の関係があるのだから，ばねの伸びも実験時の最大値の５倍になる。	○演示 壊れたばねを提示し，弾性限界があることにも触れる。

⑷　**本時の評価**

・力の大きさとばねの伸びの実験結果を測定誤差を踏まえてグラフに表すことができたか。（知識・技能）
　評価方法：ワークシート・グラフ

・測定誤差を踏まえて実験結果をグラフ化し，加えた力とばねの伸びの間には比例関係があることを見いだすことができたか。（思考・判断・表現）
　評価方法：ワークシート

第1学年　音楽科学習指導案

令和〇年〇月〇日（〇）〇限
授業者（〇〇コース）〇〇〇〇
指導者　教諭　　　　〇〇〇〇

1　題材名

ベートーヴェンの表現したかったものは何だろう
教材曲「交響曲第5番ハ短調作品67」（ベートーヴェン　作曲）

2　題材の目標

【知識・技能】
・曲想と音楽の構造との関わりや，教材曲とその背景となる文化や歴史について理解している。

【思考・判断・表現】
・音楽を形づくっている要素を知覚し，作曲者がどのように音楽の要素を関連させたか考えている。あわせて，作曲者が表現しようとしたことや作曲者の心情について考えながら，音楽のよさや美しさを味わって聴いている。

【主体的に学習に取り組む態度】
・作曲者が表現しようとしたことや作曲者の心情を考えるため，主体的・協働的に話合いに取り組んでいる。

3　題材設定の理由

⑴　題材について

　本題材は，学習指導要領に示された「内容」の中の「B鑑賞」に当たるものである。平成29年告示の学習指導要領から「B鑑賞」の中に「『生活や社会における音楽の意味や役割』，『音楽表現の共通性や固有性』について考えること」という事項が付け加えられた。本題材は，それを受けて文化的側面を意識して設定したものである。

　音楽の諸要素が生み出す雰囲気や音楽のよさ，作曲者の文化的側面を踏まえて「交響曲第5番ハ短調」の「運命」という標題が妥当かどうか考えながら鑑賞することを通して，音楽的な見方・考え方を広げいくことができると考える。

⑵　生徒の実態

　生徒の生活には，音楽があふれている。聴きたい曲はすぐに聴くことができる環境が整っている。しかし，普段の生活では，音楽の要素を意識したり，音楽の諸要素が生み出す雰囲気や作曲者の時代や生い立ちなどの文化的側面を意識したりすることはほとんどない。そこで，鑑賞の授業においては，これらを意識して鑑賞したり話し合ったりすることを通して，音楽の良さや美しさを深く味わえるようにしたい。

　生徒は，1学期に「春（ヴィヴァルディ）」を学習している。具体的には，楽器の音色の特徴やソネットを表した旋律であることなどを学習している。さらに，「春」という題名について，イタリアと日本ではイメージが異なるなどの，音楽の背景となる文化・歴史についても学んでいる。

　そこで本題材では，1学期の学習を踏まえて，作曲家の人生についても触れながら音楽の文化的側面にも注目して，教材曲を深く味わえるようにしたい。

⑶　題材の構想

　生徒は，ベートーヴェンの『運命』と聞くと，「ジャジャジャジャーン」と「交響曲第5番ハ短調」の冒頭を連想する。そして，この出だしが，この曲のイメージであるととらえてしまいがちである。しかし，実際のところベートーヴェンは，自身の作曲したこの曲に『運命』とは標題を付けてはいない。この事実を生徒に伝えることで，生徒は意表を突かれることになり，関心をもつきっかけとなるであろう。

　次に，各楽章についてグループで担当を決め，音楽の要素が創り出す雰囲気や作曲者が表現したかったことについて自分の考えをまとめる。それぞれの楽章について考えたことは，元のグループに戻ってメンバーに伝える。このことを通して，教材曲を多面的・多角的にとらえられるようにしたい。

　また，当時の社会情勢やベートーヴェンの生い立ちについて説明する。このことによって，作曲者や教材曲について，イメージをさらに膨らませることができるものと考える。

　最後に，自分が感じたイメージを基に，教材曲にタイトルを付ける場を設定する。こうすることによって，生徒は，本題材の学習を振り返り，自分が感じた教材曲のイメージをより明確なものにできると考える。

4　題材の評価

知識・技能	思考・判断・表現	主体的に学習に取り組む態度
・曲想と音楽の構造との関わりや，教材曲とその背景となる文化や歴史について理解している。	・音楽を形づくっている要素を知覚し，作曲者がどのように音楽の要素を関連させたか考えている。あわせて，作曲者が表現しようとしたことや作曲者の心情について考えながら，音楽のよさや美しさを味わって聴いている。	・作曲者が表現しようとしたことや作曲者の心情を考えるため，主体的・協働的に話合いに取り組んでいる。

5　指導計画

次	時	学習活動	評価計画
1	1	・交響曲第5番ハ短調の第一楽章の前半を鑑賞し，第一楽章のソナタ形式を知る。 ・作曲者が音楽に表現したことを考えてワークシートに記入する。	・ソナタ形式と音楽を照らし合わせながら聴くとともに，そこに使われる「動機」（モチーフ）の変化を理解している。（知識・技能）ワークシート ・作曲者の表現したい想いが，どのような音楽の要素と関連しているのか考えながら聴いている。（思考・判断・表現）ワークシート
2	1	・提示された課題について，グループで担当する楽章を決める。 ・担当する楽章ごとのグループに分かれ，自分の担当する楽章を鑑賞し，知覚・感受したことをワークシートに記入する。	・自分の担当の楽章について，音楽の要素が創り出す雰囲気を感じ取りながら，作曲者が表現したかったことを想像し味わって聴いている。（思考・判断・表現）ワークシート
3	1	・元のグループに戻り，それぞれの楽章を鑑賞して感じたことを伝え合う。 ・作曲者の文化的側面が音楽にどのように影響しているか考える。 ・グループで作曲者の表現したかったことを想像し，それを話し合い，整理する。 ・交響曲第5番ハ短調を鑑賞する。 （本時）	・感じ取った音楽の雰囲気を互いに伝え合い，作曲者の文化的側面，音楽の要素の関連の意図をふまえ，作曲者の表現したかったことを考えている。（思考・判断・表現）ワークシート

6　本時の指導（3/3時間）

⑴　本時のねらい

　分担してつかんだ楽章の要素と雰囲気を伝え合い，さらに当時の社会状況や文化，生い立ちなどの文化的側面を知り，話し合うことを通して，作曲者の意図（表現したかったこと）を想像してまとめる。

⑵　本時の構想

　生徒は担当した楽章の音楽の要素とそれが醸し出す雰囲気をつかみ，それを言葉に表している。本時は元のグ

ループに戻り，自分の担当した楽章について伝え合う。これにより，生徒は，それぞれの楽章ごとに雰囲気が違っているため，作曲者が何を表現したかったのかまとまりがないように感じるであろう。そこに，作曲者の育った時代，当時の社会状況，文化，生い立ちなど，作曲者の文化的側面を映像等で伝え，再度話し合うことを通して作曲者がこの曲で何を表現したかったのかを考えさせたい。その際，作曲者の心情を考え「運命」というタイトルが本当にぴったりくるのかを考えるきっかけとし，十分時間を取って様々な感じ方に触れさせたい。

(3)　本時の展開

時間	学習活動（教師の働きかけと予想される生徒の反応） ■：学習活動　　t：教師の働きかけ　　s：生徒の反応	○留意点　　●評価
13	■担当した楽章について感じたことと，そう感じさせた音楽の要素を伝え合う。 t：班での発表は，1楽章から順番に行い，どんな曲だったのかすぐに確認できるよう，用意してある音源を聴いてみましょう。 s：楽章によって，雰囲気が全然違うからびっくりした。 s：なるほど，2楽章はゆったりしているから「朝の紅茶を飲む時間」と捉えたのだね。 s：あなたは，4楽章の題名を「優勝」としたね。金管楽器の音が重なっていたからだというけれど，私は「王の登場」みたいに感じたよ。 t：どうしてそう感じたのかな？ s：みんな一斉に演奏するから華やかではあるし，音が上行（高い音に向かって進行）しているから，最高潮みたいに思えたからです。	○生徒が学習活動の内容をつかむことができるよう，学習の流れを黒板に示す。 ○自分の考えを伝えやすくなるように，ワークシートを活用させる。 ○教師は，生徒の話し合いを聴きながら，さらに知覚・感受したことを引き出した方が良い場合は，追質問をするようにする。 ●自分の担当した楽章について，音楽の諸要素とそれがつくり出す雰囲気を自分の言葉で説明している。（思考・判断・表現）ワークシート，発言
12	■作曲者が，この曲を作曲するに至るまでの文化的側面について知る。 t：作曲者の育った時代，当時の社会状況，文化，生い立ちなどは，次の通りです。それらは，作曲者の作品に深い影響を与えました。 　準備…ＰＣ（プレゼンや動画資料），具体的なエピソード s：思っていた以上に，当時のヨーロッパは汚れていたし，いろいろ整っていなかったのだな。 s：社会の状況から，ハイヒールの靴が誕生したとは驚きだ。 s：貧富の差が大きかったのか。 s：子供の半数が10歳にならずに死んでしまう時代とは… s：音楽家にとって耳が聞こえなくなるとはどんな心境か… s：ベートーヴェンも，性格がかんしゃくもちで，よく体調を崩していたけれど，それらは，当時の鉛でできていた食器が関係しているなんて… s：死のうとしていたのに，よくそこから立ち直ったなぁ。何がそうさせたのだろう。 t：文化的側面をふまえて，ベートーヴェンはどんなことを考えたのか想像してみましょう。（ワークシートに記述）	○文化的側面の内容について想像しやすくなるよう，映像や具体的なエピソードを用い，生徒の知識と関連させながら伝える。 ○もし自分だったらどう感じるか考えるよう促す。 ○作曲者の心情と，音楽の要素とを関連させられるよう，生徒の思考の流れを考えたワークシートを用意する。 ○ワークシートを書くための時間を確保する。 ○班での話し合いが円滑に行われるよう，生徒の様子を観察し，必要な場合は追質問をするなど声をかける。
15	■作曲者の表現の意図を考える。 t：1楽章から4楽章までの雰囲気に，作曲者の文化的側面もふまえて，作曲者がこの曲で表現したかったことを考えよう。 t：まず，この曲を作った時の作曲者の心情を考えよう。そして，「運命」と親しまれている曲だけど，本当に「運命」というタイトルがぴったりくるのか考えてみよう。 s：1楽章の出だしは，作曲者の気持ちそのもののような気がする。不安にぶち当たった感じだけど，4楽章の華やかさは，何か吹っ切れた感じ。きっと自分の運命を受け入れたのかも。	○悩んで答えを一つにまとめられない班があれば，どんな話し合いになったかを紹介するよう促す。

	s：この曲にタイトルを付けるとしたらどうなるだろう。何かに向かって，幸せも不幸も乗り越えていく感じだな。 s：タイトルは「船出」にしよう。やってみないと分からない不安とか，旅のいい時間もあるし，嵐もやってくるし，という変化がそれぞれの楽章にもあったから。 s：やっぱり「運命」でいいのかもしれない。4楽章までの変化が生きていく中での山あり谷ありにも似ているから。	●文化的側面と音楽表現の関係に関心をもち，それらの働きが生み出す雰囲気を感じ取ろうとしている。(思考・判断・表現)ワークシート，話し合いの様子
9	■交流を通して互いの感じ方の違いを知る。 t：班で話し合った結果，どんなことを表現したかったのか紹介しよう。紹介する際は，音楽の要素と関連させよう。そして，タイトルを付けるとしたら何になるかも発表しよう。 s：私たちの班は，繰り返し出てくる動機（モチーフ）が暗く迫ってくるような1楽章から，大きな不安を表したかったと感じ，それが2楽章では…これらをふまえて，私たちの班の考えたタイトルは「人生」としました。 s：私たちの考えたタイトルは「人の一生」です。理由は…	○同じ曲に対して様々な感じ方があることに気付けるよう，交流に十分な時間を確保する。
1	〈まとめ〉 　曲は，作曲者の文化的側面も大きく影響していることが分かる。同じ曲を聴いていても感じ方は人それぞれである。だから，聴いて感じたことを伝え合うのがおもしろい。	

⑷　**本時の評価**

・自分の担当した楽章について，音楽の諸要素とそれがつくり出す雰囲気を自分の言葉で説明することができたか。(思考・判断・表現)

　評価方法：ワークシートの記述，班で交流するときの発言　など

・作曲者の文化的側面との関係を基に，全楽章の曲の雰囲気と作曲者の意図（表現したかったこと）を想像してまとめることができたか。(思考・判断・表現)

　評価方法：ワークシートの記述，班で交流するときの発言　など

第2学年　美術科学習指導案

令和○年○月○日（○）○限
授業者（○○コース）○○○○
指導者　教諭　　　○○○○

1　題材名　　　情報を分かりやすく伝えよう　－ピクトグラムのデザイン－

2　題材の目標

【知識・技能】

・形や色彩などの性質やそれらが感情にもたらす効果などについて理解することができる。

・伝わりやすさを考え，形や色の特徴を生かして効果的な表現方法を工夫することができる。

【思考・判断・表現】

・伝えたい内容を多くの人に伝えることを考えて構想を練ることができる。

・作品の洗練されたよさや美しさを感じ取り，伝達の観点から生活を豊かにする美術の働きを理解することができる。

【主体的に学習に取り組む態度】

・身の回りのサインに関心をもち，ピクトグラムなどの伝達のデザインに主体的に取り組もうとしている。

3　題材設定の理由

⑴　**題材について**

　グローバル化が進む現代社会においては，言語に限定されずに情報を伝達する方法が様々に模索され，サイン（視覚記号）の価値が改めて見直されている。公共施設や駅，空港など，様々な国の人が往来する施設はもちろん，信号や道路標識，店舗や施設の案内表示，家電製品のボタンやPC，スマートフォンのアイコンなど，私たちの生活には様々なサインがあふれている。それらのサインには，直感的に意味や方法を伝達することができるよう，情報の限定や省略，形の単純化，色の対比など，色と形の特徴を生かした工夫がなされている。

　本題材では，主にピクトグラムを取り上げる。ピクトグラムは，絵文字，絵単語とも呼ばれ，何らかの情報や注意を伝達するために表示されるサインの一つである。文字や文章ではなく視覚的な図で情報を表現することで，言語に制限されずに内容を直感的に伝達することができる。

　現在身の回りで用いられているピクトグラムが世に広まったのは，東京オリンピック（1964年）がきっかけであるといわれている。当時の日本は，誰もが来日した外国人と十分なコミュニケーションをとれる状態ではなかったために，「誰が見ても分かるマーク」としてオリンピック競技種目や食堂などのピクトグラムを考案した。その後，ピクトグラムは，東京オリンピック，大阪万博（1970年）を通じて日本全国，世界各国で用いられるようになっていった。近年では，東日本大震災（2011年）などの大きな災害が頻発し，水害や津波，土砂崩れなどへの警戒や避難を誘導するピクトグラムなど，瞬時に，直感的に情報を伝達する方法の必要性，有効性が再確認され，より分かりやすく改善されて各地に設置されている。

　本題材では，学校生活に着想してピクトグラムのデザインに取り組む。用途や目的に応じてサインをデザインし，試用する中で，形や色彩などの性質やそれらが感情にもたらす効果などについて理解を深めるとともに，身の回りのサインの機能性と美しさとの調和について考えを深めることができると考える。

⑵　**生徒の実態**

　生徒はこれまで，色面の組み合わせにより季節のイメージを表す活動や文字のイメージをデザインし，表す活動に取り組んできた。その中で，色の違いや組み合わせによって相手に伝えるイメージが大きく変わること，形

の省略や単純化，強調などにより，より明確にイメージを伝えることができることを実感している。サインのデザインと試用を通して，自身の生活を振り返りながら身の回りのもの，ことと関わり，デザインの役割や働きについて考えを深めていくと考える。

⑶　題材の構想

　本題材では，学校生活において課題を改善したり，生活を豊かにしたりするためのサインを制作して試用する。1次では，形や色彩が用途や目的，感情にもたらす効果と結び付いていることを実感できるよう，学校内に設置されたサインを取材し，用途や目的を視点に仲間分けをする活動を位置付ける。2次では，目的や用途に応じてサインを構想することができるよう，具体的な生活場面から「課題を改善する」「生活を豊かにする」などの目的を選択させた上でアイデアスケッチに取り組ませる。また，PCでシミュレーションを提示するなどして，ピクトグラム特有の表現の工夫を理解することができるようにする。制作においては，色数を必要最小限にするために，色紙を切り抜いたものを組み合わせて作図することとする。制作したサインは，機能や効果を確認することができるよう，実際に校舎内に設置する。3次は，設置したサインがどのように機能したかを話し合う場を設定するとともに，鑑賞の活動として実生活や実社会で用いられているサインを提示し，伝達のデザインを視点として美術の役割や働きについて考えさせていく。

4　題材の評価

知識・技能	思考・判断・表現	主体的に学習に取り組む態度
・形や色彩などの性質やそれらが感情にもたらす効果などについて理解している。 ・形や色彩の特徴を生かし，単純化や省略，対比の効果を用いて表現を工夫している。	・用途や目的に応じて形や色彩の組み合わせを考え，構想を練っている。 ・身の回りのサインの機能性と美しさの調和，デザインの役割や働きについて考えている。	・役割や働きなどに関心をもって身の回りで用いられている伝達のデザインを調べている。 ・伝達の観点から試作を繰り返してピクトグラムをデザインしている。

5　指導計画

次	時	学 習 活 動	評 価 計 画
1	1	・題材の目標と流れを確認し，サインについて知る。 ・校舎内に設置されているサインについて調べ，共通点や相違点を整理する。 ・用途や目的とサインに用いられている形や色彩の関係についてまとめる。	・伝達のデザインについて，役割や働きなどに関心をもつ。(主体的に学習に取り組む態度) ワークシート ・形や色彩などの性質やそれらが感情にもたらす効果などについて理解している。(知識・技能) ワークシート ・サインの機能性と美しさの調和，役割や働きについて考えている。(思考・判断・表現) ワークシート
2	1	・学校生活で課題となっていることなどを挙げ，どのようなサインが必要か考え，アイデアスケッチをする。	・形や色の特徴を生かし，単純化や省略，対比の効果を用いて表現を工夫している。(知識・技能) スケッチブック ・用途や目的に応じて色や形の組み合わせを考え，仲間の意見を参考にしながら構想を練っている。(思考・判断・表現) スケッチブック ・より伝わりやすいピクトグラムになるよう，主体的に図案や配色を工夫している。(主体的に学習に取り組む態度) 作品
	1	・用途や目的に合わせてサインの図案を練り，配色計画を立てる。(本時)	
	2	・サインを作図し，設置する。	

3	1	・サインを試用してみての効果や生活の変化について話し合う。 ・実生活や実社会で用いられているサインを鑑賞し，伝達のデザインについて考える。	・サインの機能性と美しさの調和，役割や働きについて考えている。（思考・判断・表現）活動の様子 ・伝達のデザインについて，役割や働きなどに関心をもち，生活に役立てようとしている。（主体的に学習に取り組む態度）活動の様子・ワークシート

6　本時の指導（3/6時間）

(1)　本時のねらい

　　仲間の意見を参考にしながら図案や配色など，デザインの構想を練る活動を通して，用途や目的に応じて色や形の組み合わせを考えたり，単純化や省略，対比の効果を用いて表現を工夫したりすることができる。

(2)　本時の構想

　　本時は，アイデアスケッチを基に図案を検討して配色計画を行い，ピクトグラムのデザインを決定する。

①　比較場面の設定

　　導入において，同じ意味で異なる図案のピクトグラムを提示し，比較する場面を設定する。比較を通して，最低限必要な情報と遠くからでも一目で分かる形と色彩について考えさせ，省略と単純化，対比の効果と明視性の関係についておさえる。

②　カラーチャートを用いた配色計画とＰＣを用いたシミュレーション

　　展開で，生徒は，明視性を視点に図案を練りつつ，カラーチャートを用いて配色を計画していく。ＰＣやタブレットなどを用意しておき，生徒の要望に応じて配色のシミュレーションに活用することを促し，メディアリテラシーの育成につなげる。活用に際して，ファイルや図の複製などの操作が生じるため，必要に応じて，著作権について指導する。

③　構想を具体化するための意見交換

　　生徒が個々に仕上げたサインの原案について，仲間と意見を交換する場を設定し，特に配色を視点として見え方・伝わり方について改善の視点を得ることができるようにする。意見交換においては，複数のデザイン案を示して仲間から意見を得ることとする。また，意見交換後に再度デザインの見直しを行う場を設定することで構想を具体化することができるようにする。

(3)　本時の展開

時間	学習活動（教師の働きかけと予想される生徒の反応） ■：学習活動　Ｔ：教師の働きかけ　Ｓ：生徒の反応	○留意点　●評価
10	■本時の目標を確認する。 Ｔ：前回行ったアイデアスケッチを基に，今日はより伝わりやすい図を検討し，配色を計画して図案を決定しましょう。 ■図案を比較し，省略や単純化，対比の効果と明視性について話し合う。 　　見やすさに注目してデザインを比較しよう	○学習の流れと本時の目標はあらかじめ板書しておく。

各教科等の指導と学習指導案

	Ｔ：このピクトグラムは，どちらも同じ意味を伝えています。どんな意味を伝えていますか。近くの人と話し合ってみましょう。 Ｓ：廊下を走ってはいけないという意味だと思う。 Ｓ：衝突注意という意味ではないか。 Ｔ：二つのピクトグラムは，どこがどのように違いますか。 Ｓ：Ａには，人が二人いるが，Ｂは一人だけ。 Ｓ：Ａは廊下の曲がり角があって全体の様子が分かるが，Ｂはクローズアップされ，驚きが表現されている。 Ｔ：Ｂは，できるだけ内容を省略し，情報を限定することで見やすくなるようにデザインを工夫しています。 Ｔ：どのピクトグラムが一番分かりやすいですか。分かりやすいものを一つ選んでください。 Ｔ：それはなぜですか。 Ｓ：一番注意を促すのは黄色と黒。ふだん目にするものと同じだから。 Ｓ：黄色と黒でも，図と地の色が入れ替わると印象が変わる。 Ｔ：図形が伝える意味の理解しやすさの度合いを明視性と言います。一目で細部まで捉えやすい図形を「明視性が高い」と言います。省略，単純化，対比の効果により，明視性が高いピクトグラムを目指して構想を練りましょう。	○作品例の提示 　スライドで，同じ意味で異なる図案（彩色なし）を提示する。 ○意見の収集 　意見が出やすいように，ペアやグループで話し合った後，学級全体での話し合いにしていく。できるだけ多くの生徒の意見を聞くことができるよう，テンポよく進める。 ○板書 　スクリーンは黒板の中央に設置し，生徒の発言をスクリーンの左右に整理しながら板書し，Ａ，Ｂの違いを明らかにする。 ○作品例の提示 　スライドで，Ａのスケッチに彩色したものを数パターン提示する。最初にどのピクトグラムが分かりやすいかを挙手で問い，全体の意見を把握する。 ○板書 　生徒の発言を板書に整理し，色数と対比の効果について説明する。明視性や省略などのキーワードはあらかじめカードにしておく。
25	■図案を練り，配色計画を立てる。 ┌─────────────────────┐ │　　　図案を練り，配色計画を立てよう　　　│ └─────────────────────┘ Ｔ：それでは，明視性を視点に再度図案を検討しましょう。カラーチャートと色鉛筆を用意しました。配色を検討し，スケッチに色をつけましょう。 Ｓ：図を減らして（省略），もっとシンプルに，線を太くして強調しよう。 Ｓ：もっと明度に差のある色を用いて，明視性を高くしよう。 Ｓ：補色対比を用いてみよう。図の間に白を用いて，分離の効果で図を際立たせよう。 Ｓ：どちらの色の組み合わせがより伝わりやすいか，比べてみよう。 Ｔ：ＰＣやタブレットを使って，配色の効果を比較してみましょう。ＰＣを使うと，色の変更が簡単なので，何通りも試すことができます。 Ｓ：他の色の組み合わせも試してみよう。 Ｓ：黄と黒の組み合わせは注意を喚起する。でも，主張が強すぎる。 Ｓ：安心感を与えるために青と水色で考えていたが，この図の水色では，背景の青に埋もれてしまって明視性が低くなってしまう。 Ｓ：色の組み合わせはよいが，どちらの色を図に用いるか迷ってしまう。 ■意見交換を通して，図案，配色を決定する。 ┌─────────────────────┐ │　　アイデアをもらい，デザインをよりよくしよう　　│ └─────────────────────┘	○道具と方法の提示 　前時のアイデアスケッチを基に図案を練りながら，配色を検討するように指示し，カラーチャートと色鉛筆を提示する。 ○机間指導 　生徒の活動の様子を観察し，ピクトグラムで伝えたい内容や表現の意図などを確認しながら，図案，配色について助言する。活動が停滞している生徒には，必要に応じて，他の生徒のスケッチや参考となるサインを提示し，発想を促す。 ○ICTの活用 　配色をシミュレーションすることができるように，ＰＣやタブレットを用意し，生徒の活動に合わせて活用を促す。必要に応じて操作方法を教える。 ●評価 　形や色の特徴を生かし，単純化や省略，対比の効果を用いて表現を工夫している。（知識・技能）アイデアスケッチ，活動の様子
10	Ｔ：皆さんの図案がだいぶ固まってきたので，グループで図案を紹介し，伝わりやすい図案になっているかどうか意見をもらいましょう。 Ｔ：紹介の仕方と意見を述べる際の視点を確認しましょう。	［UD］ ○指示 　作業の手を止めさせてから次の指示を出す。話合いの進め方はスライドで提示したままにする。

	・最初に，グループ全員の図案を並べます。 ・図を紹介する人は，進行と掲示をします。図案について何も説明を言わずに意見を聞き，スケッチブックにメモしてください。 ・意見を述べる人は，次のどれかの視点で，一つだけ意見を伝えます。 　①情報の省略　②図の単純化　③配色と対比 ・どの視点で意見を伝えても構いませんが，一番伝えたいことを30秒程度で一つだけ伝えてください。 ・意見の伝達は30秒程度，一人の紹介と意見の伝達を２分で行います。 ・合図をしたら，次の人の紹介と意見の伝達に移ります。	○表示の活用 　①～③の表示を用意し，意見を述べる際に表示を持たせることで，どの視点で意見を伝えているのか視覚的に分かるようにする。 ○机間指導 　各グループの意見の内容を聞き取り，以下のように働き掛ける。 ・感想だけの場合は，代案を提示するように促す。 ・視点が明確でない場合は，どの視点について述べているかを確認する。 ・意見を述べられずにいる場合は，グループの仲間の図案と比較して分かることや思い付くことなどを問う。
	S：(省略)時計と人が描かれているが，時計だけでもよいのではないか。針の色を強調することで，明視性が高まると思う。 S：(単純化)時計に数字が書かれているが，針だけでも分かる。数字をなくした方が人の姿が際立つと思う。 S：(配色と対比)黄色と黒は注意を喚起するが，厳し過ぎると思う。青と白の組み合わせにして，「○○しましょう」のニュアンスにしてはどうか。 T：意見交換を終わります。仲間からもらった意見で，「役立ちそうだ」「面白い」など，デザインをよりよくするのに役立ちそうな意見に印を付けましょう。 ■授業の振返りをする。 | デザインのポイントをまとめ，次時の活動計画を立てよう		●評価 　用途や目的に応じて色や形の組み合わせを考え，仲間の意見を参考にしながら構想を練っている。(思考・判断・表現)意見交換の様子，スケッチブックの内容
5	T：今日の活動と意見交換を振り返りましょう。授業の内容を基に，明視性を高めるポイントをスケッチブックにまとめてください。図案や配色に修正や改善を加えようと思う人は，どこをどのように変えるのか，なぜ変えようと思うのかをスケッチブックに記録しましょう。 S：明視性を高めるには，図をできるだけ単純化し，余分な情報を省略する。配色の際は，明度差を意識し，コントラストを高くする。 S：意見を参考に，時計の数字をなくして，色の組み合わせを変えることにした。はじめは注意を喚起するように黄と黒にしたが，日常的に意識してもらうために，青と白にする。 T：スケッチブックを提出しましょう。	○振り返りの視点の提示 　明視性を視点にデザインのポイントをまとめさせることで，本時の活動を振り返らせる。合わせてデザインの改善の意図があるかないかをスケッチブックに記録させ，生徒の表現意図と今後の活動方針を把握する。 ●評価 　より伝わりやすいピクトグラムになるよう，主体的に図案や配色を工夫している。(主体的に学習に取り組む態度)活動の様子，スケッチブックの内容

(4) 本時の評価

・形や色の特徴を生かし，単純化や省略，対比の効果を用いて表現を工夫することができたか。(知識・技能)
　評価方法：アイデアスケッチ，活動の様子

・用途や目的に応じて色や形の組み合わせを考え，仲間の意見を参考にしながら構想を練ることができたか。(思考・判断・表現)
　評価方法：意見交換の様子，スケッチブックへのメモ

・より伝わりやすいピクトグラムになるよう，主体的に図案や配色を工夫することができたか。(主体的に学習に取り組む態度)
　評価方法：活動の様子，スケッチブックの内容

第1学年　保健体育科学習指導案

令和○年○月○日（○）○限
授業者（○○コース）○○○○
指導者　教諭　　　○○○○

1　単元名　　器械運動（マット運動）

2　単元の目標

【知識・技能】
・自己の目標とする技がよりよくできるよう，課題に応じた練習に取り組み，その技の構造を理解することができる。

【思考・判断・表現】
・ペアやグループでの運動観察や意見交換を通して自己の課題を改善し，その結果を学習カードにまとめたり，発表したりすることができる。

【主体的に学習に取り組む態度】
・自己の目標とする技の習得を目指し，意欲的に仲間と意見交換をし，自己の身体の使い方について考えながら学習に取り組んでいる。

3　単元設定の理由

⑴　単元について

　器械運動は，技の「できる・できない」がはっきりとしており，苦手意識を抱く生徒の多い単元の一つである。しかし，視点を変えて一人一人の技能状況に応じて挑戦する技能を選択できるようにすることで，様々な違いを超えて全員が楽しみながら取り組むことのできる単元となる。単元を通して，自己の目標とする動きへと近づいていけるよう，類似な動きをウォーミングアップに取り入れたり，ペアやグループでの運動観察や意見交換の場を設定したりする。そして，自己の気付きをワークシートに蓄積する活動を授業の終末に位置付けることで，技に対する深い自己理解を促す。これらの活動は，より高度なマット運動の技能の習得や器械運動を構成する他の運動への発展という観点から考えると，学習効果が高いと考える。自己や他者の動きを興味深く観察し，気付きや発見を楽しみながら，一人でも多く技能が向上したという実感がもてるような生徒の姿を目指したい。

⑵　生徒の実態

　生徒はこれまで，技能の差はあるものの，小学校でマット運動に取り組み，回転，逆さ，腕支持など様々な感覚を養ってきた。その中で，技が上手くできるという喜びを感じる一方で，上手くいかずに悩むこともあり，マット運動に対する意識の差も感じている。目標とする技の向上，達成を目指して仲間同士で協力しながら活動を進める本単元では，その苦手意識を少しでも払拭し，技能の構造を理解することや，身体の使い方を考えて「こつ」をつかむことにつながるものである。

⑶　単元の構想

　本単元では，導入においてマット運動の技能向上や習得につながる動きを身に付けることができるよう，類似な動きを準備運動や課題別練習に取り入れる。また，技能や気付きの変容を確認できるよう，タブレット端末を活用して動作の変化を確認したり，ワークシートに気付きを記録したりする活動に単元を通して継続して取り組む。単元のまとめでは，自己の目標とする効率的な動きへと変化していけるよう，仲間と意見交換し，アドバイスを伝え合う活動を設定し，目標とする技能の仕組みや，自分でつかんだ「こつ」について考える時間も設ける。

4　単元の評価

知識・技能	思考・判断・表現	主体的に学習に取り組む態度
・自己の目標とする技がよりよくできるよう，課題に応じた練習に取り組み，その技の構造を理解している。	・ペアやグループで互いの技能についての意見交換を行い，改善点をワークシートにまとめたり，それを基に発表したりしている。	・自己の目標とする技の習得を目指して，意欲的に仲間と意見交換をし，自己の身体の使い方について考えながら学習に取り組んでいる。

5　指導計画

次	時	学 習 活 動	評 価 計 画
1	2	・オリエンテーションで単元のねらいや目指す姿，運動観察の行い方，学習の流れについての説明を受け，見通しをもつ。 ・技能向上や習得につながる類似な動きの練習を行う。	・単元のねらいと流れを理解し，今後の活動への意欲を高めている。（主体的に学習に取り組む態度）活動の様子 ・技能の構造を意識しながら，ポイントを押さえて練習に取り組んでいる。（知識・技能）活動の様子
2	4	・今できる技を確認した後，新たに身に付けたい技を決定し，繰り返し練習を行う。 ・互いに助言し合い，その助言を生かして再度練習を行う。（本時） ・互いに助言し合ったことの評価をワークシートにまとめる。	・できる技の構造を分析し，そこから派生する技を課題として設定している。（知識・技能）ワークシート ・意見交換から得た助言を生かし，身体の使い方について考えながら学習に取り組んでいる。（主体的に学習に取り組む態度）ワークシート ・意見交換した内容や改善点などをワークシートにまとめている。（思考・判断・表現）ワークシート
3	2	・自己の課題として取り組んだ技を加えた連続技の発表を行う。 ・単元の振返りを記入する。	・自己の課題とする技を取り入れ，技の連結を考えながら，スムーズに演技することができる。（知識・技能）活動の様子 ・単元を振り返り，自己の成長や改善された点などをワークシートにまとめている。（思考・判断・表現）ワークシート

6　本時の指導（6/8時間）

(1)　本時のねらい

タブレット端末や運動観察を活用しながら身体の使い方について考える活動を通して，技能の向上や目標の達成を目指そうとして練習することができる。

(2)　本時の構想

本時では，前時までに課題別練習で取り組んできた技をよりよくするために以下の2つの手立てを講じる。

①　タブレットを使って演技を撮影し，技のポイントを可視化するとともに導入時と終末時の変化を比較する。

言葉だけの助言では，技の細かなところや体の各部分が動き出すタイミングを理解することは困難である。タブレットを使用することにより，自分の演技を自分で見ることが可能となる。今の技の出来栄えを理解したり，友達と同じ画面を見ながらポイントの解説を受けたりすることが容易になる。また，導入時と終末時に自分の演技を撮影することでその変化を比較し，技の質的変化を確認できるようにもなる。

②　技を仲間と互いに観察し合い，助言し合う活動を行う。

仲間と助言し合うことは，送られる側と送る側の双方にメリットがある。助言を送られる側は，自分では気づかなかった視点を取り入れることができる。新たな視点を取り入れることで，技の質的な向上が見られ，完成度が高まることが期待できる。一方送る側は，改めてその技の構造やポイントについて考えることになる。他者へ説明するにあたって，細部にわたって技を見直すことで，技に対する理解が深まる。

(3)　**本時の展開**

時間	学習活動（教師の働きかけと予想される生徒の反応） ■：学習活動　　ｔ：教師の働きかけ　　ｓ：生徒の反応	○留意点　●評価
8	■準備運動に取り組む ｔ：準備運動をしよう。運動の内容は，各自が練習している技に生きるものを選んで行おう。場所も行いやすい所を自分で選ぼう。 ・ストレッチ　・ゆりかご　・背支持からの開脚 ・跳び箱またぎ越し　・脚の入れ替え　・カエルの足打ち ・壁倒立からの前転　・壁倒立　　など ｓ：倒立の技能向上につながるように，脚の入れ替えと，カエルの足打ちを重点的に練習しよう。	○全員が共通で行う準備運動の後，自己の課題に応じた練習に取り組む。様々な運動を行えるよう多様な活動場所を設定する。
3	■本時の学習内容について理解する ｔ：前時までに，できる技の中から好きな技を1つ選択しました。その技を注意深く観察・分析し，技の構成要素を理解しましたね。更にその技から派生する技を知り，新たに自分ができるようになりたい技を選んで，個々に練習してきました。今日は，互いの技を観察し，助言し合って技の完成度を高めていきます。 助言を活かして，技の完成度を高めよう ｓ：大体できるけど，技をきれいに見せたい。 ｓ：手のつき方を安定させたい。 ｓ：怖くてできない。どうしたらいいかな。	
10	■互いに撮影，助言する ｔ：本時の開始時と終了時での違いを比較できるように，開始時の状態をタブレットで記録しよう。練習を通して，技の完成に向けて困っているところやポイントとして考えているところをワークシートに記入して，明確にしておこう。 ｓ課題①：前方倒立回転跳びで，かっこよく着地できないな。どうしてだろうか。 ｓ助言①：背中が丸まっているね。顎を引いて回転しているからだ。前を向くようにして大きく手をつくといい。 ｓ課題②：前方倒立回転跳びで，手をついた時，肘が曲がってしまうな。 ｓ助言②：床を強く押さないといけないけど，肩で押すようにした方がいい。肘をまっすぐにして，なるべく遠くに手をついて，肩で床を強く押したらいい。 ｓ課題③：回転しようとすると恐怖感が出てしまう。皆は怖くないのかな。 ｓ助言③：初めはみんな怖いと思う。エアーマットの上で，体を曲げずに倒れたり，倒立して倒れたりする練習をするといい。	○タブレット端末で動画を撮影する際は，端末を固定すること，背景に邪魔なものが映り込まないようにすること，高さや距離の変化がわかるような固定された線や物を利用することなどに留意するよう指示する。 ○助言する生徒は，言葉だけで説明するのではなく，実際に演技してみせるなど，工夫のある助言になるよう指示する。
15	■自己の課題を確認しながら技能の練習に取り組む ｔ：助言を生かして，練習に取り組もう。 ｓ：助走の時に手を大きく振り上げて，顎を上げるようにしたら，体が反って，技が大きくなった。かっこよくなったぞ。 ｓ：肘がどうしても曲がるから，肘を伸ばして腕全体と肩で壁を押す練習をした。このイメージをもってマットでやってみよう。 ｓ：エアーマットに倒れてみた。体を曲げずに倒れるのは怖かったけど，けがをしないことが分かった。この練習を続ければ，回転もできそうだ。	●課題の達成に向け，仲間から得たアドバイスを生かし，積極的に練習している。（主体的に学習に取り組む態度）活動の様子 ○本時の導入で撮影した物と比較がしやすいように，撮影の条件をそろえる。

10	■互いに撮影し，本時の導入時と比較する。 ｔ：今の様子を撮影して，授業の最初と比較してみよう。 ｓ：背中が丸まらなくなって，逆に反るような姿勢になった。かっこいい技に近付いた。 ｓ：まだ曲がる時もあるけど，肘がだんだん曲がらなくなってきた。手のつき方が安定した。 ｓ：まだ，勢いよく回転するのは怖いけど，エアーマットの上ならできそうだ。 ■本時の学習をまとめる	
4	ｔ：ワークシートに本時のまとめをしよう ┌─────────────────────────────┐ │ 友達の●●という助言を聞いて▲▲したら，技の完成度が高まった。 │ └─────────────────────────────┘ ｓ：自分の課題は，大雑把に完成していた技をもっときれいにすることでした。友達からは，背中の丸まりを指摘されました。そして，技に入る時に大きく腕を上げることと，顎を引かずに前を見ることを助言されました。その結果，体が反って，技が大きくなりました。	●意見交換した内容や気付いたことを基に改善点をまとめる。（思考・判断・表現）ワークシート

(4)　**本時の評価**

・課題の達成に向け，仲間から得た助言を生かし，積極的に練習していたか。（主体的に学習に取り組む態度）

・タブレット端末や運動観察を活用し，仲間同士での意見交換を基に，改善点をワークシートにまとめていたか。（思考・判断・表現）

・評価方法：両項目共に活動の様子，ワークシートの内容（アドバイスを送った内容，もらった内容）

第2学年　技術・家庭科　技術分野学習指導案

令和○年○月○日（○）○限
授業者（○○コース）○○○○
指導者　教諭　　　○○○○

1　題材名　　　非常時に使用するための照明器具の製作

2　題材の目標

【知識・技能】

・電気機器の役割や電気回路の仕組みについて理解しているとともに，安全で機能的な電気回路を製作することができる。

【思考・判断・表現】

・電気機器の使用目的や使用状況，使用方法について，多面的に判断し，学習課題に対して解決策を構想し，試行を繰り返して評価・改善しながら，課題を解決する力を身に付けている。

【主体的に学習に取り組む態度】

・課題解決に向けてよりよい製品となるよう，自ら課題の解決方法に向けて工夫したり，改善方法を提案したりするなど，主体的に取り組み創造しようとしている。

3　題材設定の理由

(1)　題材について

日常生活や産業にとって，電気は欠かせないものである。生徒にとっても，毎日学習や私生活で利用しており，電気を使わない日はない。電気製品のほとんどは，既製品であり，コンセントや電池で電源を取り，スイッチを押せば利用できるだけあって，生徒にとっては当たり前に感じられるものでもある。それだけに，東日本大震災をはじめ，震災等の避難生活においては，電気を自由に利用できないことによる不便さを痛感し，被災者の声が多く聞かれた。その中でも，照明については，単に明るさを求めるだけでなく，心の拠り所としての必要性や，被害を増幅させてしまった設置の仕方など，様々な面から取り上げられていた。当たり前に使えるものが当たり前に使えなくなったときのことを踏まえ，どのような場面でどんなものが使えればよいかを考えて，製品の構造や機能などを的確に理解することが必要である。そのため，電気を利用した非常時に使える照明器具を製作することは，自ら主体的に生活を営もうとする態度の基となるものであり，生徒にとって価値があると考える。

(2)　生徒の実態

これまで生徒は，小学校の理科で電気の性質や身近にある電気を利用しているものについて学習してきた。また，社会科でも日常生活や産業と電気の関わりについて学習した。本題材では，自分や家族の生活に目を向けて課題を見いだした上で，電気を利用した防災グッズの製作を行う。その際，中学校1年時で学習したものづくりにおける材料選択や加工方法の知識を活用したり，回路を試行して自分や他者の評価を基に改善したりしながら，よりよい製品を目指す。この活動を通して，よりよい生活を目指して主体的に課題を解決していく姿を目指したい。

(3)　題材の構想

本題材では，電気を利用した照明器具の製作をグループで分業して行う。構想・設計・製作・評価というものづくりの流れについて，製作品に合わせてより具体的で詳細な工程になるよう，活動計画をグループで協議・作成する時間を設定する。また，各工程において，使用目的や使用条件を踏まえた的確な方法が選択できるよう，複数名で情報を集め，評価規準を基に協議・選択する時間を設定する。その上で，誰もが納得する明確な理由を

発信する活動を位置付ける。

　1次では，電気回路や絶縁体などの構造が分かるよう，身近な扇風機を例に挙げて構造を考える場を設定する。また，ブレッドボードの仕組みや電気回路の基本構成が分かるよう，電子部品の数や回路の複雑さを考慮した段階的な学習課題を設定する。

　2次では，実際の企業を模擬体験できるよう，分業を想定した4人編制のグループを構成する。また，生徒が同じ完成のイメージを共有して製作活動ができるよう，基本回路の製作体験や，非常時に必要な機能や構造を話し合って確認する場を設定する。加えて，製品としての価値が高まるよう，製作品の評価規準を社会的側面，環境的側面，経済的側面の3つから考えるよう促す。なお，製作場面においては，正しく工具を扱ったり怪我を未然に防止したりできるよう，グループ間で同じ作業をする生徒同士が新たにグループを編成して作業する活動を位置付ける。

　3次では，よりよい製品にするための視点として誰もが納得できる理由となるよう，3つの側面を基に技術を考える場を設定する。

4　題材の評価

知識・技能	思考・判断・表現	主体的に学習に取り組む態度
・電気機器の役割や電気回路の仕組みについて理解している。 ・安全で機能的な電気回路を製作することができる。	・電気機器の使用目的や使用状況，使用方法について，多面的に判断して製品の機能や構造を考えている。 ・学習課題に対して，試行を繰り返し，評価・改善しながら，解決しようとしている。	・よりよい製品になるよう，機能や構造を工夫したり，試行を踏まえて改善方法を提案したりするなど，主体的に取り組んでいる。

5　指導計画

次	時	学　習　活　動	評　価　計　画
1	1	・電気機器の構造を調べて整理する。	・電気機器の構造に関心をもち，分かりやすく整理しようとしている。（主体的に学習に取り組む態度）ワークシート
	1	・電気回路の製作に必要な工具や工程を確認する。	・工程の順序や，工具の種類や使い方が分かる。（知識・技能）活動の様子
	2	・ブレッドボードを使って，基本的な回路の組立てを体験する。（本時）	・電気回路を正しく組立てることができる。（知識・技能）活動の様子，ワークシート
2	1	・震災や非常時に必要な照明器具の特徴を調べる。 ・防災に役立つ照明器具の使用状況から，必要な機能や構造，材料をまとめる。	・震災や非常時に役立つ照明の機能等を，関心をもって調べている。（主体的に学習に取り組む態度）ワークシート ・照明として必要な機能や安全性が分かる。（知識・技能）ワークシート
	1	・グループで，使用目的や使用場面，使用方法から製作する照明機器を決めて評価規準を作成し，製作品の仕様を決める。	・非常時の状況や使用場面を想定し，製品の機能や構造を考えている。（思考・判断・表現）ワークシート
	1	・製作工程を確認し，役割分担をして試作品を製作する。	・正しく工具を扱って作業ができる。（知識・技能）活動の様子
	3	・試作品について，評価規準を基に評価し，改善点を確認する。 ・分担して製品を製作する。 ・製作品を使用して点検する。	・正しく工具を扱って作業ができる。（知識・技能）ワークシート，活動の様子 ・安全な回路の組立てが分かる。（知識・技能）活動の様子

	1	・他のグループと製作品を交換して使用し，評価 規準を基に評価する。	・非常時の照明として十分な機能等を備えているか，評価規 準を基に考え，関心をもって調べている。（主体的に学習に 取り組む態度）活動の様子，ワークシート
3	1	・他のグループと自分のグループの評価を基に， よりよい製品にするために必要な技術を考え， まとめる。	・明確な理由を基にして，よりよい製品を提案している。（思 考・判断・表現）ワークシート

6　本時の指導（3/12時間）

⑴　本時のねらい

　　電気回路を製作する活動を通して，電気回路の基本構成を理解し，回路製作の際に気を付ける点をまとめることができる。

⑵　本時の構想

　　本時では，ブレッドボードに電子部品を取り付けながら，電気回路を製作する。

　　教材として，ブレッドボードと，ＬＥＤや抵抗器，スイッチ類を使用する。ブレッドボードは，電子部品を差したり抜いたりすることで簡単に回路を組み立て直すことができるという特長があるため，生徒の試行を促進させることができる。前時の電気回路の基本構成を踏まえ，導入では，ブレッドボードと電子部品３点を使用するだけでＬＥＤを点灯させる回路が製作できたり，段階を踏めばスイッチを切り替えることでＬＥＤを交互に複数点灯させる回路が製作できたりすることを，実物を提示して説明する。展開では，電子部品２点でＬＥＤを点灯させる回路から複数のＬＥＤを複数の異なるスイッチで点灯を操作する回路までを，段階的に自分の学びの速度に合わせて進めることができるワークシートを活用し，回路の製作を実際に行う。その際，実際に製作した回路をワークシートに図示して残すことを指示し，電気の流れ道を再確認させ，直列回路と並列回路の違いも確認させていく。終末では，ＬＥＤが点灯しなかった場面を振り返り，回路を製作する際に確認すべき視点をまとめていく。

⑶　本時の展開

時間	学習活動（教師の働きかけと予想される生徒の反応） ■：学習活動　Ｔ：教師の働きかけ　Ｓ：生徒の反応	○留意点　●評価
5	■前時に学習した回路の基本構成として必要な要素を再確認する。 　電気回路の基本構成を再確認し， 　製作時に気を付けることを見つけよう Ｓ：電源と負荷，スイッチがある。 Ｓ：導線でそれらがつながっていることも大切な要素だった。 Ｔ：電気回路の基本構成として必要な要素を，一つずつ生徒に発表させ，要素の関係性を図示する。 　実際の電気回路を見てみよう	○指示 　ノートを見直したり，回りの生徒と話したりして確認するよう促す。 UD ○板書 　基本構成を黒板に図示し，可視化する。 ○教材 　見本は，ブレッドボードと電池ボックス，ＬＥＤ１つ，抵抗器１つで構成する。
10	Ｔ：見本として，最も簡単にＬＥＤが点灯する回路と，複数のＬＥＤと複数のスイッチによって，ＬＥＤが切り替わって点灯する回路を提示し，生徒が本時で身に付ける技能を説明する。 Ｓ：思っていたより，簡単な回路でＬＥＤは点灯させられる。 Ｓ：スイッチを複数組み合わせて，しかもつなぎ方を変えれば，ＬＥＤの点灯のさせ方も種類を増やせそうだ。	UD ○実物投影機で例示 　実物投影機で写しながら，ＬＥＤの点灯を実演する。

20	■ＬＥＤが点灯する電気回路を組む。目的通りにＬＥＤが点灯した場合は，学習課題ワークシートに電気回路を図示して書き写す。 ＿＿＿＿実際に電気回路を製作しよう＿＿＿＿ Ｔ：スモールステップで段階的に電気回路が理解できるよう学習課題を設定する。その際，徐々に部品点数が増えたり，前問を踏まえた学習課題にしたりするよう配慮する。 ＿Ｔ：電気の通り道が「乾電池→電子部品→乾電池」になっているか確認しながら，ＬＥＤが点灯する回路製作の学習課題に取り組もう＿ Ｓ：ＬＥＤは向きによって電気が流れる方向が決まっていることが分かった。 Ｓ：ブレッドボードがどのような構造になっているかが分かったので，電子部品を差す場所も予想がつくようになった。 Ｓ：切り替えスイッチは，３本ある真ん中の共通端子を必ず使えば，切り替えができることが分かった。 Ｔ：短絡を起こさないよう，電気回路を組み終わってから，電池ボックスに電池を取り付けるよう促す。 Ｔ：学習課題の内容によっては，電子部品のつなぎ方は複数あり，必ずしも解が一つでない場合があることを説明する。	○学習形態と進め方 学習課題のワークシートに沿って電気回路の組立てを個人で取り組むが，つまずきや疑問解消のために隣や近くの生徒とも交流しながら製作するよう促す。 ○教材 ブレッドボード，電池ボックス，電子部品類を用意し配付する。配付したブレッドボードや電池ボックスなどは，記名したケースに入れて保管する。 ○机間指導・支援 机間指導し，つまずきによって活動が停滞している生徒や，製作できた電気回路をワークシートに図示していない生徒がいたりした場合は，声を掛けて支援や活動を促す。
10	＿分かったことやできるようになったこと，回路を製作する際に気を付けることについて活動を振り返ってまとめよう＿ ■振り返りシートに本時の活動の振り返りを書く。 Ｔ：知識として理解したことや身に付けた技能，目的通りの回路を製作する際に気を付けることの三点に分けて振り返りを書く。 Ｓ：電気の流れが，電池ボックスのプラスから各電子部品を一筆書きでなぞるようにつながっていれば，電気回路が成立することが分かった。 Ｓ：事故が起きないよう，ＬＥＤと抵抗器を必ず組み合わせたり，電池ボックスを必ず最後に取り付けたりすることを，毎回心掛けていたので，考えなくても自然とできるようになった。 Ｓ：ＬＥＤが点灯しない原因で，ＬＥＤの向きの間違いが一番多かったので，次からは，間違いの原因としてまずそこから確認したい。	●評価 電気回路の基本構成を理解し，目的に応じて正しく回路を製作することができる。(知識・技能) 活動の様子，各種ワークシート ○振り返りワークシート 知識，技能，工夫の３点を四件法で振返る数値と，記述で振り返る枠を入れたワークシートを用意する。 ○片付け・清掃 細かい電子部品が机上に残っていないか確認を促す。
5	■学習課題ワークシートと振り返りシートを提出する。 ■後片付けをする。	

⑷　**本時の評価**

電気回路の基本構成を理解し，目的に応じて正しく回路を製作することができたか。(知識・技能)

評価方法：活動の様子，学習課題ワークシート，振り返りワークシート

第1学年　技術・家庭科　家庭分野学習指導案

令和○年○月○日（○）○限
授業者（○○コース）○○○○
指導者　教諭　　　○○○○

1　題材名　　　中学生に必要な栄養を満たす食事

2　題材の目標

【知識・技能】

・中学生に必要な栄養の種類や特徴，食品の栄養的な特質，献立作成の方法を理解し，1日分の献立を立てることができる。

【思考・判断・表現】

・食事内容に関する問題を見いだして課題を設定し，中学生に必要な栄養を満たす1日分の献立を工夫することができる。

【主体的に学習に取り組む態度】

・中学生に必要な栄養を満たす食事に関心をもち，健康によい食生活に向けて，課題に主体的に取り組み，自己の生活に生かそうとしている。

3　題材設定の理由

(1)　題材について

　本題材では，中学生に必要な栄養を満たす食事について課題をもち，栄養素や食品の栄養的な特質，中学生の1日に必要な食品の種類と概量，1日分の献立作成に関する基礎的・基本的な知識と技能を身に付け，1日分の献立を工夫することができるようになることをねらいとしている。

　中学生は身体の成長が盛んで活動が活発な時期であるため，エネルギー及びたんぱく質やカルシウムなどの栄養素を十分に摂取する必要があり，日常生活で栄養的に過不足のない食事をとることが重要である。栄養や食品に関する正しい知識を習得し，様々な食品を組み合わせて献立を立てることができることは，生徒自身の健康の維持増進に直結し，日常生活の充実，自身の生活の自立につながる。現代は，食品を簡単に手に入れて食べることができる便利な時代であるが，豊かさの反面，様々な健康問題が起きていることからも，成長期であり，生活の自立を目指していく中学生のこの時期に，健康と食事についての学習をすることは有意義である。

(2)　生徒の実態

　小学校の家庭科では，栄養を考えた食事について，体に必要な栄養素の種類と働き，食品の栄養的な特徴と組み合わせ，献立を構成する要素，献立作成，1食分の献立の工夫について学習している。生徒の食生活やこれまでの学習に関するアンケートでは，食事と健康についての知識や関心をもっている生徒，食生活に楽しみを求める生徒，食生活の学習では特に調理実習を好む生徒が多いという結果であった。

　食事の役割や食生活の問題を見いだす学習においては，偏食や欠食などの栄養面や健康面に注目する生徒が最も多く，自身の食生活には課題があると捉えている。また，日常生活の場面では，給食の時間の様子などにおいても，食べる量や食品が，生徒の味の好みに影響されるなど，中学生の1日に必要な食品の種類と概量について課題がみられる。

(3)　題材の構想

　小学校で五大栄養素の種類と働きを学んでいるが，ここでは栄養素が一つの働きだけをするのではないことに気付かせる。そして，食品に多く含まれる栄養素の特徴から，6つの食品群に分類されることを理解できるよう

にする。栄養成分について調べたり，食品群に分類したりすることを通して，食事や食品，献立を立てることへの関心を高め，実生活と学習を結び付けて，自分自身の生活に生かしていく実践的な態度をもつことができるようにする。

1次では，栄養素の種類と働きについて関心をもって理解できるよう，視聴覚教材やデジタル教材を活用して，体内での働き（栄養）と食品に含まれる成分（栄養素）について確認する活動や，栄養素を目で見て確認できるような実験を取り入れる。ここでは，たんぱく質は体を構成するだけでなくエネルギー源にもなること，無機質は骨や歯，血液の成分であるとともに，栄養素の代謝に関わり体の調子を整えること，更に食物繊維や水の働きにもふれる。

2次では，食品の栄養的な特質について，日常生活と結び付けて理解できるよう，献立例を示して食事や食品に注目したり，食事調査を行って1食分の献立を振り返り，食品を書き出したりする活動を位置付ける。また，食品例をカードにして提示し，栄養素ごとにまとめることを通して，6つの基礎食品群が栄養成分によって分類されていることを確認する。

3次では，中学生の1日に必要な食品の種類と概量，献立作成の方法について，食品群別摂取量の目安を示し，生徒の共通の食事である給食の献立を例にして理解できるようにする。そして，献立例を示して食事内容に関する問題を見いだし，課題を設定して中学生に必要な栄養を満たす1日分の献立を工夫することができるようにする。

題材を通して，小学校家庭科の学習や，理科第2分野「生物の体のつくりと働き」，保健体育科「健康な生活と疾病の予防」，特別活動「食育の観点を踏まえた学校給食と望ましい食習慣形成」の学習との関連を図り，学習がより深まるよう工夫する。

4 題材の評価

知識・技能	思考・判断・表現	主体的に学習に取り組む態度
・中学生に必要な栄養の種類や特徴を理解している。 ・食品の栄養的な特徴と6つの基礎食品群について理解している。 ・献立作成の方法を理解し，1日分の献立を立てることができる。	・食事内容に関する問題を見いだし，栄養バランスに関する課題を設定することができる。 ・中学生に必要な栄養を満たす1日分の献立を工夫することができる。	・中学生に必要な栄養を満たす食事に関心をもっている。 ・健康によい食生活に向けて，課題に主体的に取り組み，自己の生活に生かそうとしている。

5 指導計画

次	時	学 習 活 動	評 価 計 画
1	1	栄養素の種類と働き ・体内での働き（栄養）と食品に含まれる成分（栄養素）について確認する。 ・栄養素の検出実験を行う。 （食物繊維や水の働きにもふれる。）	・中学生に必要な栄養の種類や特徴を理解する。（知識・技能）ワークシート， ・中学生に必要な栄養を満たす食事に関心をもっている。（主体的に学習に取り組む態度）活動の様子
2	1	食品の栄養的な特質（本時） ・食事調査を行い，1食分の献立を振り返る。 ・食品例を6つの基礎食品群に分類する。	・食品の栄養的な特徴と6つの基礎食品群について理解する。（知識・技能）ワークシート，活動の様子 ・栄養バランスのとれた1食分の食品の組み合わせを考えることができる。（思考・判断・表現）ワークシート，活動の様子

| 3 | 2 | 中学生の1日に必要な食品の種類と概量
・食品群別摂取量の目安について確認する。

1日分の献立作成
・献立例から食事内容に関する問題を見いだす。
・課題を設定して中学生に必要な栄養を満たす1日分の献立を工夫して考える。 | ・中学生の1日に必要な食品の種類と概量が分かる（知識・技能）ワークシート
・食事内容に関する問題を見いだして栄養バランスに関する課題を設定することができる。（思考・判断・表現）ワークシート
・献立作成の方法を理解し，1日分の献立を立てる。（知識・技能）作成した献立
・中学生に必要な栄養を満たす1日分の献立を粘り強く工夫する。（思考・判断・表現）作成した献立 |

6 本時の指導（2/4時間）

(1) 本時のねらい

食品を分類する活動を通して，食品の栄養的な特徴と6つの基礎食品群について理解し，栄養バランスのとれた1食分の食品の組み合わせを考えることができる。

(2) 本時の構想

食品の栄養的な特質について関心をもつことができるよう，導入では，献立例を複数示しながら，どのような食品や調理を組み合わせるとよいかを挙げていく活動を行う。味の好みや外観，季節などにもふれながら，本時は栄養バランスのとれた食品の組み合わせを課題とすることを確認する。そして，日常生活と結び付けて考えられるよう，生徒が自分の食べた1食分の献立を振り返り，含まれていた食品を書き出し，栄養バランスをよくするために献立に加えたい食品や代替したい食品などを考える活動を行う。

展開では，まず，食品カードを示してグルーピングすることによって，分類の意図を予想させ，6つの基礎食品群が多く含まれる栄養素ごとに分けられていることが分かるようにする。そして，身近な食品を6つの基礎食品群に分類する活動を位置付け，食品に含まれる栄養素について理解することができるようにする。

終末では，自分の食べた1食分の献立を食品群に分類して過不足を明確にし，栄養バランスをよくするにはどの食品群の食品を加えるとよいか，または代替するとよいかを考える活動を行う。食品群を理解することによって，導入場面で考えた食品とは異なる食品や複数の食品に注目したり，加減する必要があることに気付いたりする。最後に，食品群や食品の栄養的な特質の理解とともに，学習したことを実生活にどのように生かしていくかを記述することで，日常生活での実践につなげる。

(3) 本時の展開

時間	学習活動（教師の働きかけと予想される生徒の反応） ■：学習活動　T：教師の働きかけ　S：生徒の反応	○留意点　●評価
15	T：献立例を複数示しながら，どのような食品や調理を組み合わせるとよいかを問う。 S：スパゲッティミートソースには，野菜サラダを合わせたい。 自分の食事の内容を振り返ろう ■自分が食べた1食分の献立を振り返り，どんな食品が含まれていたかを書き出す。更に献立に加えたり代替したりするならどんな食品がよいか考える。 S：朝食は，トースト，スープ，ハムエッグだった。入っていた食品は，パン，バター，たまねぎ，にんじん，トマト，ハム，たまごだな。加えるならビタミンの多いブロッコリーや青菜などの緑の野菜がいいと思う。	○様々な食事の役割に触れつつ，本時は栄養バランスのよい組み合わせを学ぶことを伝える。 ○食品と栄養素に注目できるよう，選んだ食品と栄養素を挙げるよう促す。 ●評価 栄養素に注目しながら，献立と組み合わせる食品を記述している。（思考・判断・表現）ワークシート

20	6つの基礎食品群（食品の栄養的な特徴）について知ろう	○食品カード 食品の栄養的な特徴に注目できるよう，6つの基礎食品群と食品例をカードにして提示する。

T：食品カードを示してグルーピングしながら分類の意図を問う。
S：牛乳と小魚のグループは，カルシウムの多い食品だな。主食は炭水化物だな。これらは栄養素ごとに分類されているのだな。
T：6つの基礎食品群を示し，栄養成分によって分類されていることを知らせる。
　　1群（たんぱく質）：魚・肉・卵・豆・豆製品
　　2群（無機質）：牛乳・乳製品・小魚・海そう
　　3群（カロテン）：緑黄色野菜
　　4群（ビタミンC）：その他の野菜・果物
　　5群（炭水化物）：米・パン・めん・いも・砂糖
　　6群（脂質）：油脂

UD
○食品カードには，分かりやすい画像と食品名を入れ，教室のどこからでも見える大きさのものを用意する。学級の生徒全員が1枚以上手にすることができるようにする。黒板には，教科書と同じ向きと順序で示す。

T：具体的にどのような食品がどの食品群になるのか，いろいろな食品を食品群に分類してみましょう。

■身近な食品（カード）を6つの基礎食品群に分類する。
S：卵は1群，ヨーグルトは2群。キャベツは3群と4群どちらだろう。
S：油揚げは，大豆から作られているから1群だな。マヨネーズは，卵や油，お酢からできているが，1群と6群どちらだろう。
S：クッキーは小麦粉が多く使われているから5群の仲間だな。いちごジャムは，果物だけれど砂糖が多く使われているから5群だろう。

○誤答が予想されるもの（1群の魚と2群の小魚，2群の乳製品，3群の緑黄色野菜と4群のその他の野菜・果物など）については，分類が難しいことを伝え，食品成分表を示すなどして補足して説明する。

●評価
食品の栄養的な特徴と6つの基礎食品群について理解している。（知識・技能）ワークシート，活動の様子

15	栄養バランスのよい食品の組み合わせを考えよう

T：6つの食品群の学習を踏まえて，自分の献立が更に栄養バランスがよくなるように考えましょう。

○1食分の献立の中に6つの食品群が全て含まれるように，加える食品や調理例を複数考えることができるよう促す。

■自分が食べた1食分の献立の食品を食品群に分類した上で，改めて，加えたり減らしたりする食品，代替する食品を考える。
S：朝食では，緑色の野菜を加えるとよいと考えていたが，食品群に分類すると，2群の食品が含まれていなかったことが分かった。だから，チーズトーストにするか，ヨーグルトか牛乳を加えたい。
T：学習の内容を自分の生活にどのように生かしていくとよいかやこれから更に学びたいことを考えて本時のまとめを記述するよう指示する。

○加減や代替する食品を複数挙げることができるよう，食品群の例を挙げ，複数の生徒に考えを聞く。

○実践的な態度を高めるために，日常生活にどのように生かしていくとよいかなどを複数の生徒に問う。

〈まとめ〉
　私の朝食で特に不足していたのは2群の食品だった。2群の食品は中学生に特に必要で体の組織をつくる無機質を多く含んでいる。食事をするときには，食品に含まれる栄養素を意識して，足りない栄養素を補う食品を選べるようにしたい。

●評価
6つの食品群を含む1食分の食品の組み合わせを考えている。（思考・判断・表現）ワークシート，活動の様子

T：食品群別摂取量の目安について次回学習することを予告する。

(4)　**本時の評価**
・食品の栄養的な特徴と6つの基礎食品群について理解できたか。（知識・技能）
・栄養バランスのとれた1食分の食品の組み合わせを考えることができたか。（思考・判断・表現）
・評価方法：両項目ともにワークシート，活動の様子

第3学年　外国語科学習指導案

令和○年○月○日（○）○限

授業者（○○コース）○○○○

指導者　教諭　　　○○○○

1　単元名　　Program 6　Let's Talk about Japanese Things.　（開隆堂出版）

2　単元の目標

【知識・技能】

・外国語の音声や語彙，表現，後置修飾の用法を理解し，活用することができる。

【思考・判断・表現】

・日本文化を紹介する英文を聞いて，内容を正しく理解できる。

・日本文化を正しく説明する英文を書くことができる。

・日本文化を紹介する英文を，表現を工夫して発表することができる。

【主体的に学習に取り組む態度】

・英語や相手の背景にある文化に対する理解を深め，聞き手，話し手に配慮しながら，主体的に英語を用いて表現したり，コミュニケーションを図ったりしようとする。

3　単元設定の理由

(1)　単元について

　　2学年では「前置詞句による修飾」，「不定詞による修飾」を扱ってきた。本単元では「現在分詞及び過去分詞による後置修飾」を扱う。そのため，本単元は後置修飾のまとめを目指す単元になるもので，とても重要な単元になると考えられる。日本文化紹介文の作成・発表を行うことで，既習の英語の文型や表現を統合的に運用することを目指す。また，本単元では日本文化紹介が題材として扱われている。海外の人に日本文化を紹介することを目標にすることで，日本文化に関心をもち，見つめ直すことができる単元となっている。

(2)　生徒の実態

　　以下のグラフは○月に実施した英語授業アンケートの結果である。全体の回答から，英語学習に否定的な気持ちをもつ生徒が，肯定的な気持ちをもつ生徒を上回っている。理解度を高め，活動を工夫することで英語の楽しさを実感させたい。

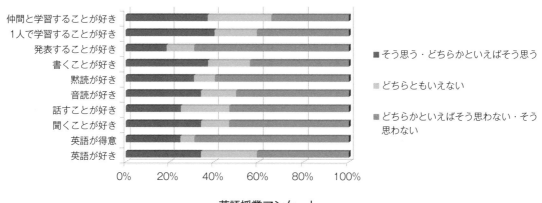

英語授業アンケート

　クラス全体としては，間違いを恐れずに活発に発言できる雰囲気がある。ペアやグループなどの仲間と関わる活動では，仲間同士で教え合うことができる生徒も多いと感じられる。しかしながら，個人でじっくりと考えることが苦手な生徒もいる。○月に実施した後置修飾の基本文のテストでは，20の英文の空所補充問題の正答数がクラス全体で14.0であった。正答率は7割であることから，生徒たちに英語の文型や語順がおおむね定着していると考えられる。

⑶　単元の構想

　生徒には，これまでも修飾関係における日本語と英語の語順の違いについて指導してきた。英語は，結論を先に言う言語であるという原則を踏まえ，物事を説明する際は，英語ではまず名詞を提示した後にどのような物や人であるかを「後置修飾」するという一連の働きを押さえたい。そのために，適切な英文の例示を行った後に，ペアやグループで後置修飾を用いた英文を楽しみながら繰り返しアウトプットする活動を位置づけるなど，協同的な学びが行われるように計画し，全ての生徒が自信をもって適切に英語が運用できるように支援したい。

4　単元の評価

知識・技能	思考・判断・表現	主体的に学習に取り組む態度
・外国語の音声や語彙，表現，後置修飾の用法を理解し，活用することができる。	・日本文化を紹介する英文を聞いて内容を正しく理解したり，説明する英文を書いて発表したりすることができる。	・英語や相手の背景にある文化に対する理解を深め，聞き手，話し手に配慮しながら，日本文化について主体的に英語を用いて表現したり，コミュニケーションを図ったりしようとする。

5　指導計画

次	時	学習活動	評価計画
1	1	・単元のCAN-DOリストを確認する。 ・現在分詞の後置修飾 I mean the man reading a newspaper. を用いて，写真や絵について「～している…」と説明したり，仲間と対話したりする。	・現在分詞の後置修飾の用法を理解し，活用している。（知識・技能）活動の様子
	1	・スピーチの仕方と話題の順序を意識して教科書本文を暗唱する。	・スピーチの内容が伝わるように暗唱できる。（知識・技能）活動の様子
2	1	・過去分詞の後置修飾 That is the temple built by Ashikaga Yoshimitsu in 1397. を用いて，写真や絵について「～された…」と説明したり，仲間と対話したりする。	・過去分詞の後置修飾の用法を理解し，活用している。（知識・技能）活動の様子
	1	・スピーチの仕方と話題の順序を意識して教科書本文を暗唱する。	・スピーチの内容が伝わるように暗唱できる。（知識・技能）活動の様子
3	1	・日本文化に関するクイズを作成し，仲間とクイズ対決を行う。（本時）	・イメージマップを基に日本文化に関するクイズを作成し，出題することができる。（思考・判断・表現）ホワイトボードの記述，活動の様子
	1	・後置修飾を用いて日本独自のものを説明する。	・説明する文章を粘り強く工夫し，表現しようとしている。（主体的に学習に取り組む態度）ノート，活動の様子
	1	・単元の振り返りをする。	・日本文化を紹介する文章を，表現を工夫して発表している。（思考・判断・表現）ノート，活動の様子

6　本時の指導（5/7時間）

(1)　**本時のねらい**

・仲間と協力して英語の後置修飾の表現を用いて日本文化紹介クイズを作成できる。

・日本文化紹介クイズを英語を用いて積極的に出題したり，答えたりしている。

(2)　**本時の構想**

　後置修飾や既習の文型，表現を使って，英語の文を作成することを苦手とする生徒が少なからずいると考える。このことから，授業者が適切な例文を提示することやペア，グループで協力して英文を作成する場面を設定することで，全ての学習者が自信をもって活動に取り組めるようにしたい。また，グループで話合いや意見を出す活動をする際は，思考を可視化し，考えを共有できるようにするツールとしてミニホワイトボードを活用する。

　英語でクイズを作成するというゲーム的な要素を含ませることで，英語学習に苦手意識をもつ生徒も意欲的に参加できるようにしていく。英語での日本文化紹介クイズ作成によって，次の時間の活動で使える表現を学級で共有する時間としたい。

(3)　**本時の展開**

時間	学習活動（教師の働きかけと予想される生徒の反応） ■：学習活動　t：教師の働きかけ　s：生徒の反応	○留意点　●評価
10	■Warm-upとして，英語の質問に答える t：Hello, everyone. How are you? s：Hello, Mr.○○. I'm fine. t：Stand up! Now I'll give you some questions. A student who answers correctly can chose "across" or "up and down" and students in that row can sit down. Are you ready? s：Yes, let's. t：Question No.1. What is the book written by Soseki? s：Botchan is. t：That's right. You can chose "across" or "up and down".	○正確に大きな声で言えているかを確認し，曖昧な表現や発音などは訂正する。 ○テンポよく進めながら，肯定的評価を入れ，集中力と意欲を持続できるように声掛けする。
5	■単元と本時の目標を確認する 　単元と本時の目標を確認しよう t：Let's check the goal of the lesson. Watch your CAN-DO list. Today we are going to make "Japanese Culture Three Hint Quiz". s：おもしろそう。だけど一人でできるだろうか。 t：Don't worry. Today You are going to make "Quiz" with your group members. s：グループの仲間がいれば，何とかなりそうだ。	○配付印刷物により，全員で目標と活動内容の確認を行う。
10	■日本文化紹介クイズの例題に答える 　日本文化クイズを作成して対決しよう（学習課題） t：Now, I'll give you "Japanese Culture Three Hint Quiz". If you know the answer, raise your hand. Are you ready? s：Yes, let's!	○大切な表現は少しゆっくり大げさに言うことで意識させる。 ○例文は1文言うごとに，プロジェクタで示す。

	t：What's this? Hint No.1. This is something used in summer. s：Is it Yukata? t：Sorry. No, it isn't. t：Hint No.2. This is something made of paper and bamboo. 　Hint No.3. This is something used by Rakugo performers. s：Is it "Sensu"? t：Yes. That's right!	
10	■日本文化紹介クイズを作成する t：You are going to make "Japanese Culture Three Hint Quiz". Look at this "Image Map". When I made "Three Hint Quiz", I used this "Map". s：私たちもイメージマップを書いてから，クイズを作成するのですか。 t：Yes. I'll give you a pen and a whiteboard. Write your "Image Map" and your original "Three Hint Quiz" on the board. You are going to write them with your group members. Turn your desks and make groups of four. s：楽しそうだ。何を紹介するクイズにしようかな。 　答えは，浴衣になるクイズにしよう。イメージマップは，浴衣から連想することは何だろうか。みんなでたくさん言ってみよう。 s：みんなでつくったイメージマップからクイズの文を考えよう。 　きっとこのような英文ができるのではないかな。 　This is something having beautiful images. 　This is something made of cotton or hemp. 　This is something worn in summer.	○英語でのイメージマップの作成手順が分かるように，クイズで活用したイメージマップをプロジェクタで示す。 ●仲間と協力して日本文化紹介クイズを作成できる。（思考・判断・表現）観察，ホワイトボード ○ヒントの難易度を変えて，出す順番を工夫するように助言する。 ●イメージマップを基に，積極的に日本文化に関するクイズを出題したり，答えたりしている。（主体的に学習に取り組む態度）観察，ホワイトボード
10	■グループ対抗のクイズ対決をする t：Have you finished? It's time to start "Japanese Culture Three Hint Quiz". We'll start from Group 1. Please write your answer on the board. So, I'll give you another white board. s：We'll give you "Japanese Culture Three Hint Quiz". Guess what this is. Hint No.1. This is something having beautiful images. t：Write your answer on your board. s：What is it? Is it Sensu? s：Hint No. 2. This is something made of cotton or hemp. s：I got it! It is …..	○ＣＡＮ-ＤＯリストを活用した自己評価シートを用意する。
5	■本時の振り返りを行う t：自己評価シートに振り返りを記入しましょう。	

⑷　本時の評価

・仲間と協力して日本文化紹介クイズを作成できたか。（思考・判断・表現）
・イメージマップを基に，日本文化に関するクイズを積極的に出題したり，答えたりすることができたか。（主体的に学習に取り組む態度）
・評価方法：両項目ともにホワイトボードの記述，活動の様子

第3学年　道徳科学習指導案

令和○年○月○日（○）○限

授業者（○○コース）○○○○

指導者　教諭　　　○○○○

1　主題名　　命の尊さ　（D主として生命や自然，崇高なものとの関わりに関すること　19生命の尊さ）

2　教材名　命の選択（「中学道徳3　きみがいちばんひかるとき」光村図書）

3　主題のねらい

生命の尊さについて，その連続性や有限性なども含めて理解し，かけがえのない生命を尊重する。

4　主題設定の理由

⑴　ねらいや指導内容について

　これまで生徒は，唯一無二の命，失ったら二度と戻らない命，限りのある命，過去から現在，そしてこれからも受け継いでいく命と，生命尊重の意義を学んできた。今回，身近な家族の「命の終末期の対応」を題材に，あらゆることを視野に熟慮し，自らの選択が，自らの責任として問われる臨場を想定したい。自己を見つめるとともに，対話的な学びを通じて，死を考え，今を生きる生の大切さを再考させたい。

　生き続けたい，生き続けてほしいという願いはかなわず，いずれは寿命，運命という見方が必要となる。身近で，このように生じるであろう「死」に正対し，その場での延命治療の良し悪しを題材に「命の選択」を考える意義は大きい。なぜなら，有限の命の終末に目をそむけて，今の生を語ることは不自然であると考えるからである。また，祖父の姿から，生きたいのに，あきらめたくないのに，死を覚悟する時を迎え，まもなく何もできなくなる人間の立ち位置を確認したい。一方で，祖父への対応や延命措置の判断を迫られた，家族としての父母の姿も然りである。決して「これでよかった」ということにならない，祖父の死に向かうのである。

⑵　生徒の実態と教師の願い

　この時期の生徒は，自分のより良い姿，あり方を求めて，深く考え成長しようとする時期にある。しかし，家族間では些細なことに反発，反目することも度々生じている。他方，同時期に社会科の公民の学習で，人権の学習として，日本国憲法第13条の「幸福追求の権利」を学ぶ。話題として「尊厳死」にふれるこの時期に，生命尊重と人権について並行して学ぶことは生徒の知的好奇心の高揚につながる。そして，身近な家族の問題として「家族の終末期」を考えることは，現実的に意義がある。特に，死をよく見つめることを通じて，今を大切にすることを再考し，目の前の生を尊ぼうとすることは深い学びとなる。

⑶　教材について

　本教材は，僕の祖父の病気への延命治療について，本人は「望まない」意思を表していたものの，父母は延命治療を了解した。苦しむ祖父をそのままにできない家族の心情を理解しながら，これまで経験したことのない命の選択という具体的な状況をどう考え，行動していくことが必要なのかを問うものとなっている。このような状況にどうすべきなのかを，様々に意見を出し合い，議論することで，これからを生きる生徒の自らの判断を構築していく機会にしたい。生徒がこれまで学んできた「生命尊重」を，「生の終末期」で「生きるか死ぬかの命の選択を考えよう」と問いかける設定に意義がある。身近な家族に生じるかもしれない現実味のある内容であるとともに，「延命措置」の良し悪し，可否を考えることを通じて，今を生きることの価値，支え支えられている家族，天から与えられた運命としての生の視点がはっきりしてくるのである。答えのでない課題として臨むことで，学級集団の力と個々の学習意欲が重なり，熟慮出来る時間となる。

⑷　他の教育活動との関連

・社会科 公民

　　第２章個人の尊重と日本国憲法新しい人権（環境権，自己決定権，知る権利，プライバシーの権利等）は，主に日本国憲法第13条に規定されている「生命，自由及び幸福追求に対する国民の権利」（幸福追求権）を根拠として主張されている。本時では，法律の側面に触れることはないが，中学生の教養として，生命の尊重については日本国憲法で保障されていることを知っている必要がある。

・総合（キャリア教育…高齢者施設訪問）

　　10月に高齢者施設の訪問が予定されている。高齢者施設には，体の不自由な方もおり，本時での学習活動は，そのような方々を理解する際の一助となるであろう。

・家庭との連携

　　道徳通信で本時に学習した内容を紹介し，家庭でも生命について話題にするよう依頼する。

5　本時の指導

⑴　**本時のねらい**

　　祖父の意思に反して延命措置を施すことに葛藤する家族の姿を描いた文章を教材として，批判的な見方で教材文を読んだり，登場人物の迷いや葛藤を意識しながら話し合ったりすることを通して，生命を尊重しようとする心情を育てる。

⑵　**指導の方法の工夫**

①　問題解決的な学習の工夫

　　生徒の感性や知的な興味などに訴え，生徒が問題意識をもち，主体的に考え，話し合うことができる授業を目指す。そのため，以下のような展開で問題解決的な学習を進める。

　　導入では，命の選択という視点を批判的に投げかけることで，生徒が，改めて命について主体的に考える機会とする。

　　続いて，父母は，どうして祖父の意思を尊重できなかったのだろうと問いかける。様々な答えが出ることが予想されるが，その中には生徒が互いに賛同できるものとそうではないものが混在するはずである。ここでは，全てを受け入れて聞く場とする。

　　更に，父の「父さんたちは，どうすればよかったのだろう…。」という言葉を取り上げ，父の謝罪や迷いに触れながら，ぼくの立場からの答え方を考えさせる。その際，小グループで話し合わせ，自分以外にも様々な思いがあることに気付かせる。

　　多角的に考えさせるため，祖父の視点から考察させることも取り入れる。祖父が，父や母の「ごめんよ。」という言葉を聞いたとしたら，どう答えるだろう，と問いかけ，自分の死が家族を悩ませると見通している祖父の思いを確認する。

　　このように，本時では，道徳的価値を実現する上での迷いや葛藤を大切にし，批判的な見方を含めて展開していく。

②　板書を活かす工夫

　　板書は，思考を深める重要な手掛かりである。意図を明確にして，以下のように板書する。

　　「命の選択」「延命治療」「人工呼吸器」と黒板の中央に書く。この用語を挟んで右側には祖父の意思（願い），左側には父母の思いを記述する。左右を比較できるように記述することで，命の尊さには，「自分の意思」や「家族の考え」という複数の捉え方があることを視覚的に理解させる。

　　更に父母側の左端には，父の謝罪と迷いを父の言葉を用いて板書する。父と祖父両方の立場から双方の気持ちを考える際に必要な部分であるため，四角で囲み，色を付けて強調する。

　　構造的・創造的に思考の流れや伝えたい内容を示すことで，違いや多様さを対比させ，中心部分を浮き立たせる。

(3)　**本時の展開**

時間	学習活動（教師の働きかけと予想される生徒の反応） ■：学習活動　ｔ：教師の働きかけ　ｓ：生徒の反応	○留意点　●評価
5	■「命について考えよう」 ｔ：命はどうして大切なのか。 ｓ：一つしかない。死んだら終わる。 ｓ：限りがある。必ず死ぬ。 ｓ：受け継がれてきた。つながってきた。	○これまで学んできた命について，大切である理由をまとめて，板書で確認する。 ○導入では「誰もが生きていきたい大切な命に，「生きる」か「死ぬ」かの命の選択はできないのではないか」と疑問を投げかけ，テーマを示し，範読する。
	学びのテーマ　「生きる」か「死ぬ」かの命の選択について考えよう。	
15	■「命の選択」を読んで考える。 ｔ：父母はどうして祖父の意思を尊重できなかったのだろう。 ｓ：祖父の意思…もっと生きていたいが無理な延命はしない。家族につらい選択をさせたくない。 ｓ：父母の思い…祖父の苦しさを救い，少しでも長く生きてほしい。症状の改善を信じたい。 ｔ：それぞれの考えを聞いてどう思うか。 ｓ：祖父の意思に賛同する。 ｓ：父母の思いに賛同する。 ｓ：どうしたらいいかわからない。 ｓ：悩むのならもっと話し合うべき。	○登場人物を確認する。 ○ワークシートに書かせ，延命治療に関わり，祖父の意思と父母の思いを板書に明確に位置づける。板書では祖父の意思を尊重することでは死が早まることと，「祖父に長生きしてほしい」父母の思いは間違っていないことを確認する。 ○批判的に命の選択という視点を投げかけることで，改めて命について主体的に考える機会とする。 ○賛同できるかどうかと，どうしたらよいか分からないが混在しても全てを受け入れて聞く場とする。
10	■父の謝罪や迷いについて考える。 ｔ：「僕」は，父の「父さんたちは，どうすればよかったのだろう…。」という声に，何と答えるだろう。 ｓ：祖父のことを思ってやったのだから仕方がない。祖父は理解してくれる。 ｓ：どうしたらよいか分からない，難しい。 ｓ：祖父は，このように悩んでほしくはなかった。	○ワークシートを基に小グループで話し合い，考えをまとめる。小グループで話し合ったことを全体で発表させ，共有を図る。 ○自分の考えを基に話し合わせ，他に，様々な思いがあることに気付かせる。 ○延命措置をとる父母には，近い将来の結果がよく見えていなかった。具体的に気付いたのは，延命措置をされた祖父の姿を見た時であることを押さえる。そこで，今や何もできない祖父の意思が見過ごされたことを確認する。
10	ｔ：祖父が，父や母の「ごめんよ。」という言葉を聞いたとしたら，どう答えるだろう。祖父の気持ちを想像してみよう。 ｓ：もっと生きたい仕方ない。気持ちは分かる。 ｓ：そんなに悩んでほしくない。大丈夫だ。 ｓ：どれも「よかった」とはならない。 ｓ：あきらめたくないがもう生きられない運命。	○自分の死が家族を悩ませると見通している祖父の思いを確認する。 ○『「死」は早晩訪れる運命であり「これでよかった」ということにはならない。私の死を引きずることなく，元気に生きてほしい。』という祖父の願いがあることも押さえる。 ●延命治療の是非で，かけがえのない生命の捉えを再考している。（道徳的な価値の理解）ワークシート

| 10 | 「命の選択」について考える。
t：「生きる」か「死ぬ」かの「命の選択」で，考えたことをまとめよう。
s：身近な家族にこんな場合どうしたらよいか分からなくなる。難しい。
s：運命や寿命を考えてしまう。
s：悲しい選択だけど祖父の意思が大事だ。
s：父母の考えは大切。悩んでほしくない。
s：こんな場合に備える家族の心構えが大切だ。
s：今を大切に生きたい。 | ○これまでの話し合いから分かったことをワークシートにまとめさせる。
○死はいずれ誰にでも訪れ，決して避けられないことを確認する。その上で，自分たちが今をどのように生きていくのかを考えさせる。
○命が大切である捉えが，これまでよりレベルアップしていることを意識づける。
●「家族の終末期」で，家族の死をよく考えることを通して，今を大切に，目の前の生を尊ぶ気持ちをもつことができる。（自己を見つめる）ワークシート |

(4)　本時の評価

【道徳的な価値の理解】

　延命治療の是非で，かけがえのない生命の捉えを再考している。

【自己を見つめる】

　「家族の終末期」で，家族の死をよく考えることを通して，今を大切にしようとする気持ちや目の前の生を尊ぶ気持ちをもつことができる。

【多面的・多角的に考える】

　命の尊さには，「自分の意思」や「家族の考え」という様々な捉え方があることに気づく。

【人間としての生き方について考える】

　生命の尊重の意味や，命に関わる意思判断の基準を自分なりにもつ生き方の必要性を考えている。

・評価の方法：4つの視点ともにワークシート

(5)　板書計画

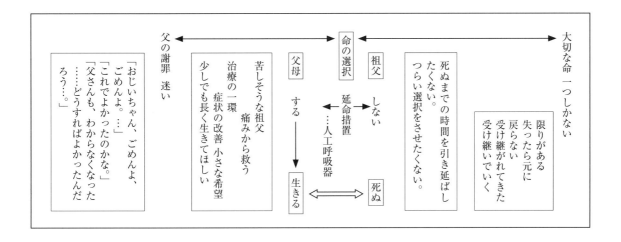

第3学年　総合的な学習の時間学習指導案

令和○年○月○日（○）○限
授業者（○○コース）○○○○
指導者　教諭　　　○○○○

1　活動名　　地球を救え！−私たちが行う温暖化対策−

2　活動の目標
【知識・技能】
　・地球温暖化問題についての探究的な学習を通して，温室効果ガス削減策の主な方法を理解するとともに，身近な人や組織と協力しながら自ら実行できることが多様にあることに気付く。

【思考・判断・表現】
　・地球温暖化問題に立ち向かう世界の人々の活動を調べ，その内容を整理・分析しながら自らできる具体策を考案するとともに，関係する人たちに説得力をもって協力を呼びかけることができる。

【主体的に学習に取り組む態度】
　・地球温暖化問題を自分事として主体的に受け止め，その解決に向けて考え続け，自ら周囲と合意形成を図りながら対策を実行に移そうとする。

3　活動設定の理由
⑴　活動について
　　地球温暖化に伴う世界の気候変動は，現在及び将来に向けて生命や自然環境上の危機をもたらしており，国際連合をはじめ国際的な取組が本格化する中，スウェーデンの環境活動家で高校生のグレタ・トゥーンベリさんの活動や演説が多くの人々の賛同を得て，今，世界中で若者を中心とする温暖化阻止の運動が大きな広がりを見せている。
　　地球温暖化の原因である温室効果ガスの削減に向けては，世界の人々がその必要性を理解し，実効性ある行動を協調的かつ継続的にとる必要があることから，学校教育に寄せられる期待は，どの国においても大きい。学校の教育課程の中でも，実社会や実生活の中から問いを見いだし，自分で課題を立てて自ら横断的・総合的に学び，社会に働きかけ，自らの生き方を深く考えるという総合的な学習の時間は，温暖化防止に関わる教育の中心的な役割を担うことが期待される。
　　そこで，本校では総合的な学習の時間において，2年生で地球温暖化がもたらす影響とその原因について学習する活動を，そして3年生で温室効果ガスの発生を減らすための具体策について学習する本活動を設定することとした。本活動では，地球温暖化を食い止めようとする国内外の人や組織の多様な動きを探りながら地球温暖化の問題を自分事として認識し，自分の生活や学校，家庭，地域社会の中で自分自身ができることを考え，関係者と共に実行する体験活動を通して，将来に向けて多様な人と力を合わせて自然環境を守っていく意欲と実行力を育んでいきたい。

⑵　生徒の実態
　　生徒は小学校で，1，2年生の生活科の学習を通して自然に親しみ，生活との関わりを考え，身近な自然を大切にする活動を経験してきている。また，理科では生物と環境との関わりを，社会科では自然環境と国民生活との関わりを学んでいる。また，総合的な学習の時間では，川に親しみ，川の自然を守る体験活動を経験してきている。
　　中学校入学後は，社会科で地域調査の方法や環境問題に対する国際的な取組を，理科では自然環境の調査と保

全について，保健体育では健康と環境について，家庭科では環境に配慮した消費生活の在り方について学んできている。さらに，特別の教科道徳では，自然の崇高さや自然環境を守ることの価値にふれている。また，地球温暖化の問題に直接関係する学習としては，2年生の総合的な学習の時間で，地球温暖化の進行状況とそれがもたらす問題，地球温暖化の原因を探る学習を経験してきている。

　一方，地球温暖化に伴う異常気象は，近年想定を超える大規模災害を引き起こしており，その危険は生徒の身近な地域にも迫っている。生徒は学校での学習とともに，このような情報にマスコミやネットを通じてたびたび接していることから，地球温暖化をはじめとする環境問題に関する理解や関心は高まってきていると言える。しかし，2年生の終わりに行ったアンケートでは，この環境問題が地球規模の問題であることから，「自分一人が努力しても解決しない」と無力感をもったり，「国連や国が何とかするだろう」と依存心をもったりしている生徒が半数近くに上ることが分かった。

⑶　活動の構想

　生徒の実態から，本活動では小学校以来積み上げてきた環境学習で培われた資質・能力，見方・考え方を十分生かすとともに，地球温暖化防止をはじめとする環境保護の主体者としての自覚を深め，家庭生活，職業生活，社会生活の中で自分にできることを考え，実行していく力と自信を育てていきたい。

　そのため，地球温暖化に関わって2年生までに学んだこと，更に追究していきたいことをイメージマップに表した上で，生徒の中から温暖化防止に関わる問いを引き出し，それを生かして「地球を救え！－私が行う温暖化対策」という探究課題を設定する。

　課題解決に向けた情報の収集に当たっては，インターネットや図書館の活用とともに，行政機関やＮＰＯ，企業等へ足を運んでの聞き取り調査を行い，対策に取り組む人たちの思いや願いを感じ取らせたい。こうして集めた温暖化防止に関する多様な情報を，まずはフリーカードやマトリックス表を活用して整理・分類する活動を行う。その中で，温暖化防止に向けた多様な策を総合的に捉えさせたい。

　ここまで学習が進むと，「自分も何とかしたい」との思いが生徒に高まってくる。その思いを生かして，自分の生活や家庭，学校，地域社会の中で実行できる具体策を構想する。さらに，その具体策の実効性を高めるため，関係者との意見交換を行って策の修正・改善を行う。

　次に，その具体策を実行するに当たって，家庭や学校，地域等に伝えたいこと，協力を得たいことをＰＲビデオとしてまとめる活動を協働的に行い，これまでの学びの総合化を図る。その映像を温暖化阻止に向けて協力を働きかけたい学校やＰＴＡ，自治体，地元ケーブルテレビ等で視聴してもらった上で意見交換を行い，生徒自ら協力を求める。こうして実行に移された取組の一定期間を経た後，実際に削減できた温室効果ガス量を算出し，協力者からの意見を求めて取組の成果を検証する。

　このように体験活動を含む探究的な学習を重層的に進めることで，地球温暖化問題をはじめ，環境問題を人任せにせず，責任ある主体者として自ら考え，行動する資質・能力が育つものと考える。

4　活動の評価

知識・技能	思考・判断・表現	主体的に学習に取り組む態度
・地球温暖化問題についての探究的な学習を通して，温室効果ガス削減策の主な方法を説明し，身近な人や組織と協力しながら自ら実行できることを多様な観点から挙げることができる。	・地球温暖化問題に立ち向かう世界の人々の活動を調べ，その内容を整理・分析しながら自らできる具体策を考案するとともに，関係する人たちに説得力をもって協力を呼びかけることができる。	・地球温暖化の問題を自分事として主体的に受け止め，その解決に向けて考え続け，自ら周囲と合意形成を図りながら対策を実行に移そうとする。

5　活動計画（全31時間）

次	時	学　習　活　動	評　価　計　画
1	2	・2年生時の地球温暖化の原因を探る学習を想起し，探究課題を設定する。 ［課題の設定］ ［地球を救え！］ －私たちが行う温暖化対策－	・地球温暖化の原因を説明できる。（知識・理解）ワークシート ・地球温暖化の問題を自分事として受け止め，見通しをもって学習課題を設定できる。（主体的に学習に取り組む態度）ワークシート
2	5	・国内外で行われている温室効果ガス削減に関する情報を収集する。 ［情報の収集］ 　ICT・図書館の活用 　行政機関・専門家・企業等での聞き取り	・目的に応じた情報収集の方法を選択し，集めた情報を的確に処理できる。（思考・判断・表現）ワークシート ・自ら積極的に情報源にアクセスし，納得いくまで必要な情報を集めようとする。（主体的に学習に取り組む態度）活動の様子
3	3	・集めた情報を互いに交換して吟味し，観点を定めて分類することによって，個々の温室効果ガス削減策を関係付け，総合的に捉える。 ［整理・分析］ （本時　2／3）	・収集した情報を正しく読み取り，その意味を理解する。（知識・技能）ワークシート ・観点を決めて削減策を分類し，関係付け，総合的に捉える。（思考・判断・表現）ワークシート
4	6	・温室効果ガス削減に向けて，自分の生活で改善すること，他の人や社会と共に実行することを構想する。［課題の設定］ ・温室効果ガス削減に向けて，学校・家庭・地域社会に向けて働きかけ，発信するため，関係者からの聞き取りを行う。 ［情報の収集］	・温室効果ガスの削減に向けて，自ら考え，級友をはじめ関係者と積極的に意見交換しながら具体策を追究する。（主体的に学習に取り組む態度）活動の様子 ・温室効果ガス削減に向けて，これまで学んだことを基に，目的を明確にして聞き取り調査を行う。（思考・判断・表現）ワークシート
5	14	・対学校，対家庭，対自治体に向けた提言策をまとめ，グループごとに分担してPRビデオ番組を制作する。 ［整理・分析，まとめ・表現］ ・制作したビデオを学校，PTA，自治体等で視聴してもらった上で，意見交換を行う。 ・自分・学校・家庭等で具体策を実行する。 ・一定期間を経て，実際の温室効果ガス削減量を計算するとともに，協力者から意見を求めて実行策を検証する。 ［まとめ・表現］	・番組制作の基本的な方法が分かり，思いを伝えるための工夫をする。（知識・技能）活動の様子 ・これまで学んできたことを関係付け，自分の考えを的確に表現しながら級友と共に説得力のあるビデオを作ることができる。（思考・判断・表現）活動の様子 ・温暖化防止に向けて，関係者とコミュニケーションを取りながら積極的に活動するとともに，その成果と課題を共有して次に生かそうとする。（主体的に学習に取り組む態度）ワークシート
6	1	・これまでの学習を振り返るとともに，更に探究していきたいことを構想する。	・一連の探究的な学習のよさを実感し，次の学習に生かそうとしている。（知識・技能，主体的に学習に取り組む態度）発言，ワークシート

6　本時の指導（9/31時間）

⑴　**本時のねらい**

　　国内外の人や組織が行う地球温暖化対策に関する多様な情報を整理・分析する学習活動を通して，一つ一つの温暖化対策を関係付け，総合的に捉えるとともに，自らもその対策にコミットメントしようとする。

⑵　**本時の構想**

　　前次までに，生徒はインターネットや図書館を活用したり関係する行政機関や専門家，企業等で聞き取り調査を行ったりしてきている。そこで得た多様な情報は，前時にフリーカードを用いてラフにグループ分けしている。その分類の観点を生かし，例えば左端列に家庭，企業等の実施主体を並べ，上端行には再生可能エネルギーの利用，省エネルギー，緑化推進などの取組内容を並べて，マトリックス表を作る活動を行う。こうすることで，家庭で行うことのできる温暖化対策にはどのような方法が導入できるかという見方と，省エネルギーは，家庭や企

業などの実施主体ごとにどのような策がとれるかという見方が同時にできるようになる。その見方・考え方を生かせば，実施主体間の，また実施内容間の関連性もある程度見え，地球温暖化対策を俯瞰して総合的に捉えることができるようになる。この学習を通して，生徒自身，自分も少なからず温暖化対策にコミットメントできるのではないかという思いが高まるものと期待する。

(3) 本時の展開

時間	学習活動（教師の働きかけと予想される生徒の反応） ■：学習活動　t：教師の働きかけ　s：生徒の反応	○留意点　　●評価
10 15 15	■前時に分類した個々の温暖化対策を記入したフリーカード群を見直し，考えた分類の基準を各グループから発表する。 s：化石燃料の活用を減らす。 s：緑化を進める。 s：企業が行う。 s：家庭が行う。 t：これらの基準をもう少し整理してみよう。 s：国連がやっていること　国がやっていること s：温室効果ガスを減らす方法別に分けること t：さらに大きく，どう分けられるか，考えてみよう。 s：「どこがやっているか」と「何をやっているか」だ。 t：では，その観点から対策を関係付けてみよう。 **【課題】** 　温暖化防止策を「実施主体」と「取組内容」からマトリックス表を作り，各対策を関係付けてみよう。 **【例】** （表：再生エネルギーの活用／省エネ／緑化や森林の保護　行：家庭・企業・国・上越市・自分） t：マトリクス表を見て気付いたこと，考えたことを個人で記入し，グループで整理して発表してください。 s：縦に各実施主体が取り組んでいることをよく見ると，例えば再生エネルギーの活用では，国の取組と上越市の取組が関係している。 s：企業の取組は，国連の方針や国の政策を反映しているように思える。 s：様々な実施主体が取り組んでいることを基にして考えると，例えば家庭でできることも，視野を広げて考え出すことができそうだ。	○前時の学習内容を容易に想起できるよう，カードをはり付けた用紙の準備をしておく。 ○実施主体，対策のカテゴリー別など，整理しやすいように板書する。 ●温暖化対策のカードによる分類を，更にカテゴライズできる。（思考・判断・表現）活動の様子 ○生徒の様子を見ながら，支援策として総合的な学習の時間をはじめ，各教科等で学んできた「考えるための技法」の想起を促す。 ○できる限り生徒の反応の脈絡を生かして課題を設定する。 ○容易に作業ができるよう，コンピュータまたはタブレットに，空欄の表を用意しておく。 ○生徒が作成したマトリックス表をすぐ投影できるよう，プロジェクターを準備しておく。 ●作成したマトリックス表の縦系列，横系列の取組内容を関係付けて温暖化防止策を捉え，実施主体間の取組が関連し合って機能していることに気付く。（思考・判断・表現）ワークシート，活動の様子 ○この考察や話合いが深い学びになるように，十分時間をかけるとともに，生徒のつぶやきや断片的な発話を拾い上げ，話合いのテーブルに上げて生かす。 ○静かにじっくりと学習を振り返ることができるように，必要な時間を確保する。 ○代表的な考えについて，みとりに基づいて指名し，発表してもらう。

【例】の表：

	再生エネルギーの活用	省エネ	緑化や森林の保護
家庭			
企業			
国			
上越市			
自分			

| 10 | 【振り返り】
　今日の授業を振り返って，フリーカードの分類やマトリックス表の活用を通して学んだことや，更に考えていきたいことを記録しておきましょう。

s：それぞれの取組が連動していれば，もっと効果が上がると思う。
s：自分にもできそうなことが見えてきたようだ。
t：今日作ったマトリックス表を生かして，次の時間は，温暖化対策の関係を分かりやすく図式化してみよう。 | ●本時の学習を通しての発見や，温暖化対策の取組に自らコミットメントしていこうとする考えが表出されている。(主体的に学習に取り組む態度) ワークシート |

(4)　本時の評価

　　国内外の人や組織が行う地球温暖化対策に関する多様な情報を整理・分析する学習活動を通して，一つ一つの温暖化対策を関係付け，総合的に捉えるとともに，自らもその対策にコミットメントしようとしているか。(思考・判断・表現)

　　評価の方法：発言，マトリックス表，振り返りの記述内容

第3学年 特別活動（学級活動）学習指導案

令和○年○月○日（○）○限
授業者（○○コース）○○○○
指導者 教諭 　　○○○○

1　活動名　　「学級の係活動の内容を見直して，役割分担をしよう」

2　活動の目標

【知識・技能】
・集団生活の向上に向けて定めた目標を基に自分たちの生活を振り返り，必要な活動や役割を考え，分担して実行していくことが，よりよい学級生活につながることを理解している。

【思考・判断・表現】
・学級目標の達成という目的に沿って，現状から集団に必要な係活動を考え，話し合って役割を分担し，協力して活動することができる。

【主体的に学習に取り組む態度】
・集団生活の向上に向け，進んで集団のために役割を引き受けたり，自主的に仲間と協力して活動したりしようとする。

3　活動設定の理由

⑴　**活動について**

　学習指導要領にある特別活動（学級活動）の目標を達成するためには，学級が，所属する生徒たちにとって，「安全・安心な集団」「所属感がもてる集団」になっていくことが重要であると考える。なぜなら，内容⑴の「学校や学級における生活づくりへの参画」も，内容⑵の「日常の生活や学習への適応と自己の成長及び健康安全」も，信頼し合い安心して自己表現ができる集団の中でこそ実現し得るものであるからである。生徒が安全に安心して生活できる集団になるには，「ルールやマナーを守ることや役割の遂行」を徹底しなければならない。また，生徒が集団に所属感をもって生活するためには，学級における諸活動を教師から与えられるのではなく，自分たち自身の手で創りあげる経験，つまり，「主体的な活動の創造」が必要になる。以上のことから，特に本活動では後者の，生徒一人一人が所属感をもてる集団づくりに焦点を当て，学級目標の達成を目指しながら，係活動の見直しと活動内容の決定，グループごとに役割分担を行い，「主体的な活動の創造」を目指した学級活動を展開していく。

⑵　**生徒の実態**

　本学級では，1学期「ルールやマナーを守ることや役割の遂行」を重点に指導を行ってきた。4月の学級開きから5月段階では，特にルールの遵守と当番活動の遂行を目標に，努力や失敗を認めながら，繰り返し指導してきた。6月段階では，これらのことを自分たちで行うのに，ほぼ教師の支援を必要としなくなった。また，「主体的な活動の創造」については，5月の「仲間づくり活動」や7月から始まった「体育祭」に向けた準備などの学校行事の機会を捉え，生徒が前面に出られるよう事前打合せに力を入れる支援を心掛けてきた。リーダーとの打合せの内容も，生徒の主体性を尊重し，練習計画などの助言や練習段階で生まれた課題や悩み事の相談を中心に行ってきた。活動が任せられることで，生徒は困難や課題にぶつかることが多くなるが，その都度，顔を寄せ合い相談し解決策を考えて乗り越えてきた。そうした過程で，始めはぎこちなかったリーダー同士の打合せも，回を重ねるごとに互いを頼りにし，和やかな雰囲気の中で話し合うことができるようになってきている。また，リーダー以外の生徒についても，自分たちの手で活動を成功させた実感が所属感に影響を与え，学級内に和やか

な雰囲気を生みはじめている。

　一方で，学級の日常活動の中では，「ルール・マナーの遵守や役割の遂行」の指導を重点的に行ってきたこともあり，「主体的な活動の創造」に十分に力を注ぐことができなかった。当学級では「当番的な係活動」に加え，学級を生徒がより過ごしやすい場にするために「創造的係」を各グループに割り振り，日常的な自治活動を推奨している。1学期の生徒の振り返りを見ると，この創造的係活動について「停滞していた」「活動していた班と，活動していなかった班の差が大きかった」「本当に必要な係活動を考えていった方がよい」などの記述が多く見られた。そこで，2学期はこの「創造的係」活動に重点的に取り組むことで，主体的な活動を創造し，所属感がもてる集団を目指したい。

(3)　活動の構想

　本活動では，創造的係の見直しと活動内容の決定，グループごとの仕事の分担とグループ内での役割分担を行う。創造的係活動の見直しでは，1学期の振返りの内容を生徒に提示した上で，学級目標を達成するために必要な係活動を話し合い，決定していく。グループ内での役割分担では，学級目標達成のための活動を自由に考える場を設定することで主体的な活動への意欲を喚起する。また，事前のリーダーとの打合せを丁寧に行い，話合いを含めた活動全体を，極力リーダーを中心とした生徒の手に委ねることで，主体的な学級活動になるよう促していく。

4　活動の評価

知識・技能	思考・判断・表現	主体的に学習に取り組む態度
・学級目標を基に自分たちの生活を振り返り，必要な活動や役割を考え，分担して実行していくことが，よりよい学級生活につながることを理解している。	・学級目標の達成という目的に沿って，現状から集団に必要な係活動をキーワードを基に考え，話し合って役割を分担し，協力して活動することができる。	・集団生活の向上に向け，進んで役割を引き受けたり，自主的に仲間と協力して活動したりしようとする。

5　指導計画

次	時	学習活動	評価計画
事前の活動	終学活 昼休みなど	・創造的係活動見直しアンケートを実施し，1学期の活動の振り返りを記入する。 ・学級の正副級長が中心となり，学級活動での話合いの意義や進め方を相談する。	・自分たちの生活を振り返り，改善すべきことを記述している。(思考・判断・表現)アンケート ・話合いの意義や効果的な話合いの進め方について理解し，相談している。(知識・理解)活動の様子
本時	学級活動	・話合いを行い，係活動の内容や役割の分担を決定する。(本時)	・学級目標の達成という目的に沿って，現状から集団に必要な係活動を4つのキーワードを基に考え，決定している。(思考・判断・表現)ミニホワイトボード ・集団生活の向上に向け，進んで役割を引き受けている。(主体的に取り組む態度)活動の様子
事後の活動	学級活動 日常	・各グループの役割に沿って，具体的な仕事内容を決め，分担して活動している。	・集団生活の向上に向け，進んで役割を引き受けたり，自主的に仲間と協力して活動したりしている。(主体的に取り組む態度)振り返りシート，活動の様子

6　本時の指導

(1)　本時のねらい

　係活動について，学級目標と1学期の課題を関連付け，「楽しさ」「信頼・承認」「協働・責任」「個性」をキー

ワードに必要な係活動を話し合うことを通して，学級を豊かにする係活動について考えることができる。

⑵　**本時の構想**

　　係活動の内容を考える場面では，目的をもった話合いになるよう，1学期の係活動の振り返りや学級目標達成に向けた学級生活を豊かにする活動を考えるという視点を提示する。ここでは，生徒の主体的な活動が引き出せるようにしたい。当番的な活動とは異なることを共通理解させておく。

　　グループ内でアイディアを出していく場面では，考えを可視化しながら活発に話し合えるよう，ミニホワイトボードの活用を促す。係活動は，「楽しさ」「信頼・承認」「協働・責任」「個性」の4つの観点で考えさせる。それぞれが出し合った係活動が，どの観点を実践できるか，整理しながら考えさせる。

　　生徒の自発的，自治的態度を育てるために，話合いの司会進行や板書整理などは生徒が行う。事前のリーダーとの打合せを丁寧に行う。

⑶　**本時の展開**

時間	学習活動（教師の働きかけと予想される生徒の反応） ■：学習活動　T：教師の働きかけ　S：生徒の反応	○留意点　　●評価
20	■1学期の「創造的係」の活動内容を確認した後，1学期の振り返りの記述を基に，係活動に対する学級の課題を共有する。 　　　　「創造的係」の活動内容を見直そう T：確認や共有の際は，1学期に掲示していた係ポスターや振り返りの記述をまとめたものを提示する。 S：○○係は，1学期あまり仕事がなかったから，2学期には必要ないかもしれない。	○アンケート結果はワークシートにまとめ印刷しておく。
30	「創造的係」を決定し，グループで分担しよう ■学級が目指す姿（学級目標）を実現するために，学級の「楽しさ」「信頼・承認」「協働・責任」「個性」が高まる係活動を提案する。（創造的係の意味付け） T：ミニホワイトボードを配布し，係の活動内容を可視化する活動を位置付ける。また，「係の内容が目指す姿の達成にどのように効果的なのか」という視点で，必要に応じて質問や助言をする。 S：レク係は，学級目標の達成にはやはり欠かせないと思う。あと，学級で起こった楽しい出来事を紹介する係もあるといいと思う。 ■1学期の係と新たに提案された係の中から，2学期に必要な係を話し合って絞り込む。 T：話合いに責任をもたせるため，決まったことは確実に実行することを再度確認する。 T：採用する係についてグループで話し合う時間をもった後，それらを基に全体で話し合うという流れを，事前にリーダーと確認しておく。	○4つのキーワードを黒板に提示する。 ●目的に沿って，集団に必要な係活動を考えている。（思考・判断・表現）ミニホワイトボード ●学級の現状から必要な係活動を考え，決定している。（思考・判断・表現）話合いの様子

S：○○係は，1学期あまり仕事がなかったから，やめてもいいと思う。	●集団生活の向上に向け，進んで役割を引き受けている。（主体的に取り組む態度）話合いの様子
S：提案にあった「学級で起こった楽しい出来事を紹介する係」は学級目標を達成するのに，あるといいと思う。採用するべきだ。「今日の出来事係」という名前にしよう。	
■絞り込んだ係を基に，各グループで係を分担する。	
T：第一回選択希望をとり，重ならなかったグループは即決定，重なったグループは，話し合って決定方法を決めるというルールを提示する。	

⑷　**本時の評価**

　　1学期の学級生活の課題や学級目標から，学級生活を豊かにする係活動を「楽しさ」「信頼・承認」「協働・責任」「個性」のキーワードを基に考えることができたか。（思考・判断・表現）

　　　評価方法：ミニホワイトボード，活動の様子

著者等紹介

■著者，編集者等一覧

代　表　上越教育大学教育実習委員会委員長　岩﨑　浩

協力者　上越教育大学学校教育実践研究センター
　　　　上越教育大学上廣道徳教育アカデミー
　　　　上越教育大学附属小学校
　　　　上越教育大学附属中学校

2020 年 3 月改訂

───────────────────────────────

■著者等一覧

代　表　石野正彦（上越教育大学　学校教育実践研究センター　教授・センター長）
　　　　倉澤秀典（新潟市立白新中学校　教頭）
　　　　　　　　（前　上越教育大学　学校教育実践研究センター　特任准教授）
　　　　菊地雅樹（上越教育大学　学校教育実践研究センター　特任准教授）
　　　　佐藤人志（上越教育大学　学校教育実践研究センター　特任准教授）
　　　　清水雅之（上越教育大学　学校教育実践研究センター　准教授）
　　　　中野博幸（上越教育大学　学校教育実践研究センター　准教授）
　　　　長沼智之（上越教育大学　学校教育実践研究センター　特任准教授）
　　　　渡辺径子（上越教育大学　学校教育実践研究センター　准教授）

協力者　佐藤賢治（上越教育大学　学校教育実践研究センター　特任教授）
　　　　鈴木善士（上越教育大学　学校教育実践研究センター　特任准教授）
　　　　上越教育大学附属小学校
　　　　上越教育大学附属中学校

注）　　所属および職名は初刷（2017 年 3 月 31 日）時点のものです。

改訂版

教育実習ハンドブック

こんな時は，どうするの？ 実習の不安，解消します！

2017 年 3 月 31 日　初刷発行
2017 年 8 月 31 日　2 刷発行
2019 年 2 月 28 日　3 刷発行
2020 年 3 月 31 日　第 2 版発行

著　者◆代　表　上越教育大学教育実習委員会委員長　岩﨑　浩
　　　　協力者　上越教育大学学校教育実践研究センター
　　　　　　　　上越教育大学上廣道徳教育アカデミー
　　　　　　　　上越教育大学附属小学校
　　　　　　　　上越教育大学附属中学校

発行者◆川﨑直哉

発行所◆上越教育大学出版会
　　　　〒 943-8512　新潟県上越市山屋敷町 1 番地　上越教育大学附属図書館内

発　売◆株式会社日本教育新聞社
　　　　〒 108-8638　東京都港区白金台 3-2-10　白金台ビル 2 階
　　　　TEL.03-3280-7058　FAX. 03-3280-7075

印刷・製本◆株式会社　桐朋

ⓒ 2020　Joetsu University of Education Printed in Japan
ISBN　978-4-89055-329-7
乱丁・落丁の場合はお取替えいたします。